LES COCKTAILS
C'EST PAS SORCIER

著：ミカエル・ギド
絵：ヤニス・ヴァルツィコス
訳：河 清美

カクテルは楽しい！

絵で読むカクテル教本

PIE International

〈表記単位について〉
1tbsp.（table spoon）＝大さじ1杯〈約15ml〉
1tsp.（tea spoon）＝バー・スプーンのスプーン1杯〈約5ml〉
1dash＝ビターズ・ボトル1振り分〈約1ml〉
1drop＝ビターズ・ボトルから垂らす1滴程度

謝辞

数年間、とまり木がすり減るほど足繁く通った数々のバーで出会ったすべてのバーテンダー、ミクソロジストに心からお礼申し上げます。カクテルへの情熱を伝授してくれたチャリーとマチュー、そして私のアルコール研究の実験台になってくれたディマ、父母、友人に感謝します。本書の執筆に協力下さり、良いタイミングに出版できるよう尽力して下さったヤニス、ザルコ、エレーヌ、エマニュエルに、厚くお礼申し上げます。そして、無限のアイデアを授けてくれた私の愛するウイスキーのボトルたちよ、ありがとう！
（著者／ミカエル・ギド）

カクテルで忘れられない経験をさせてくれたトム、ありがとう。すべてのバーテンダー、ミクソロジストに感謝と敬意をこめて。そして、この新たな冒険に導いてくれたミカエルに感謝します。
（イラストレーター／ヤニス・ヴァルツィコス）

もくじ

第1章
カクテルの世界へようこそ
p. 6-33

第2章
カクテルの技法と材料
p. 34-97

第3章
カクテルバーの魅力
p. 98-121

第4章
カクテルペアリング、
カクテルパーティーを楽しむ
p. 122-141

第5章
カクテルレシピ
p. 142-199

付録
p. 200-209

索引
p. 210-215

第１章
カクテルの世界へようこそ

数多の人に愛され、語り継がれてきたカクテル。複数の酒を混ぜただけの混合酒という印象があるかもしれないが、それは間違いである。我々の嗅覚と味覚を楽しませ、さらにはそれ以上の喜びをもたらすために、あらゆる角度から吟味に吟味を重ねた結果がカクテルである。料理との共通点が多いことに驚くだろう。カクテルの素晴らしき世界へようこそ！

カクテルを嗜む人たち

世界的な現象となっているカクテルは、ワインやビールのようにアルコール飲料のひとつのカテゴリーとして確立している。「カクテルを嗜む人たち」をタイプ別に見てみよう。

祖父母

そうとは気づかないうちに、カクテルの味をあなたに教えてくれたのは祖父母だったかもしれない。フランス人であれば、祖父がパスティスにミントを加えて、祖母が白ワインのブルゴーニュ・アリゴテにカシス・リキュールを混ぜてつくっていた食前酒を味わった経験があるだろう。カクテルとしてはシンプルすぎる？ それでも、カクテルの入門といえる飲み方である。

ハッピーアワー派

17時過ぎのバーで、ミントの葉が涼しげなカクテル（シロップたっぷりのモヒート）、鮮やかなオレンジ色のエレガントなカクテル（大人気のスピリッツ）で仲間と乾杯！ 仕事帰りに嬉しいお得な「ハッピーアワー」で、爆発的な人気を得たカクテルがいくつかある。

レディーズ

カクテルといえば、TVドラマ「マッドメン」に登場する、オールド・ファッションドを手にした、三つ揃えのスーツ姿のドン・ドレイパーが思い浮かぶ？ でも、彼の秘書がマンハッタンを嗜んでいたことも忘れないで。彼の妻もウォッカ・ギムレットを好んでいた。男性とは味の好みが違うかもしれないが、女性は他のアルコール飲料よりもカクテルを好む傾向にある。

ヒップスター

カクテルは古くから存在する飲み物だとしても、それこそ週単位で「流行り」のカクテルバーがオープンしている。このタイプの店は、オリジナリティーに欠けるカクテルを高価格で提供していることが多いので注意しよう。

アルコールを飲まない人、飲めない人

数年前から人気のノンアルコール・カクテルは、一時的なブームにとどまらず、今ではカクテルリストから外せない存在となっている。「モック・カクテル(Mock cocktail)」を縮小した「モクテル(Mocktail)」―― 本物のカクテルを、アルコールなしでそっくり真似たもの ―― は、パーティーを酔わずに楽しみたい客層を引き付けている。

グルメ

美味しい赤ワインがない食事は考えられない? それでも、多くの美食家の舌を喜ばせているカクテルとフードのペアリングを試してみない手はない。好物の料理を、また別の角度から楽しむことができるだろう!

ミクソロジーの哲学

「ミクソロジー（mixology）」はカクテル界では欠かせない専門用語のひとつ。今では「ミクソロジスト」、「ミクソローグ」、「ミクス○○」という言葉をアピールしないバーは少ないだろう。ミクソロジーには明確な哲学が存在する。

定義

ミクソロジーは、「カクテルをつくるために様々な材料を混ぜ合わせる技法」と定義される。この用語を最初に定義づけたのは1948年に出版されたメリアム──ウェブスター辞典で、「ミクソロジー」を「混合飲料をつくるための技術または技巧」と表している。

科学の芸術

ミクソロジーは科学でも芸術でもある。なぜ科学かというと、材料の分量を決める技は、新しいレシピ、テクニックの探求、分析と同様に重要なことだからである。ひとつのカクテルをつくり上げるのに数年も費やして研究するミクソロジストは珍しくない。客席からは見えないところに、「実験室」を構えているバーもあり、そこで新作を生み出している。

芸術の科学

ミクソロジストはアーティストでもある。文学や芸術からインスピレーションを得て、自分でイメージした世界観を客に伝えるために、嗅覚、視覚、想像力に訴えかけるカクテルを創作しているからである。

演出術

バーに座り、ミクソロジストがカクテルをつくる所作を眺めることほど、魅惑的で心が躍ることはないだろう。その所作のひとつひとつから情熱が感じられる。ただし、トゥーマッチには要注意。新しい流儀が現われ、拳で強く叩く、不要なジェスチャーをするなど、やりすぎる傾向にあるミクソロジストもいる。役者のように、巧みな演技は心を動かすことができるが、大げさな演技は舞台を台無しにしかねない。

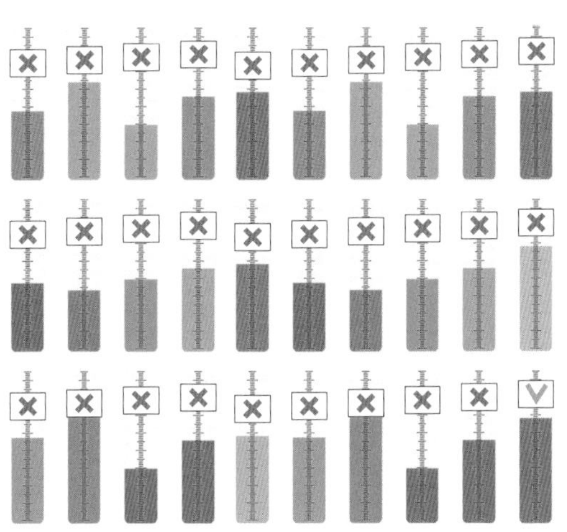

あくなき追求

ミクソロジストは試行錯誤を何度も繰り返すが、これは様々な試作を通して、各材料が絶妙なバランスで調和した「完璧な」カクテルに仕上げるためだ。ミクソロジーの世界では各材料の配分がきわめて重要となる。

革新と情熱

クラシックなスタイルを、別のテクニック、新奇の材料や酒を使ってアレンジしてみたことのないミクソロジストはほぼ皆無だろう。ミクソロジストはその仕事仲間から、新しい流行を先取り、観察し、後に新たなクラシックとなるカクテルを創作するエキスパートと見なされることが多い。

きめ細かな接客

バーに入ると1杯の水が供される。その間に、客はカクテルの物語、主調となる風味、その他の興味深い情報が記述されたリストを見ながら、今日の1杯をじっくりと選ぶ。ミクソロジストはそんな特別な一時を提供するために存在するのだ。心地よく過ごしてもらうためであれば、どんな些細な配慮も怠らない。

ミクソロジストVSバーテンダー

バーカウンターで、バーテンダーとミクソロジストを見分けることは難しい。いずれにしても、どちらかを過小もしくは過大評価しないように注意すべきだ。彼らは互いに補完しあう、別々の仕事を担っており、1人でバーテンダーとミクソロジストを兼任している場合もある。
ここで広く浸透している典型的なイメージというものを少し見てみよう。

男性の職業？

女性蔑視に陥らないように！ かつては男性限定だったミクソロジーの世界に入り、新しい感性を吹き込んで成功した女性のミクソロジストは少なくない。バーはひと昔前は男性が集う、男性で経営される場所だったことは確かだ。幸いなことに時代が変わり、女性もミクソロジーの世界で中心的な地位を占めるようになった。

ミクソロジスト

●カクテルの技法、バーテンダーの分野について研究している。
●斬新なカクテルを創作する。
●伝統的な、あるいは珍しい技法や材料を採り入れている。
●意外な素材を組み合わせて、予想外の味をつくり出す。
●定番のカクテルに自分らしさを加えて、「トウィスト」する。
●カクテルの歴史を熟知している。
●スピリッツの業界からコンサルタントとして招かれることが多い。

バーテンダー

●カクテルの種類に関する知識が豊富である。
●てきぱきとサーブし、一度に複数の客人と接することができる。
●経理や在庫の管理を行う。
●バーテンダー業についてより実務的な感覚を持っている。
●仕入れと配達を管理する。
●先を見越して計画を立て、固定客を維持するスキルがある。

ミクソロジストという言葉の誤用に注意

「流行の先端を追う」傾向が高まるなか、ミクソロジストによるサービスを提供するバーが増えている。バック・バーにはナチュラルウッドを使用し、ミクソロジストは長い髭を生やし、革製のエプロンを着けている。しかし残念ながら、人は見かけでは判断できない。「本物」のミクソロジストであるかどうかを見極めるためには、外見だけでなく中身も知る必要がある。

M
B

カクテルのスタイル

芸術的な面だけを見ると、ミクソロジストは想像力さえあれば何でも創作できるということになるだろうが、カクテルには科学的な側面もあり、明確な分類が存在する。

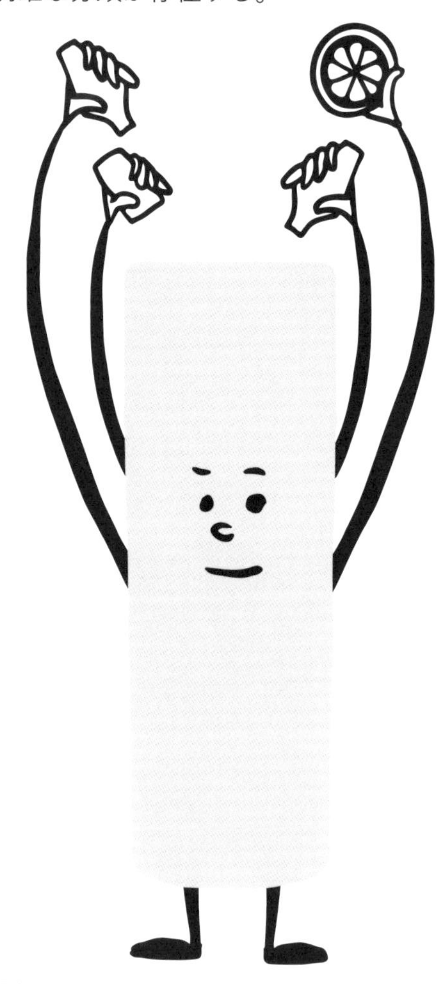

ショート・ドリンク

まず、カクテルのスタイルではなくタイプによる分類がある。用語そのものからも分かるように、ショート・ドリンクは小さめのグラスに注いで短時間で飲む、ソーダなどの割り材の量が少ないアルコール度数の高いタイプで、1杯の量は60～120mlである。純粋主義者の間では「ベースとなる酒そのものを味わうカクテル」といわれることが多い。ベースの酒の風味が少量の副材料でより際立つように仕上げるのが基本である。

例：オールド・ファッションド、マンハッタン、
ドライ・マティーニなど

ロング・ドリンク

大きめのグラスに氷を入れて、時間をかけて飲むタイプ。1杯の量は140～200mlほどで割り材の量が多く、アルコール度数が低いため、爽やかでフルーティーな飲み物を求める人に向いている。ロング・ドリンクはアルコールを検出しにくいため、禁酒法時代に大流行した。細長いグラスでサーブされることが多い。

例：テキーラ・サンライズ、トム・コリンズ、
ジン・フィズなど

スタンダードなカクテルスタイル

ここではほんの一例ではあるが、バーなどで最もよく見かけるスタイルを紹介する。

COLADA／コラーダ

スピリッツ＋フルーツ・ジュース＋ココナッツ・ミルク

起源：1950年頃／プエルトリコ

技法：シェークまたはステア
グラス：タンブラー

代表例：PIÑA COLADA／ピニャ・コラーダ（P.169）

COLLINS／コリンズ

スピリッツ＋柑橘系果汁＋砂糖＋ソーダ

起源：19世紀半ば／イギリス、ロンドン
ジョン・コリンズ作。

技法：ビルド
グラス：コリンズ・グラス

代表例：TOM COLLINS／トム・コリンズ（P.173）

FIZZ／フィズ

スピリッツまたはリキュール＋柑橘系果汁＋砂糖＋ソーダ

起源：19世紀末／アメリカ

技法：シェーク
グラス：タンブラー

代表例：GIN FIZZ／ジン・フィズ（P.159）

FLIP／フリップ

スピリッツまたはフォーティファイドワイン＋卵（または卵黄）＋砂糖＋ナツメグパウダー

起源：17世紀末／イギリス

技法：シェーク
グラス：ワイン・グラス

代表例：PORTO FLIP／ポルト・フリップ

HIGHBALL／ハイボール

スピリッツ＋ソーダ

起源：19世紀末／アメリカ、ニューヨーク

技法：ビルド
グラス：タンブラー
（＋キューブ・アイス）

代表例：CUBA LIBRE／キューバ・リバー（P.181）

JULEP／ジュレップ

スピリッツ＋ミント＋砂糖またはシロップ＋水またはソーダ

起源：18世紀末／アメリカ

技法：ビルド
グラス：ジュレップカップ
（＋クラッシュド・アイス）

代表例：MINT JULEP／ミント・ジュレップ（P.164）

PUNCH／パンチ

スピリッツ＋柑橘系果汁＋水＋
砂糖＋フルーツ・ジュース
（＋フルーツ）

起源：17世紀／東インド諸島

技法：ビルド
グラス：タンブラー

代表例：GREEN BEAST／グリーン・ビースト（P.188）

＊大きなパンチ・ボウルでつくり、大人数でシェアすることが多いが、ロング・ドリンクとしてグラスでつくることもできる。

SOUR／サワー

スピリッツ＋柑橘系果汁＋砂糖
（＋卵白）

起源：18世紀／イギリス
ショート・ドリンクに分類される。

技法：シェーク
グラス：サワー・グラス、
オールド・ファッションド

代表的例：WHISKY SOUR／ウイスキー・サワー（P.176）

TODDY／トディ
（ホットタイプ）

スピリッツ＋湯＋砂糖＋カット・レモン
＋スパイス

起源：18世紀／インド

技法：ビルド
グラス：トディ・グラス、ホット・グラス

代表例：IRISH PIE TODDY／アイリッシュ・パイ・トディ

知られざるカクテルスタイル

コブラー、エッグノッグ、コンソートというカクテルはあまり聞いたことがないだろうか？
新たにブームとなった、あるいはミクソロジストに発掘されたことで、カクテルシーンに再浮上したスタイルは20以上もある。

BUCK／バック

スピリッツ＋レモン・ジュース＋
ジンジャー・エール＋砂糖＋レモンピール

起源：20世紀初頭／イギリス、ロンドン

技法：ビルド
グラス：オールド・ファッションド

代表例：GIN BUCK／ジン・バック

COBBLER／コブラー

スピリッツまたはワイン＋砂糖＋
季節のフルーツ（飾り）

起源：19世紀初頭／アメリカ

技法：ビルド
グラス：オールド・ファッションド

代表的例：SHERRY COBBLER／シェリー・コブラー

COOLER／クーラー

スピリッツ＋柑橘系果汁＋ジンジャー・エール（またはソーダ）＋砂糖

起源：19世紀末／アメリカ

技法：ビルド
グラス：タンブラー

代表例：LITCHI COOLER／ライチ・クーラー

DAISY／デイジー

スピリッツ＋柑橘系果汁＋シロップ＋キュラソー（＋ソーダ）

起源：1870年頃／アメリカ

技法：シェーク
グラス：ゴブレット
（＋クラッシュド・アイス）

代表例：BRANDY DAISY／ブランデー・デイジー

EGG NOG／エッグノッグ（ホットまたはコールド）

スピリッツ＋卵黄＋牛乳＋砂糖

起源：18世紀末／アメリカ

技法：シェーク
グラス：タンブラー

代表例：TEXAS FARM NOG／テキサス・ファーム・ノッグ

PUFF／パフ

スピリッツ＋牛乳＋砂糖＋ソーダ

起源：19世紀末／アメリカ

技法：ビルド
グラス：タンブラー
（＋キューブ・アイス）

代表例：CREAM PUFF／クリーム・パフ

RICKEY／リッキー

スピリッツ＋ライムまたはレモン＋ソーダ

起源：1900年頃／アメリカ

技法：ビルド
グラス：タンブラー

代表例：GIN RICKEY／ジン・リッキー

G プース・カフェ

現在ではシューター・スタイルと呼ばれることが多いが、プース・カフェはおそらくフランスで生まれたと思われる（確実にそうだとは言い切れないが）。基本のテクニックは複数のスピリッツやリキュールを混ぜ合わせることなく、グラスの中で層を成すように注ぐというものである。なお、コーヒーを飲んだ後に、ショット・グラスで飲む酒もフランスではプース・カフェという。

カクテルの歴史

1856年
ミクソロジストという語が、初めて書物に登場する

1803年
ミント・ジュレップ
誕生

1853年
サゼラックが誕生

1630年頃
パンチ誕生

1862年
世界初のカクテルブックである、ジェリー・
トーマス著の『バーテンダーズ・ガイド』出版

1824年
アンゴスチュラ・ビターズの開発

1860-1919年
カクテルの第1次黄金時代

1740年頃
イギリス海軍で
グロッグ誕生

1850年
ジェリー・トーマスが
ブルー・ブレイザーを考案

1862年
ドン・ファクンド・バカルディ・マッソがラムの
ブランド、バカルディを創業

1806年
ハリー・クロスウェルによってカクテルという定義が
世界で初めて文書化される

1850年
ジェームズ・ピムがピムズ・カップを考案

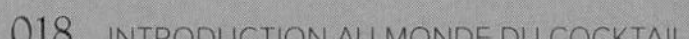

1882年
ハリー・ジョンソン著の
「バーテンダーズ・マニュアル」出版

1939年
ブラッディ・メアリー誕生

1983年
エスプレッソ・マティーニ
誕生

1876年
マンハッタン誕生

1919-1933年
アメリカ合衆国の禁酒法時代

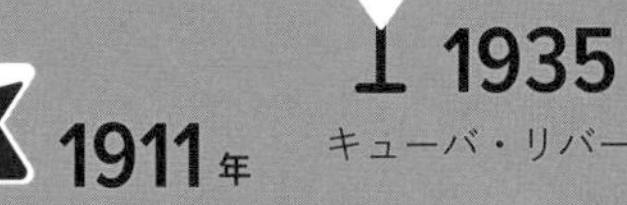

1935年
キューバ・リバー誕生

1911年
「ハリーズ・
ニューヨーク・バー」
がパリで開店

2010年〜
カクテルの
第2次黄金時代

1943年
アイリッシュ・コーヒー誕生

1929年
モヒート誕生

1951年
国際バーテンダー協会の発足

1900

（1920〜1933年）
アメリカ合衆国で
禁酒法が施行

1950

2000

1896年
ダイキリ誕生

1934年
ゾンビ誕生

1988年
トム・クルーズ主演の映画、
「カクテル」公開

1920年
ネグローニ誕生

1957年
ニューヨーク・タイムズ紙に
モヒートのレシピが掲載される

1888年
オールド・ファッションド
誕生

1954年
ピニャ・コラーダ誕生

1941年
モスコー・ミュール誕生

1999年
ブレックファースト・
マティーニ誕生

1944年
マイタイ誕生

1945年頃
ブラン・カシス誕生。1951年にキールと改名

世界初のカクテルブック

現在ではカクテルのレシピは手に入りやすいが、それが難しい時代もあった。その時代に好まれたカクテルが、現代人の口にも合うとは限らない……。

ジェリー・トーマス (JERRY THOMAS)

ニューヨーク生まれのジェリー・トーマスは青年時代に一攫千金の夢に捕らわれ、アメリカ大陸を横断し、カリフォルニア州で、バーテンダーの仕事を続けながら金塊探しに熱中した。21歳のときにニューヨークに戻り、バーナムズ・アメリカン・ミュージアム内に自身が経営するパブを開いた。彼のテクニックとパフォーマンスは実に洗練されたもので、銀製のバーツールは人目を引いた。その派手な衣装も話題となった。このとき、彼はそうとは知ることなしに、後に「フレアバーテンディング」という名で広まることになる見事なパフォーマンス術を生み出しつつあった。アメリカやヨーロッパを巡り、その華麗な名人芸で人々を魅了し、当時の米副大統領よりも多い、週給100＄以上の報酬を手にするほどの成功者となった。

伝説的なカクテルブック

ジェリー・トーマスは1862年、31歳のときに『バーテンダーズ・ガイド(The Bar-Tender's Guide)』(『How to Mix Drinks』の名でも知られる)を出版した。これは全米史上初のカクテルブックである。トーマスはその中でクラシックなカクテル(パンチ、サワーなど)や自ら創作したカクテルのレシピを綴っている。1888年に改訂版も刊行したが、ジェリー・トーマスは何よりもまず、新たなテクニックとオリジナル・カクテルを精力的に生み出したクリエーターである。代表的な作品のひとつに、「ブルー・ブレイザー」がある。ウイスキーに火を付け、2つの金属製マグの間を行き来させて火の弧を描いてみせるという、演出効果抜群のカクテルだ！ 当時、「胃袋まで震わせるあの神の火をくれ」と叫びながら店に入ってくる客がいたというエピソードもある。

『バーテンダーズ・ガイド』に記載されているカクテル2例 (1862年のレシピ)

SAUTERNES COBBLER:
ソーテルヌ・コブラー

- 砂糖：1tsp
- 水：1tbsp
- ソーテルヌワイン：ワイングラス2杯分

JAPANESE COCKTAIL / MIKADO:
ジャパニーズ・カクテル / ミカド

- アーモンド(オルゲート)・シロップ：1tbsp
- ボウカーズ・ビターズ：1/2tsp
- ブランデー：ワイングラス1杯分
- レモンピール：1～2片

世界初の挿絵入り
カクテルブック

1882年にハリー・ジョンソン（Harry Johnson）が執筆した『バーテンダーズ・マニュアル（Bartender's Manual）』。

EUVS：
貴重な情報源

カクテルについてもっと知りたい、オリジナリティーのあるレシピを発掘したいという方は、「ワインとスピリッツの世界万博（Exposition universelle des vins et spiritueux）」というウェブサイトが、なかなか入手しがたい昔のカクテルブックのPDF版を無料で掲載している。ウェブサイトアドレス：http://euvs.org/en/collection/books

バリアナ
（コレクター）になる

あまり耳にしない言葉だろうか？
これは、フランス語でバーにまつわるあらゆるもの（書物に限らず）を収集するコレクターのことを示す言葉である。元々は1896年にフランスで出版されたルイ・フーケ（Louis Fouquet）著のカクテルブックの書名だった。ミクソロジーに関する書物は出版時期による3つのカテゴリーに分類される。すなわち、禁酒法時代前（アメリカの書物）、禁酒法時代（ヨーロッパで出版された書物。多くのバーテンダーが仕事を続けるためにヨーロッパへ渡ったため）、禁酒法時代後（スピークイージー〈speak easy＝もぐり酒場〉で考案されたレシピを主に記した書物）である。これらの古書を手に入れる最善の方法は、eBay、骨董市、古本屋であろう。ただし、ぼったくりには要注意。実際には最近の復刻版でしかないのに、法外な値段を付けて売ろうとする人もいる。

フランスの場合

フランスが最初にカクテルの存在を知ったのは、1867年のパリ万博のときであったが、フランス初のカクテルブックであるエミール・ルフーヴル（Emile Lefeuvre）著の『アメリカン・ドリンクを自分でつくる方法』が出版されたのは1889年になってからだった。その後、パリに伝説的なカクテルバー、「マキシムズ（Maxim's）」（1893年）、「フーケッツ（Fouquet's）」（1899年）、「ハリーズ・ニューヨーク・バー（Harry's New York Bar）」（1911年）が出現した。

コレクター向けの古書例

- The Bar-Tender's Guide（Jerry Thomas）1862年
- Harry Johnson's Bartender's Manual（Harry Johnson）1882年
- The Savoy Cocktail Book（Harry Craddock）1930年
- The Old Waldorf-Astoria Bar Book（A.S. Crockett）1934年
- The Gengleman's Companion（Charles Baker）1939年
- Trader Vic's Book of Food and Drink（Victor Bergeron）1946年（世界初のティキブック）

世界のミクソロジー

カクテルの歴史が古い国があることは確かではあるが、今、ミクソロジーは世界的な現象となっており、その勢いはとどまるところを知らない！ それぞれの国に、その国ならではの「国民的」カクテルが存在する。

アメリカ、ニューヨーク

すべてはここから始まったと言えるだろう。そのカクテルシーンは今も活気に満ちている。ニューヨークは世界のカクテル文化の中心地と見なされている。ここでは古いスタイルにとどまってはいられない。バーもカクテルリストも常に進化しており、新しいレシピの創作にも余念がない。
代表的なカクテル：マンハッタン（Manhattan）

メキシコ

代表的なカクテル：言うまでもなくテキーラベースのパロマ（Paloma）

キューバ

代表的なカクテル：ラムベースのモヒート（Mojito）

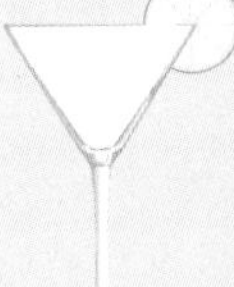

ペルー

代表的なカクテル：ピスコ・サワー（Pisco sour）

スペイン

代表的なカクテル：サングリア（Sangria）

フランス

20世紀初頭は、「アメリカン・ドリンク」のスタイルを踏襲していたが、カクテルの新生はなかなか進まなかった。しかし、今日ではカクテルのリストもレベルも申し分なく、フランスのバーは世界のトップレベルに数えられるようになり、国際的なコンクールで優勝するミクソロジストを輩出するまでになった。
代表的なカクテル：ディジョン名物のクレーム・ド・カシスを使ったキール・ロワイヤル（Kir Royal）

フランスの地方都市は？

カクテルシーンがより賑わっているのはパリであることは確かだが、フランスのミクソロジーが首都だけの流行であるとは思わないように！ モンペリエ、ボルドー、リヨン、マルセイユなどでもその水準は高く、パリに引けを取らないほどである。

イギリス、ロンドン

19世紀後半、アメリカが繁栄を極めた時代、アメリカ人のお気に入りの旅先がロンドンだった。カクテルの種類が揃った「アメリカン・バー」がロンドンに次々と出現し、大いに繁盛した。有名な「サヴォイ（Savoy）」は現在でも、ロンドンのカクテルシーンを代表する名店である。
代表的なカクテル：ピムズ・カップ（Pimm's cup）

日本

代表的なカクテル：ワサビ、醤油、みりんを加えたジャパニーズ・ブラッディ・メアリー（Japanese bloody mary）

韓国

代表的なカクテル：ライム、スイカを加えた焼酎ベースのスバク・ソジュ（Subak soju）

イタリア

代表的なカクテル：
アペロール・スプリッツ（Aperol Spritz）

シンガポール

代表的なカクテル：
シンガポール・スリング（Singapore sling）

揃えておきたいバーツール

カクテルつくりを始める前に、必要な道具を揃える必要がある。「良い道具が腕の良い職人をつくる」という諺もある。いずれにしても、腕を磨く努力をすることはできるだろう。幸先の良いスタートを切るために欠かせない道具を紹介する。

シェーカー

氷で冷やしながら、材料を混ぜてカクテルをつくるための道具。ボストン、タンバル（フレンチ）、3ピースなど、複数のタイプがある。一番使いやすいのは、ストレーナーが付いている3ピースタイプ。シェーカーがない場合、密封性の高いガラス容器で代用可。

メジャーカップ（ジガーカップ）

すべてのカクテルに役立つ、頼もしい相棒ともいえる道具。包丁を持たないシェフを想像できないように、メジャーカップを持たないミクソロジスト、バーテンダーも想像できない。正確に計量できる大小の2つのカップからなるタイプが一般的。ただし、サイズはいろいろある。フランスでは主に20ml／40mlのメジャーカップが使用されている。日本では30ml／45mlが一般的。
メジャーカップがない場合、ショット・グラス、アルコール飲料のボトルのスクリューキャップで代用可。

ミキシング・グラス

シェーカーと同様に、材料を混ぜ、カクテルを冷やすために使われる大型のグラス。冷却と希釈の加減をよりコントロールすることができるため、酒のみを使う強いカクテルや、カクテル・グラスに注いでサーブする「ストレート・アップ」スタイルのカクテルをつくるときに使われることが多い。ミキシング・グラスがない場合は、シェーカーのボディに氷を入れて使用するとよい。

バースプーン

細長い形状で、両端にスプーンとマドラーまたはフォークが付いている。スプーンは計量（通常5ml）をするとき、カクテル・グラスやミキシング・グラスの中で材料を混ぜる（ビルド、ステア）ときに使用する。マドラーは砂糖やミントの葉などの材料を潰すときに、フォークは材料を取り出すときに使用する。腕のある人は、バースプーンを用いて、複数の層からなるプース・カフェスタイルのカクテルをつくることも可能だ。スプーンの背を使って、材料を比重の大きいものから順にゆっくりとグラスに流し入れ、層をつくる。決して混ぜてはいけない。美しいカクテルに仕上がるが、それなりの訓練を要する。

スクイーザー

柑橘類の果汁が市販されているとしても、搾りたての果汁のフレーバーとの差は歴然としている。スクイーザーで搾った果汁は清潔な器に入れて、冷蔵庫で冷やしておく。スクイーザーは使用したらすぐに洗うよう心がけて。

ペストル

木製、プラスチック製があり、料理用のものよりも大きい。グラスの底でハーブの葉、果実、砂糖片を潰し（マドルという）、アロマを抽出するための道具だ。ただし、グラスは割れやすく、ハーブなどを潰しすぎると苦味が強くなるので、力の入れすぎには要注意。

ストレーナー

カクテル……グラスに入るべきではない果物の種や葉が混ざったカクテルほど不快なものはない。様々なタイプがある（カクテルストレーナー、ジュレップストレーナー、メッシュストレーナーなど）。3ピースのシェーカーにはカクテルストレーナーが内蔵されている。

カットボード、ナイフ

果物を切る、皮をむくときに使う、切れ味の良い小型のナイフが必要。使ったらすぐに洗うこと。皮むきには、「エコノム」というフランス式のピーラーが便利で、より安全だ。

カクテル・グラス

好きなカクテルをつくる準備をする。最良の材料を揃え、計量も完璧だ。ただし、油断は禁物。ここでグラス選びを間違えると、残念な結果が待っている……。

グラスの役割

グラスはただの器ではなく、それ以上の役割を持っている。

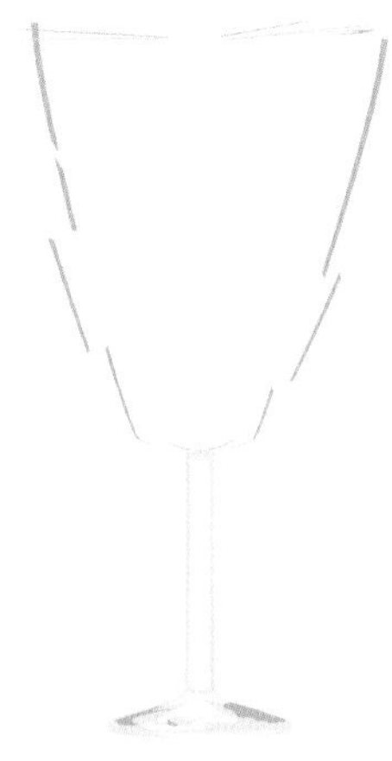

外観

カクテルを味わうとき、まず感知するのはその外観である。美しく飾られた、ほどよく冷やした清潔なグラスは、どんなカクテルか早く味わってみたいという気持ちをかき立てるだろう。

容量

ショート・ドリンクをロング・ドリンク用のグラスに入れると、半分しか入っていないという、物足りなさを感じることになる。反対に、ロング・ドリンクを小さなグラスに入れると当然のことながら溢れてしまう。

実用性

モヒートをフルート・グラスでつくろうとしないように！ この薄いグラスでは、ペストルでミントの葉を潰す力に耐えられず、割れてしまうリスクがある。カクテル・グラスに直接材料を入れてつくるタイプのカクテルもある。この場合、グラスはカクテルを飲むためだけのものではなく、カクテルつくりの道具としても使えるものでなければならない。

想像力には限界がない？

中身をくり抜いた果物、貝殻、チューブ、椀……。これからつくるカクテルに合わせる容器については、どんなアイデアも可能であろう。ただし、客人に伝えたいコンセプトやテーマと関連性があり、中身のカクテルを引き立てるものを選ぶことを忘れずに。

揃えておきたいグラス

オールド・ファッションド（ロック・グラス）

ショート・ドリンク用のグラス。氷を入れて、その上にカクテルを注ぐ（「ロック」は、英語の「on the rocks」から来ている）。

合わせるカクテル例：

ネグローニ（Negroni）、ギムレット（Gimlet）、
ホワイト・ルシアン（White Russian）、
そして、外せないのが
オールド・ファッションド（Old Fashioned）！

タンブラー（ハイボール）

ハイボールスタイルのカクテルに適しているため、ハイボールと呼ばれることもある。
アイスを2/3まで入れて（クラッシュド・アイスの場合は、グラス一杯に入れる）、ソーダなどの割り材を足すことのできる形状になっている。

合わせるカクテル例：

ブラッディ・メアリー（Bloody Mary）、
ジン・フィズ（Gin Fizz）、
キューバ・リバー（Cuba Libre）

揃えておきたいグラス

マティーニ・グラス(カクテル・グラス)

カクテルと聞いて、このグラスを連想しない人はいないのではないだろうか。それほど象徴的なグラスである。脚はカクテルを手の温度で温めないようにするためのもので、逆三角形のフォームはアロマを開花させる。氷を入れないショート・ドリンクのためのグラスだ。

合わせるカクテル例:

ドライ・マティーニ(Dry Martini)、
コスモポリタン(Cosmopolitan)、
マンハッタン(Manhattan)

フルート・グラス(シャンパーニュ・グラス)

発泡性ワイン(クレマン、プロセッコ、シャンパーニュ)ベースのカクテルに使われることが多い。細長く薄いフォームが繊細な泡を引き立てる。さらに泡立ちを良くし、泡がグラスの中心から立ち上るようにするために、グラスの底に少し傷をつけてもよい。このグラスには氷を入れるべきではないが、カクテルをつくる10分前に冷凍庫に入れて冷やしておくこともできる。

合わせるカクテル例:

ベリーニ(Bellini)、
キール・ロワイヤル(Kir Royal)、
フレンチ75(French75)

揃えておきたいグラス

ワイン・グラス

普段使っているワイン・グラスにも別の使い方がある。シェリー・コブラースタイルにふさわしく、ロング・ドリンクをエレガントに演出する効果もある。

合わせるカクテル例：

スプリッツ（spritz）、キール（kir）、
エッグノッグ（Eggnog）

ショット・グラス

スピリッツ（冷やしたウォッカなど）や強いカクテルを飲むための理想的なグラス。「ショット」は英語で「一度で」を意味するが、一杯の酒を一気に飲むという飲み方に合うグラスだ。

合わせるカクテル例：

B-52、テキーラ（Tequila）

個性的なグラス

マルガリータ・グラス

ボウル部分にくびれがあり、2段に分かれている独特なフォーム。シャーベット状にしたアイスを入れるスタイル（フローズン）にも、入れないスタイルにもOK。その誕生説も面白く、メキシコのコーラ生産工場で発生した欠陥ボトルから考案されたといわれている。

合わせるカクテル例：

マルガリータ（Margarita）、
ブルー・オーシャン（blue ocean）

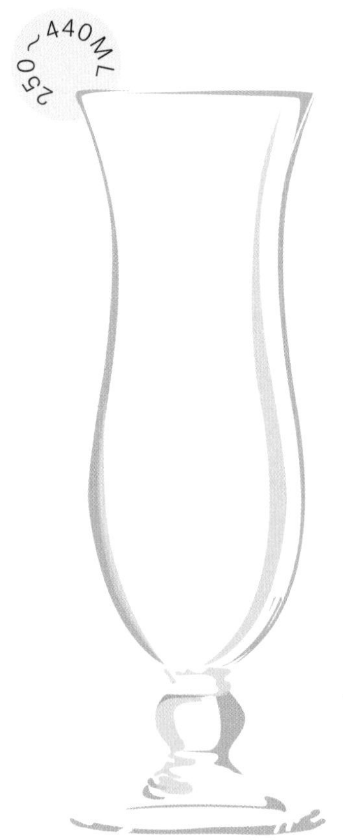

ハリケーン・グラス

形も名もレトロなオイルランプ（ハリケーンランタン）から着想を得たエレガントなグラス。1940年代に流行したティキ・カクテル用のグラスとして登場したという説があるが、少なくとも、カラフルなトロピカル・カクテルに使われることが多いことは確かだ。

合わせるカクテル例：

ピニャ・コラーダ（Piña colada）、
ハリケーン（Hurricane）、
セックス・オン・ザ・ビーチ（Sex on the beach）

個性的なグラス

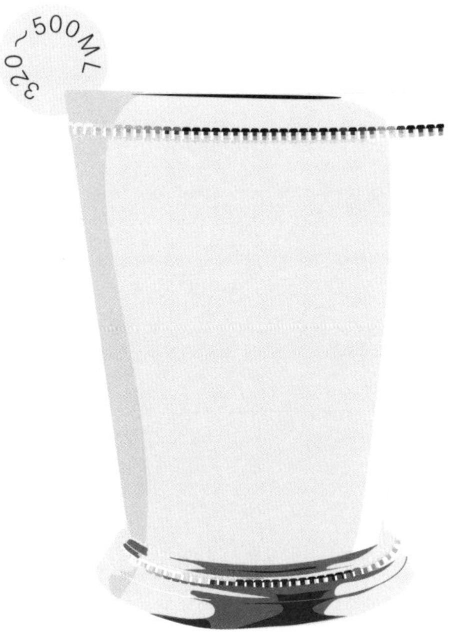

ティキマグ

主に陶器製で、ポリネシアの神や南国風のモチーフが刻まれている。ティキ・カクテルの器として、1950年代にアメリカで使われるようになった。

合わせるカクテル例：

ゾンビ（Zombie）、マイタイ（Mai tai）

金属製マグカップ、ジュレップカップ

伝統的に真鍮製や銅製のものが多く、カップの外側にフロスト（霜）が付くまでカクテルをよく冷やす。飾りとしてレモンがよく使われるが、その果汁との化学反応で、銅の色も鮮やかになる。金属のさび落としや手入れにも効果的である。まさに、ベストコンビネーションといえるだろう。

合わせるカクテル例：

ミント・ジュレップ（Mint Julep）、
モスコー・ミュール（moscow mule）

個性的なグラス

コリンズ・グラス

タンブラーに似ているが、より細長いフォームで、コリンズスタイルのカクテルに使用される。モチーフが刻まれたカットグラスタイプもあり、カラーバリエーションも豊富だ。コリンズスタイルのカクテルを「タンブラー（ハイボール）」で出す店も多いため、このグラスと混同されがちである。

合わせるカクテル例：

トム・コリンズ（Tom Collins）、
ピエール・コリンズ（Pierre Collins）、
コロネル・コリンズ（Colonel Collins）

ホット・グラス（トディ・グラス）

ホットカクテルのためのグラス。形状も材質も多様だが、耐熱性があることだけは共通している。

合わせるカクテル例：

アイリッシュ・コーヒー（Irish Coffee）、
メキシカン・ティー（Mexican tea）、
ホット・トディ（Hot toddy）

第一線で活躍するバーテンダーたち

ニコ・ド・ソト
(NICO DE SOTO)

ニコ・ド・ソトはIT業界で働いた後にバーテンダーに転身したという、変わった経歴を持つ人物である。旅をこよなく愛し、旅先でバーを開拓することに熱中した。ミクソロジーに関する書物を読み、実践を積み重ねることで、カクテルの技法を独学で習得していった。その活躍の場はパリ、ロンドン、ニューヨークへと広がり、2014年に「カクテル・スプリッツ・パリ」フェアで、最も影響力のあるバーテンダーに選ばれた。翌年、ニューヨークのマンハッタン、イーストヴィレッジに自身初のバーである「メース(Mace)」を開店。2016年にパリ2区のギャラリー・ヴィヴィエンヌ内に、2店目となる「ダニコ(Danico)」をオープンさせた。

代表作
ラリガトール・セ・ヴェール
(L'ALLIGATOR C'EST VERT)

第２章
カクテルの
技法と材料

武術に身を投じる前に、まず敵を倒すための技を体得しなければならない。ミクソロジーにおいても同様だ。時間をかけて基本のルールとテクニックを学び、自慢のカクテルをつくれるようになろう。

カクテルの味わい

道具が揃い、カクテルつくりを始める準備が整った。その前に、カクテルの味について、知識を持っておくべきだろう。

カクテル名

まず私たちが対面するのは、カクテルのひとつひとつに付けられた個性的な名前である。気分が良くなる楽しい思い出を呼び覚ます名もあれば、苦々しい嫌な記憶を蘇らせるだけの名もあるだろう。

味覚=経験の集積

味の感じ方は教育や文化に影響される。あなたの味覚、感覚は、他の人のものとは異なっているだろう。すべては経験から得られる。また、味の印象は場の雰囲気にも大きく左右される。
色や形、食感をいろいろに変えて楽しむ遊び心を持ち続けていれば、想像力は限界を乗り越えて、新しいものを生み出す原動力となるだろう。

時の作用

ブランチ、ディナー、食前、食後など、その時々によって飲みたいカクテルのタイプも変わってくる。それぞれのシーンにふさわしいカクテルがある。

材料の品質

家庭農園で自然に育てたトマトが「工場で栽培された」トマトよりも味がしっかりしていることからも分かるように、材料の選択はきわめて重要である。「しょせん混合酒なのだから、材料の質が低くても問題ないだろう」という考えは決して持たないように！ カクテルと呼べたものではない酷い液体ができ上がることだろう。良い材料が揃っていれば、確実に美味しいカクテルがつくれるというわけではないが、必ず押さえておくべき基本である。

バランス

ミクソロジスト、バーテンダーは綱渡り芸人のように、究極のバランスを探求している。ベースとなる酒、割り材や風味づけなどの副材料(P.43)は、カクテルの色合いやアルコール感だけでなく、その食感にも影響する。例えば、クリーミーな食感に仕上げようとしても、バランスを誤るとねっとりした重いテクスチャーになってしまう。

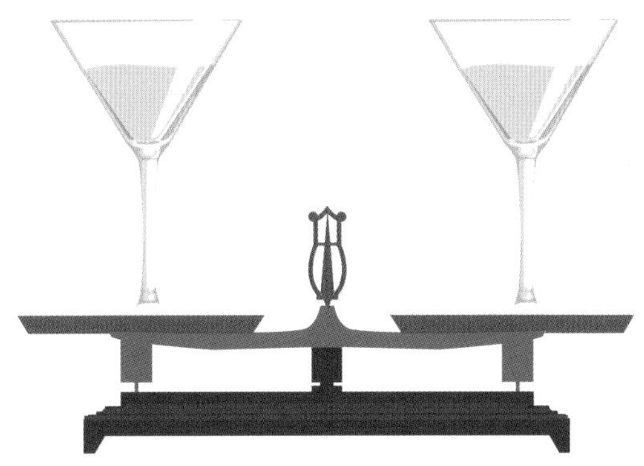

世界観

カクテルの世界観にはミクソロジスト、バーテンダーの経験が反映される。小説家が物語を書くときと同じように、彼らもオリジナルカクテルをつくるために、様々な経験を積んで想像力を磨いていく。その目標はより豊かな味の冒険を提供すること、新境地を開くことである。例えば、ウイスキーが嫌いな人がいれば、カクテルでその美味しさに開眼させ、名さえ聞いたこともないメキシコ特産のメスカルの味を体験させてくれる。

フレーバー

カクテルの醍醐味は、予想もしなかった意外な材料の組み合わせが、絶妙に調和したフレーバーを生み出すことである。ただし、そこに辿り着くためには何度も試行錯誤を繰り返さなければならない……。残念ながら、唱えるだけでうまくいく呪文というものは存在しない！

温度管理

暖房が効かない新幹線や暖炉の火で暑すぎるレストランで、気分が悪くなったことがあるだろう。カクテルも同じで、適温でサーブすることはもちろんのことだが、材料を必要に応じて冷やしておくことも大切だ。グラスの温度もカクテルの味に影響する。

ホームバーのある暮らし

カクテルファンであれば誰でも、アメリカのカクテルバーのような空間を自宅に持ちたいと夢見ることだろう。厳選されたボトルをいくつか揃えておけば、それだけでカクテルの王様になったような気分を味わえるだろう。

1本のボトルの値段は？

カクテルには低級な酒で十分だ、という考え方が広まっているようだが、これは全くの間違いである。酒がレシピのベースであることを考えれば、とんでもない思い違いであることは言うまでもない。カクテルを構成する他の材料も入念に選ぶべきである。低品質な材料を混ぜ合わせて、良い成果が得られるはずはない。

どの酒を選ぶ？

カクテルのベースとして使われることが特に多い、以下のスピリッツやリキュールを揃えておくと重宝する。（もちろん、このリストは一例で、各人の好みに合わせて自由に変更可能である）。

ウォッカ／VODKA

ジャガイモや麦などからつくられるスピリッツ。糖あるいはデンプンを含んでいれば、どんな材料からでもつくることができる。

アルコール度数：40%
代表的な銘柄：アブソルート（Absolut）、ケテル・ワン（Ketel one）、グレイグース（Grey Goose）など

ラム／RHUM

サトウキビの糖蜜または搾り汁の発酵と蒸留から得られるスピリッツ。プエルトリコ産、キューバ産、ジャマイカ産、アグリコール（搾り汁を直接、原料として醸造酒をつくる製法）などのスタイルがあり、種類も豊富。

アルコール度数：40%以上
代表的な銘柄：ハバナ・クラブ（Havana Club）、バカルディ（Bacardi）など

ジン／GIN

大麦、ライ麦、ジャガイモなどからつくられるスピリッツ。ジュニパーベリー（杜松（ねず）の実）や他の香料で香り付けをするのが特徴。

アルコール度数：37.5%以上
代表的な銘柄：ヘンドリックス（Hendrick's）、タンカレー（Tanqueray）、シタデル（Citadelle）など

バーボン・ウイスキー／BOURBON

アメリカ合衆国のみで生産。トウモロコシをメインとする穀物の混合物をベースとした蒸留酒。

アルコール度数：40%以上
代表的な銘柄：ブレット（Bulleit）、ジン・ビーム（Jin Beam）など

スコッチ・ウイスキー／SCOTCH WHISKY

スコットランドのみで生産。大麦麦芽がベースで、蒸留後3年以上樽熟成させる。ブレンデッド、シングルモルトなどのタイプがある。

アルコール度数：40%以上
代表的な銘柄：ジョニー・ウォーカー（Jonny Walker）、モンキー・ショルダー（Monkey Shoulder）など

トリプル・セック／TRIPLE-SEC

ビターオレンジとスイートオレンジの果皮からつくられるリキュール。トリプル・セックは「3倍辛い」という意味だが、比較的甘味を抑えたホワイト・キュラソーのことを指す。

アルコール度数：40%
代表的な銘柄：コアントロー(Cointreau)、コンビエ(Combier)など

コニャック／COGNAC

「ブランデー」という名でも知られるフランス、シャラント地方産の名酒。白ワインを2回蒸留し、オーク樽で最低2年以上熟成させる。

アルコール度数：40%以上
代表的な銘柄：レミー・マルタン(Remy Martin)、マーテル(Martell)など

ヴェルモット／VERMOUTH
(ビアンコ／ロッソ、ドライ／スイート)

ニガヨモギなどの香草やスパイスなどで香り付けをしたワインベースの食前酒。ロッソはカラメルなどで着色する。

アルコール度数：14.5～22%
代表的な銘柄：マルティーニ(Martini)、ノイリー・プラット(Noilly Prat)など

テキーラ／TEQUILA

アガベ(リュウゼツラン)という植物を原料とするメキシコ産スピリッツ。樽熟成させない透明なタイプ(ブランコ)と、樽熟成させた金色や銅色を帯びたタイプ(レポサド、アネホ)がある。

アルコール度数：35～55%
代表的な銘柄：ホセ・クエルボ(Jose Cuervo)、パトロン(Patrón)

カルヴァドス／CARVADOS

フランス、ノルマンディー地方の地酒。シードル(リンゴベース)やポワレ(洋梨ベース)を蒸留してつくる。

アルコール度数：40%以上
代表的な銘柄：クリスチャン・ドルーアン(Christian Drouin)

アブサント／ABSINTHE

「緑の妖精」、「青の妖精」とも呼ばれる薬草系リキュール。

アルコール度数：40～90%
代表的な銘柄：ペルノー(Pernod)、ヴュー・ポンタルリエ(Vieux Pontarlier)など

カンパリ／CAMPARI

ビターオレンジ、キャラウェイ、コリアンダー、リンドウの根など60種類以上の薬草、香草、樹皮などからつくられる、ほろ苦い赤色のリキュール。イタリア生まれ。

アルコール度数：25%

シャルトリューズ・ヴェルト／CHARTREUSE VERTE

130種以上の薬草、香草、花などを調合した、ブランデーベースのリキュール。「リキュールの女王」とも称される。

アルコール度数：55%

ベースの酒がない場合は？

ラムがないので、同じ無色透明なテキーラを代わりに使おうと思うかもしれないが、完全な失敗作に終わるリスクがあるので要注意。それぞれの酒固有の香味特性があることを忘れずに！　もちろん、いくつか例外はある。例えばウイスキー・サワーの場合、ウイスキーの代わりにラムやピスコを使っても問題ない。

ホームバーの管理

自分だけのとっておきのホームバーができ上がった。これで完璧！ というわけではなく、ここから最も手間暇のかかる仕事が待っている……。
つまり、保管と保存のためのベストコンディションを整えることである。

保管方法

ワインのボトルは横に寝かして保管するが、この方法はスピリッツのボトルには禁物だ。ワインよりもアルコール度数が強いので、コルク栓にダメージを与える。

適温を保つ

光が直接当たらない、暑くも寒くもない適温の場所で保管する。暖炉の上に並べたボトルはフォトジェニックかもしれないが、スピリッツが変色する、最悪の場合には香味が一部、さらには完全に消えてしまう恐れがある。

栓を捨てない

ボトルにポアラー（注ぎ口）を付けるのはとても良いアイデアだが、カクテルつくりが終わった後でボトルを塞ぐための栓を取っておくことを忘れずに。

ボトルに残った量を確認する

ボトルの中の残量が1/3以下になったら、より小さい容器に移し替えるのがベスト。空気に触れる量を減らすことができる。

ハーフボトルをうまく活用する

カクテルに少量しか使わないと分かっているのに、フルボトルを買う必要はない。賢い方法はハーフサイズを買うこと。使い切れないボトルが長々と残って邪魔になる、という状況を避けることができる。

ボトルの汚れを落とす

ボトルの表面に付いた汚れや埃は、重大な問題ではないかもしれないが、あまりエレガントではない。ボトルを棚にしまう前に、コバエを寄せ付けないように、表面に付いた酒の跡をスポンジなどでこまめにふき取るように心がけたい。さもないと、ボトルを次に開けるときに、汚れや虫が液体の中に落ちるリスクがある……。

賞味期限

スタンダードなスピリッツ（ウォッカ、ウイスキー、テキーラ、ジンなど）や、ハーブやスパイス、精油などを酒につけ込んでつくるビターズは、長く保存が効く（数年経っても問題ない）。ただし、その他の材料は、一度開栓したら保存場所、賞味期限に十分注意しなければならない。

ベルモット：冷蔵庫で2カ月
シンプル・シロップ：冷蔵庫で1カ月
クリーム系リキュール：冷蔵庫で1年
フレッシュ・フルーツ・ジュース：冷蔵庫で2〜4日

基本のルール

美味しいカクテルをつくるのに想像力が必要なのはもちろんのことであるが、いざつくる際には、ある特定のルールを守る、あるいは少なくとも知っておくことも必要である。

デイヴィッド・A・エムベリー（DAVID A. EMBURY）の教え

カクテルに関する書物を最初に書いた人物ではないが、美味しいカクテルに欠かせない基本要素を最初に定義したバーテンダーの1人である。彼は1948年に『ザ・ファイン・アート・オブ・ミキシング・ドリンクス（The Fine Art of Mixing Drinks）』を出版したが、ショート・ドリンクに特化した内容で、カクテルつくりの基本原則だけでなく、材料を3グループに分けるという分類法を確立した。

基本原則（by デイヴィッド・A・エムベリー）

1. カクテルは上質なスピリッツからつくられる上質な飲み物である。
2. カクテルは食欲を和らげるものである。甘すぎてはならず、フルーツ・ジュース、卵、クリームを過度に加えるべきではない。
3. ドライ（辛口）かつ滑らかで繊細な口当たりで、ベースの酒の味が十分に感じられるように仕上げる。
4. 見た目も美しく仕上げる。
5. 適度に冷やす。

「安い材料から、それ以上の品質のカクテルができることはない」（デイヴィッド・A・エムベリー）

目標は酒の風味、酸味、甘味を巧みに組み合わせて、絶妙な調和を得ること。

カクテルの材料

酒（ベースの酒、風味づけの酒）（主材料）

ベースとなる酒はカクテルの味を方向付ける主材料。スピリッツが使われることが多く、その香り、風味、色調がカクテルの基盤となる。
カクテル1杯あたりの酒の割合（平均）：ショート・ドリンク70%、ロング・ドリンク20%。風味付けの酒はベースの味を引き立てるための酒で、主にリキュールなどが使われる。

割り材（副材料）

「ボディ」とも呼ばれ、ひとつのカクテルに1種類あるいは多種類の割り材が使われることがある。ベースの酒に加えると、カクテルの食感が変わるだけでなく、ベースの味を引き立てる新たな香味をもたらしてくれる。ソーダ（炭酸水）、炭酸飲料、フルーツ・ジュース、シャンパーニュ、ワイン、ミルク、クリームなどがある。

風味づけ、デコレーション（副材料）

カクテルに色味を付ける、あるいは隠し味（甘味、苦味など）となる副材料。シロップ、ビターズ、リキュールなどが使われる。

カクテルづくり：その他のルール

盛りすぎに注意

スピリッツ、シロップ、リキュールの種類が多すぎると、味の特徴のないカクテルに仕上がるリスク大。

ウォッカに年代物のスピリッツを合わせない

ウォッカの繊細な風味が、年代物のスピリッツの強い風味に負けてしまう。

シロップとリキュールは控えめに

糖分が多いので、入れすぎると気分が悪くなるような甘ったるいカクテルになってしまう。

材料の計量は正確に

それぞれの材料の分量がちょっと多すぎる、少なすぎるだけで、悲惨な結果になることもある。レシピ通りに計量するように心がけて。

穀類ベースの蒸留酒とワインベースの蒸留酒を合わせない

ウイスキーにコニャックを合わせると、味が分からなくなる。

ラムと他のスピリッツの組み合わせに注意

ラムをコニャック、ジン、ウイスキーと合わせないように。

カクテルの技法：シェーク

バーテンダーが慣れた手つきで振る姿を見ると、シェーカーを扱うのは難しくなさそうだと思うかもしれない。しかし、自分で試してみる場合には、以下に挙げるアドバイスを押さえておかないと、大変なことになり得る。

シェーカーの種類

シェーカーのタイプによって扱い方は異なる。入門者に唯一おすすめできるのは、丈夫で扱いやすく、シェーキングの最中に突然外れて中身が飛び出すリスクの少ない、3ピースタイプ(ストレーナー付き)である。

シェーカーのトップの外し方

カクテルをグラスに注ぐときに、シェーカーのトップがなかなか外れないことがある。その場合、片手でボディを台の上に固定し、もう一方の手でトップをたたく。

3ピースシェーカーの扱い方

その名が示す通り、トップ、ストレーナー、ボディの3パーツからなるタイプで、最も使いやすいシェーカーの1つである。

1. ボディに材料を注ぎ、8〜9分目まで氷を入れる。

2. ストレーナーとトップを被せる。

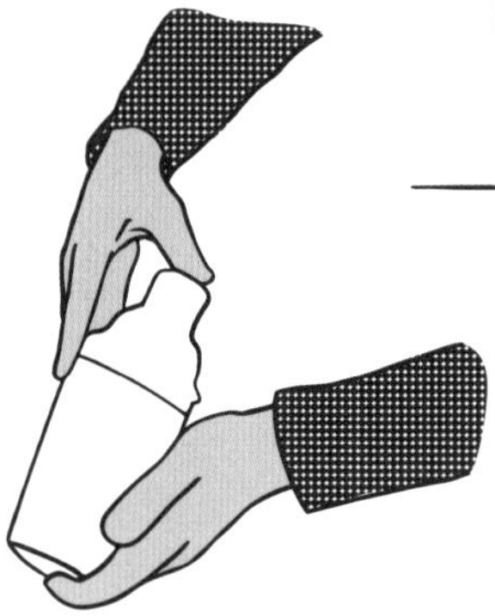

3. 片方の手の親指でトップを押さえ、もう一方の手の人差し指と中指をボディの底に添える。シェーカーをしっかり支えて、胸の前で振る。

4. トップのみを外し、ストレーナーで濾しながら、でき上がったカクテルをグラスに注ぐ。

ボストンシェーカー、タンバルシェーカーの扱い方

＊図はボストンシェーカーの例

ボストンシェーカーはパイント・グラスと金属製のティンを組み合わせた2ピースタイプ。氷で冷やすと金属が収縮し、密閉性が高まる。プロの間で最も使われているシェーカーである。
タンバルシェーカーは2つの金属製のカップからなる2ピースタイプで、フレンチシェーカーとも呼ばれている。その美しいフォルムが評価され、20世紀初頭にヨーロッパで最も流行したシェーカーである。

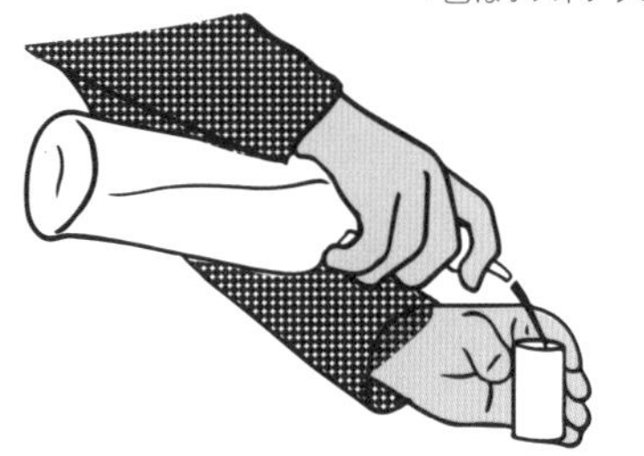

1

ティン（ボディ）の半分まで氷を入れる。パイント・グラス（トップ）に材料を入れて軽く混ぜ合わせておく。

2

ティンに材料を移して、パイント・グラスを上から嵌める。グラスが下になるように逆さにしてから、ティンの上を人差し指で押さえ、もう一方の手の人差し指をグラスに添わせて支える。10秒ほど振る。

3

グラスが上になるように戻す。ティンの上部を横から手でたたき、グラスを外す。

4

必要に応じて、ティンにストレーナーをはめ（ファイン・ストレーナーを使う場合もある）、カクテルをグラスに注ぐ。

G シェーカーの冷やし方

シェーカーを入念に冷やしたいときは、まず氷だけを入れて、数秒間シェークすると良い。この場合、氷をそのままキープしながら水気を十分に切った後で材料を加える。

カクテルの技法：ステアとビルド

カクテルの中にはミキシング・グラスを使って混ぜる「ステア」、カクテル・グラスの中で直接混ぜる「ビルド」という技法でつくられるものがある。シンプルに見えるかもしれないが、独特な流儀がある！

ステアとビルドの違い

大型のミキシング・グラスを使う「ステア」は、材料が互いに混ざりやすい場合や、カクテル・グラスの形状がその中でカクテルを直接つくるには適さない場合に使われる技法である。ミキシング・グラスの中に氷を入れてつくるため、でき上がった冷たいカクテルを、カクテル・グラスに氷を加えることなく楽しめるというメリットもある。ミキシング・グラスから氷をストレーナーで押さえながら、カクテル・グラスに注ぐスタイルを「ストレート・アップ（Straight up）」と言う。

ステアのテクニック

まず次の道具を揃える。

- ミキシング・グラス
- ストレーナー
- バースプーン

時間がかかると氷が溶けてカクテルが薄くなってしまうので、すべての材料を手の届くところに揃えてから つくり始めよう。

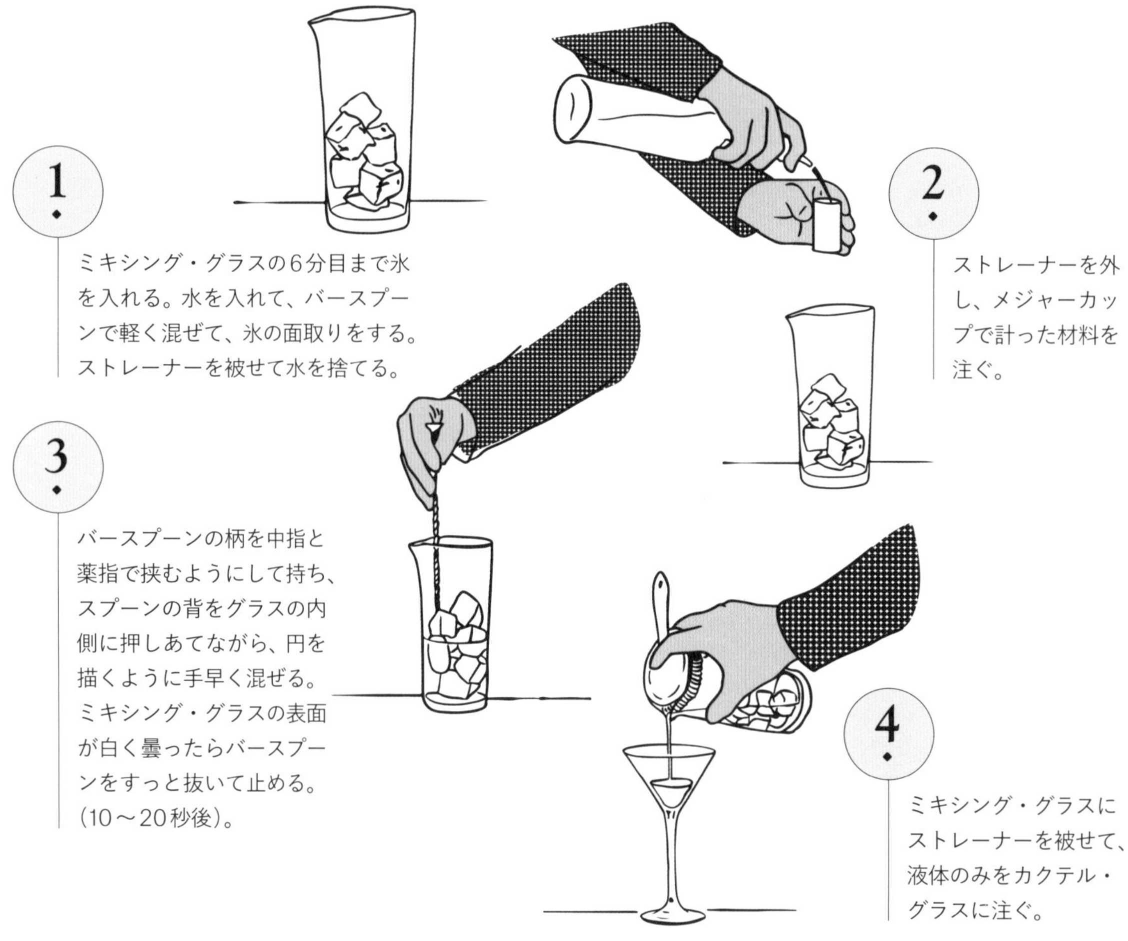

1

ミキシング・グラスの6分目まで氷を入れる。水を入れて、バースプーンで軽く混ぜて、氷の面取りをする。ストレーナーを被せて水を捨てる。

2

ストレーナーを外し、メジャーカップで計った材料を注ぐ。

3

バースプーンの柄を中指と薬指で挟むようにして持ち、スプーンの背をグラスの内側に押しあてながら、円を描くように手早く混ぜる。ミキシング・グラスの表面が白く曇ったらバースプーンをすっと抜いて止める。（10～20秒後）。

4

ミキシング・グラスにストレーナーを被せて、液体のみをカクテル・グラスに注ぐ。

ビルドのテクニック

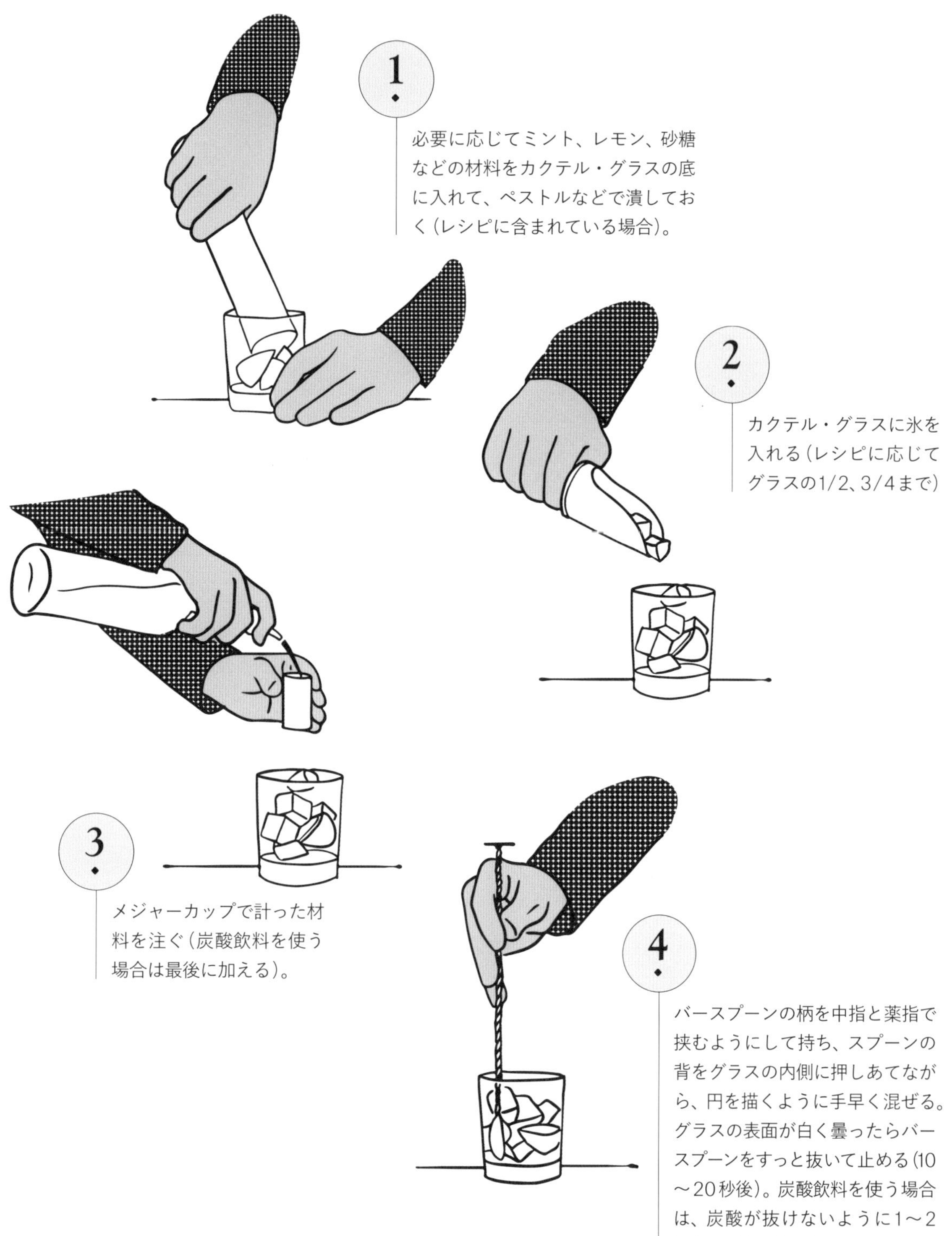

1.

必要に応じてミント、レモン、砂糖などの材料をカクテル・グラスの底に入れて、ペストルなどで潰しておく(レシピに含まれている場合)。

2.

カクテル・グラスに氷を入れる(レシピに応じてグラスの1/2、3/4まで)

3.

メジャーカップで計った材料を注ぐ(炭酸飲料を使う場合は最後に加える)。

4.

バースプーンの柄を中指と薬指で挟むようにして持ち、スプーンの背をグラスの内側に押しあてながら、円を描くように手早く混ぜる。グラスの表面が白く曇ったらバースプーンをすっと抜いて止める(10〜20秒後)。炭酸飲料を使う場合は、炭酸が抜けないように1〜2回転ほど軽く混ぜる。

グラスを冷やす

細部にまでこだわるのが、カクテルづくりの流儀である。グラスを前もって冷やしておくのも、より美味しく味わうコツのひとつである！

その目的とは？

カクテルを味わうベストな温度を可能な限り保つこと。

プロの技法（3ステップ）

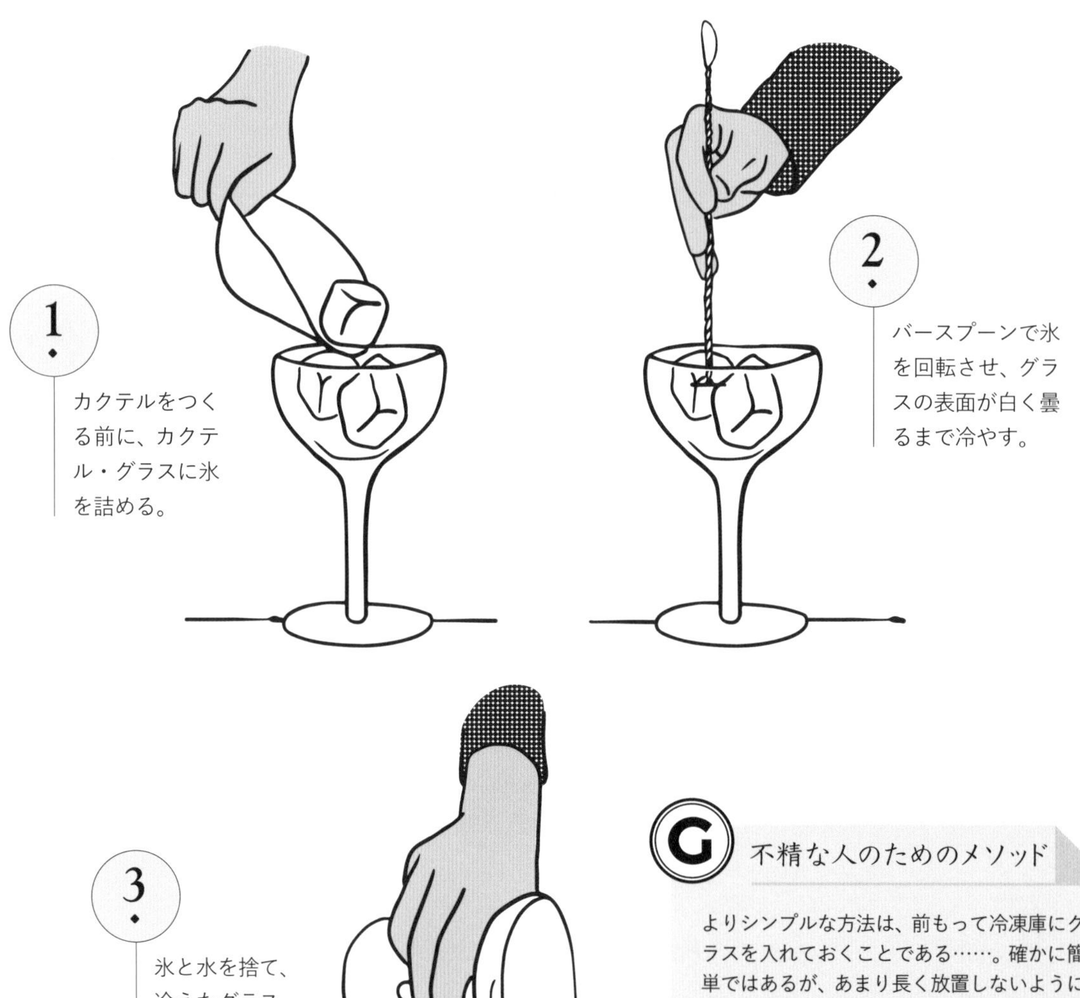

G 不精な人のためのメソッド

よりシンプルな方法は、前もって冷凍庫にグラスを入れておくことである……。確かに簡単ではあるが、あまり長く放置しないように気を付けよう。常温の材料を入れると温度の差で、グラスが割れるリスクがある。

第一線で活躍するバーテンダーたち

アゴスティアーノ・ペローネ

(AGOSTIANO PERRONE)

アゴスティアーノ・ペローネはイタリアのコモ湖地方出身。写真家を目指してロンドンにやって来たが、現在、ワールド・ベストバーのひとつであるロンドンの「ザ・コンノート・バー(The Connaught Bar)」のトップ・バーテンダーとして活躍している。彼の強みは自由な発想力だ。そのスタイルは純粋かつ繊細で、深みがある。ロンドンで成功した歴代のイタリア人バーテンダー(ピーター・ドレーリ、ジュリアーノ・モランディン、サルバトーレ・カラブレーゼ、アレッサンドロ・パラッツィ)のリストに名を連ねるほどの存在であり、現代のカクテルシーンの中枢にいる人物である。世界No.1のバーテンダーに選ばれたことがあるだけでなく、ホテルのバーで確立していたカクテルのルールを再定義したことでも評価されている。写真家になる夢については、ロンドンのソーホー地区にあるレミー・マルタン館で個展を実現させた。2つの情熱を両立できるということを、身をもって証明した。

代表作
コンノート・マティーニ
(CONNAUGHT MARTINI)

ピールの使い方

柑橘類の果皮（ピール）はカクテルの代表的な材料のひとつとなっているが、その役割はデコレーションだけではない！

その役割

ピールを使うのは、そのエッセンスを加えるためでもある。柑橘類の果皮に含まれる精油を、カクテルの香り付けに使う。出番が多いのはオレンジ、レモン、ライムのピールだ。

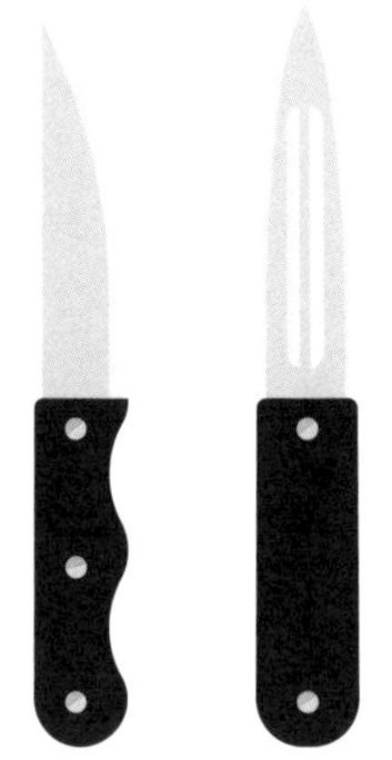

ナイフかエコノム（ピーラー）か？

指を切るリスクが少ないエコノムタイプのピーラーから始めてみるのがよいだろう。2cm以上のピールが必要となるので、小さすぎないサイズを選ぼう。

ピールをむく

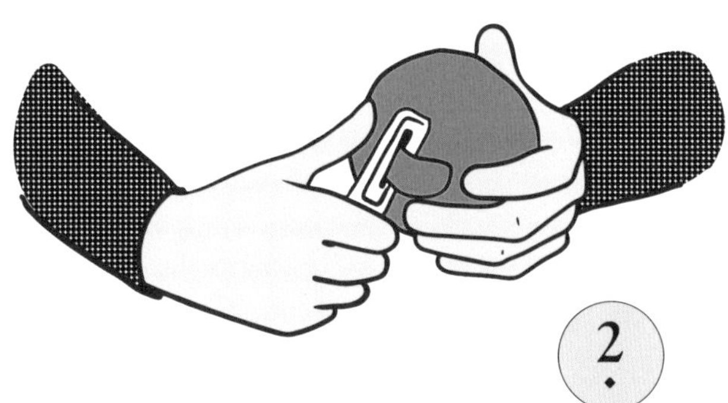

1. 果皮をよく洗う（有機栽培の柑橘類がベター）。果物を片手で握り、もう一方の手でエコノムを持ち、親指を果皮に添える。

2. エコノムを手前にスライドさせて果皮をそぎ取る（苦味のある白い部分を少し含むように）。4cmほどの長さが目安だが、長さはグラスの形状や用途に応じて、調節できる。

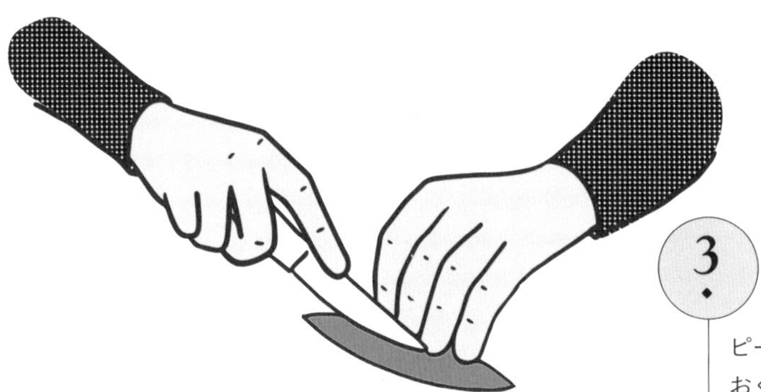

3. ピールの表面に切り目を入れておくと、使いやすい。

様々な活用法

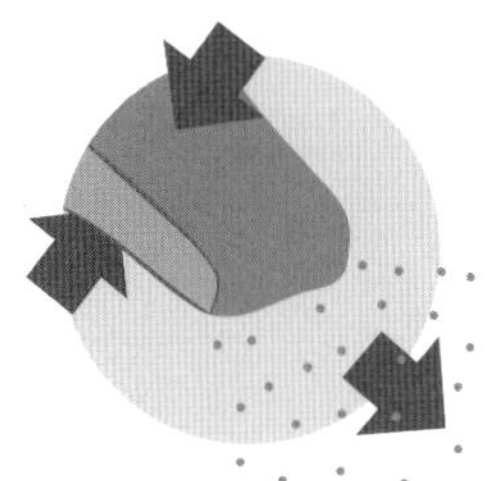

搾る

ピールの表側をカクテルのほうに向けて、エッセンスがカクテルの表面全体に飛ぶように指先で搾る。力を入れすぎるとピールが割れてしまうので要注意。

擦る

グラスの縁をピールで擦ると、エッセンスが直に口に触れる。さらに、グラスの脚までピールでなぞる場合もある（脚付きのグラスに限る）。

浸ける

アロマがより持続するように、カクテルの中にピールを入れる。カクテルを爽やかに演出するデコレーションにもなる。

炙る

ピールを指先で搾り、飛沫したエッセンスを火で炙るとアロマがより強くなる。ピールをグラスから10cmほど離し、ピールより下の位置でライターの火を付け、エッセンスが火にかかるように搾る。その後でピールをグラスに入れてもよい。

もっと工夫を凝らしてみよう！

シンプルなピールでは物足りない？それでは鳥の翼のようなピールはいかがだろうか？パーティーのときなどに、その芸術的な技を披露すると、皆から感嘆されることだろう！

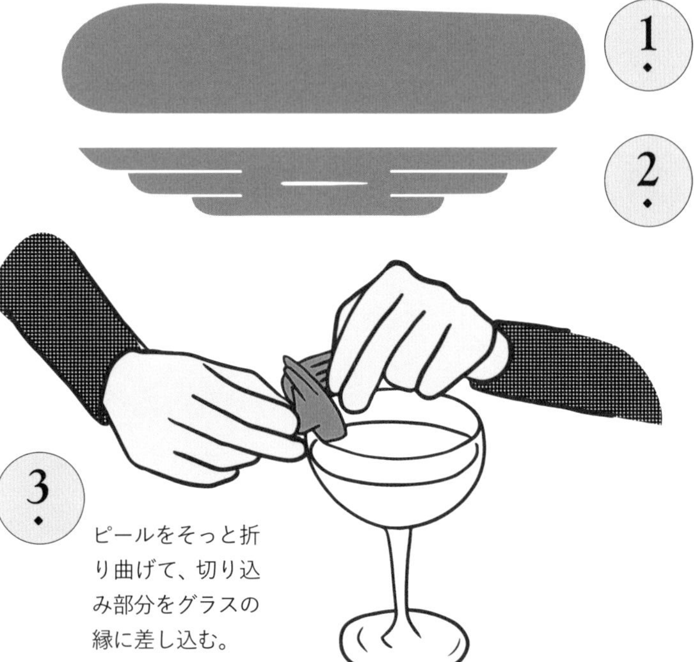

1. 長めのピール（約10cm）を用意する。

2. 両端を斜めにカットし、中心に切り込みを入れる。鳥の翼に見えるように、両端に細い切れ目を数本入れる。

3. ピールをそっと折り曲げて、切り込み部分をグラスの縁に差し込む。

「シューター・カクテル」のつくり方

様々な酒を混ぜ合わせずに、カラフルな層を成すように重ねていくのが、「シューター・スタイル」のキーポイントである。シンプルな見た目ではあるが、特別なテクニックが背後に隠れている。

1層ずつ重ねる

「シューター・スタイル」の最大の魅力は、その外観の美しさである。様々な色のスピリッツ、リキュールなどがグラスの中で虹のような層を成し、それぞれの液体が無重力の状態で浮かんでいるように見え、一気に飲み干す楽しみを盛り上げてくれる。

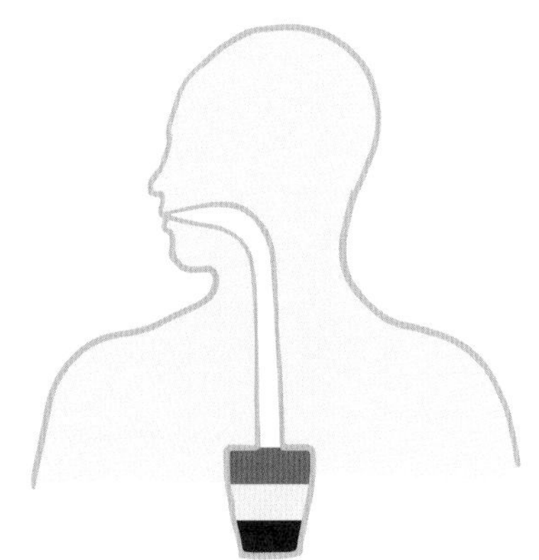

基本のルール

B-52などの「シューター・カクテル」がピサの斜塔のようにバランスを崩さないようにするためには、材料をグラスに注ぐ順番に気を付けなければならない。糖度が高いものから低いもの、比重が大きいものから小さいものという順番で注いでいく。

シューター・カクテルのテクニック

1
一番比重の大きい材料をグラスに注ぐ。

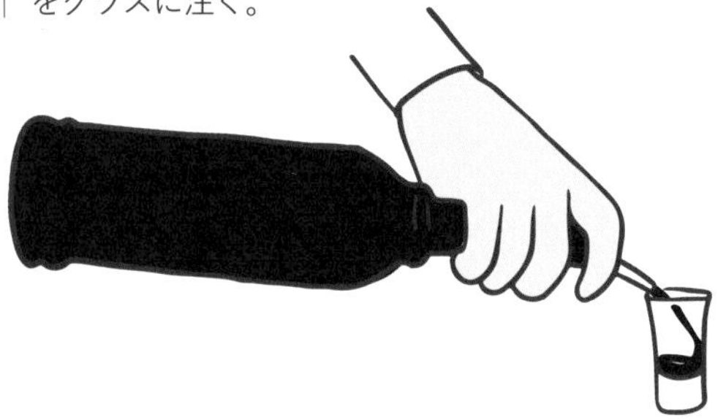

2
バースプーンを1の表面に添える。2番目の材料をバースプーンの背に沿って静かに流し入れ、1の上に浮かべる（フロート）。

3
バースプーンを一番上の層の表面に軽く触れる高さまでそっと引き上げる。同じ手順で次の材料を流し入れる。

まずは次のレシピでトライしてみよう

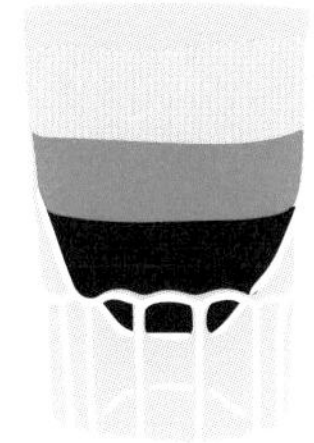

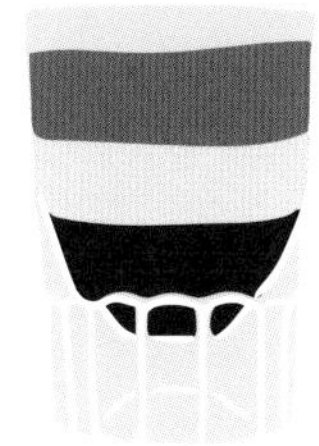

AFTER FIVE／アフター・ファイブ

コーヒー・リキュール：20ml
ペパーミント・リキュール（グリーン）：20ml
ベイリーズ・オリジナル・アイリッシュ・クリーム：20ml

B-52／ビー・フィフティー ツー

コーヒー・リキュール：20ml
ベイリーズ・オリジナル・アイリッシュ・クリーム：20ml
オレンジ・キュラソー（グラン・マルニエ）：20ml

KAMIKAZE／神風

ウォッカ：20ml
ホワイト・キュラソー：20ml
ライム・ジュース：20ml

JELL-O SHOT／ジェロ・ショット

ウォッカ：80ml

水：160ml

粉ゼラチン：4g

ブルー・キュラソー：80ml

アメリカの映画やドラマで有名になった「ジェロ・ショット」は、学生のパーティーによく登場する定番のカクテルだ。「飲み込む」だけでよいゼリー状のカクテルと言えるだろう。奇抜さを楽しむものなので、味のほうはそれほど期待できないが、それでも試してみたい方のために、昔からあるエレクトリック・ジェロのレシピを紹介する。

1. 鍋に水120mlを入れて沸騰させ、粉ゼラチンを加える。
2. 1を混ぜ合わせた後、残りの水40ml、ウォッカ、ブルー・キュラソーを加える。
3. ショット・グラス（数個）に注ぐ。
4. 冷蔵庫で3時間冷やして固める。

G リキュール類

リキュールを比重が小さいものから順番に並べたリスト：
クリーム
キルシュ
スロー・ジン
コアントロー
グラン・マルニエ
アロマタイズド・シュナップス
サンブーカ（イタリアのアニス系リキュール）
カンパリ
アマレット
クレーム・ド・マント（甘口のミント・リキュール）
カルーア
クレーム・ド・カシス

「シェーク」VS「ステア」

ジェームズ・ボンドの名セリフのひとつに「マティーニを。ステアせずにシェークで頼む」があるが、彼はただ気取ってそう言ったわけではない！ 同じ材料でも技法によって、味や香り、食感の異なるカクテルができる。

明確な答えはない！

カクテルが誕生してから、「シェーク」か「ステア」かの議論は絶えない。「このカクテルはシェークでつくったほうがよい」、という人もいれば、「ステアでつくるべき」、という人もいる。同じカクテルでも技法についての意見が異なることも少なくない。では、どうするべきか。迷った場合には、以下の選択方法がある。

- ２つの技法を試して、自分の好みに合うほうを選ぶ。
- 自分にとってマスターしやすい、友人の前で披露できる技法を選ぶ。
- 客人の意見を聞き、評価のより高かった技法を選ぶ。

シェーク

道具：シェーカー

カクテルの世界では、混ざりにくい次の材料がレシピに含まれる場合、シェーカーを使うことが多い。

- フルーツ・ジュース
- クリーム系リキュール（ベイリーズなど）
- シロップ
- サワーミックス
- 卵
- 乳製品
- 粘度の高い材料

シェークによるカクテル例：
コスモポリタン、マイタイなど

すべての材料が混ざり合い、混然一体となった味わいに仕上げたいときはシェーカーを使う。

「シェーキング」による振動が激しく、氷が砕けて溶けやすくなる。

シェークしたばかりのカクテルは空気を含んで白濁し、泡が立っているが、徐々に透明になってくる。

スピリッツの振りすぎに注意？

バーテンダーの中には、その奥ゆかしい繊細なアロマが損なわれるという理由から、ウイスキーやジンなどのスピリッツを「シェーク」することを拒む者もいる。しかしながら、「シェーキング」がスピリッツを劣化させることは一度も証明されていない……。

温度

「シェーク」と「ステア」の基本的な違いは温度だろうか？　確かに「シェーク」したカクテルは早く適温まで冷える（約15秒）。「ステア」の場合、氷が溶けにくいので、同じ温度まで冷やすのに1、2分かかる。

バランスの問題

カクテルにとって、氷が溶ける量は重要なファクターである。バランスの取れたカクテルをつくるために、「シェーク」、「ステア」のどちらかを選ぶことは重要だが、その答えを導き出すために、どれだけの時間をかけることができるだろうか……。

ステア

道具：ミキシング・グラス＆
バースプーン

ステアはより穏やかな技法で、スピリッツが多く、割り材（ソーダやフルーツ・ジュースなど）の少ないスタイルに使われることが多い。氷が溶ける量をコントロールしながら、それぞれの材料の持ち味を活かすように手早く混ぜる。

透明感のあるカクテルに仕上がる。

ステアによるカクテル例：
マンハッタン、ネグローニなど

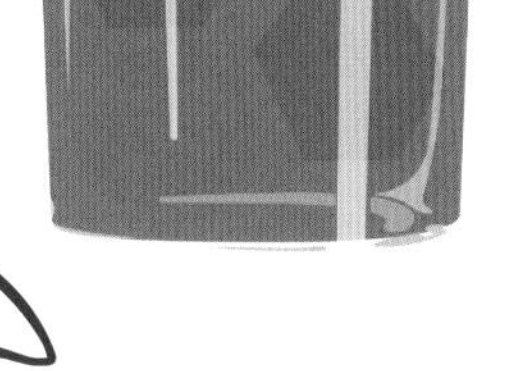

様々な「シェーキング」術

シェーカーはバーテンダーにとって、画家の絵筆のようなものだ。皆が同じ道具を持っているとしても、その使い方次第で作品の仕上がりが異なる。

ブル

「雄牛」を意味する。シェーカーを大きくゆっくり振る、演出効果のある目立つテクニックである。シェーカーを両手でしっかり支える。シェーカーを縦に持ち、頭の上まで持ち上げてから、へその高さまで振り下ろす。同じ動作を繰り返す。

ハード・シェーク

短時間で一気に冷却するために、手早く強く振るテクニック。クリーム、卵白、シロップなどの混ざりにくい材料を混ぜるのに適している。気泡をより取り込んで軽やかな食感にするためにも用いられる。氷が砕けやすいので、通常よりも大きいサイズの氷を選ぶほうがよい。

ジャパニーズ・ハード・シェーク

他のテクニックと同様、日本人はハード・シェークを見事に操り、これをシェーキングのベスト・テクニックにするまで進化させた。シェーカーの両端を押さえ、側面を指でしっかり支える。シェーカーを目の高さまで上げ（銀座スタイルの場合、45度傾けて持つ）、上から下へと素早く細かく振る。シェーカーを目の高さから胸の高さまで往復させる（二段振り）。

テクニックをマスターすればよい？

答えはNO。ミクソロジーは目を楽しませるアートでもある。バーテンダーが優雅にシェーカーを振るのを見た後で、カクテルを味わった経験があるだろう。ホームパーティーなどでカクテルをつくるときには、どのテクニックを選ぶとしても、友人たちの目に美しく映る所作で披露するよう心がけたい。

オーバーヘッド・シェーク

狭い場所でシェークするために考案されたテクニック。カクテルが頭に降りかかるリスクがあるため、自分の技量、道具に自信のある、器用な人向けである。

ソフト・シェーク

普通はステアでつくるカクテルであっても、シェークでつくりたい人に向いている。氷を強く打ち付ける素早いシェーキングとは対照的で、氷をシェークの端から端へと移動させる程度に振るテクニックである。軽い材料を混ぜるときに最適だ。

ドライ・シェーク

卵白を入れるカクテルに良く用いられる。すべての液体をシェーカーに入れて、氷を加えずに15秒ほど振り、よく混ぜ合わせる。その後氷を加えて、いつも通りシェークする。

ワンハンド

経験を積んだバーテンダー向けのテクニック。その名の通り、片手でシェークするため、かなりの器用さが求められる。シェーカーのトップを上に向け、トップとボディの境目の部分をしっかり握り、45度傾ける。手首のスナップを効かせて軽く振る。氷が移動する音が聞こえる程度の力加減でよい。両手で2つのシェーカーを同時に操る強者もいる!

様々な「シェーキング」術

スローイング（キューバン・ロール）

キューバ人バーテンダーが考案したことから、キューバン・ロールとも呼ばれている。それぞれの手に持ったティンからティンへと液体を往復させる技法で、見ているだけで惚れ惚れするほどパフォーマンス効果が高い。カクテルに空気を多く含ませて香りをより立たせることができる。氷が溶けて薄くなる現象をより抑えることができるので、ドライなカクテルに仕上がる。マティーニやマンハッタンなどにおすすめのテクニックである。

スローイングの実践

ティン2個、ストレーナーを用意する。ひとつのティン（大）に氷を入れてストレーナーを被せる。もうひとつのティン（小）にカクテルの材料を入れて、氷の入ったティンに移す。
氷と材料の入ったティンを徐々に高く上げながら、下のほうに持った空のティンに流し入れる（モロッコのミントティーを入れるときと同じ要領で）。ストレーナーは氷を押さえるのに役立つ。液体を氷の入ったティンに戻し、同じ動作を数回繰り返してから、でき上がったカクテルをグラスに注ぐ。

希釈を抑える

離れたティンからティンへと高低差をつけて注ぐことで、カクテルに空気を多く含ませることができる。シェーカーで振るよりも氷が溶ける量が少なくなり、カクテルが水っぽくなるのを防ぐメリットがある。

身体への影響は?

自宅で基礎を知らずに力任せにシェーキングをすると、筋肉や筋を痛めてしまう恐れがある。ただ、そのリスクは一晩に200杯以上のカクテルを「シェーク」することもあるバーテンダーに比べるとごく限られる。体を傷めないように工夫しているバーテンダーもいる。例えば、武術を極めた人のように背中をまっすぐ保つなどの方法がある。

第一線で活躍するバーテンダーたち

ジム・ミーハン
(JIM MEEHAN)

シカゴ出身。バーテンダー、ジャーナリスト、作家としてカクテル界の諸分野で活躍する、マルチタレントな人物である。ウィスコンシン大学マディソン校でアフリカ・アメリカ史、イギリス文学を修了した翌年の2001年にニューヨークへ渡り、「ファイブ・ポインツ(Five Points)」というレストランで働き始めた。2年後、イタリアンレストラン、「パーチェ(Pace)」内のバーカウンターの責任者に抜擢される。2007年、マンハッタンにある伝説的なホット・ドッグスタンド「クリフ・ドッグズ」の中を通ったその奥に、隠れ家風の「PDT(Please don't tell)」というカクテルバーを仲間とともにオープン。その評判はすぐに広まり、世界最大のスピリッツ・フェスティバル、「テイルズ・オブ・ザ・カクテル(Tales of The Cocktail)」の2009年度大会で「アメリカン・バーテンダー・オブ・ザ・イヤー」、「ワールド・ベスト・カクテルバー」に選ばれた。

代表作
メスカル・ミュール
(MEZCAL MULE)

氷を砕く！

氷を使わないカクテルは、炭火で焼かないバーベキューに等しい。コールド・カクテルには氷はなくてはならない存在だ！

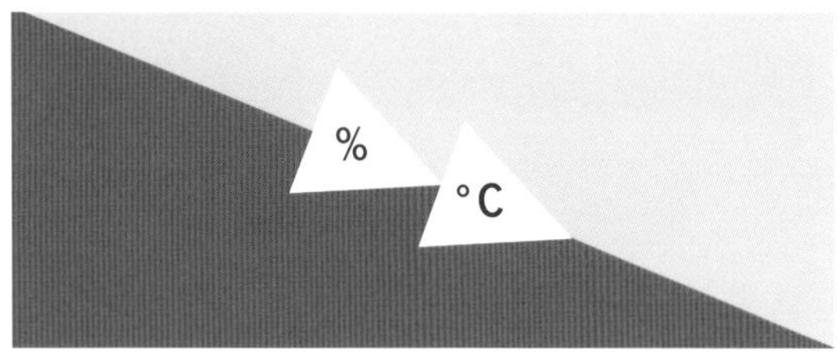

氷の役割

カクテルに使われる氷の大きさ、形、量によって、仕上がりの味わいが大きく変化する。特に影響が大きいのが以下の要素だ。

●温度

●希釈

カクテルを混ぜるときの氷が不十分な場合、氷が溶ける量が少なくなり、アルコール感が強くなる。一方で、カクテルをシェーク、ステアするときに細かく砕いた氷を使うと、氷が溶ける量が多くなり、カクテルが水っぽくなってしまう。だからこそ、カクテルに合った氷を選ぶことが重要となる!

少し？ 多めに？ たっぷりと？

カクテルに氷をたくさん入れると、水っぽくなるというイメージが強いかもしれないが、必ずしもそうとは限らない。

氷の形状

キューブ・アイス

最も出番の多い、オールマイティーなタイプ。シェーク、ステア、ビルドのいずれの技法にも適していて、オン・ザ・ロックスタイルにも、フルーツ・ジュース、炭酸飲料入りのカクテルにも対応できる。サイズが大きければ大きいほど、溶ける速度が遅くなる。

ボール・アイス

でき上がったカクテルをグラスの中で冷やしながら、できるだけ水で薄くならないようにするために考案された形状である。

クラッシュド・アイス

急速に冷却しなければならないジュレップ、コブラー、強いリキュールを使ったカクテルに使われることが多い。非常に溶けやすいため、キューブ・アイスが必要なカクテルに、クラッシュド・アイスを使うべきではない。カクテルが水っぽくなり、不快な味になりかねない！

氷はどれも同じ？

答えはNO。様々なファクターの影響で、品質の異なる氷ができる。

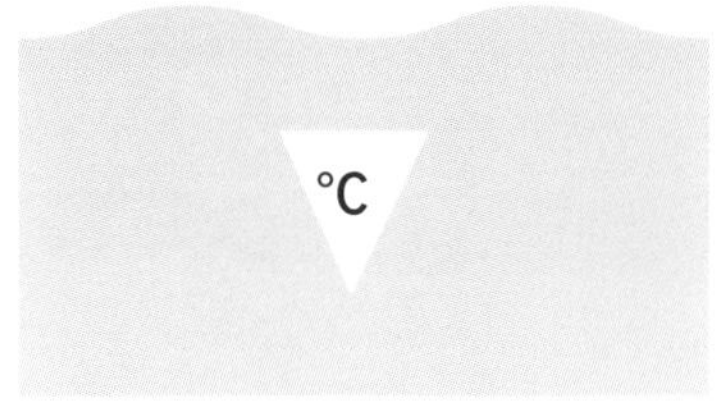

冷凍前の水の温度

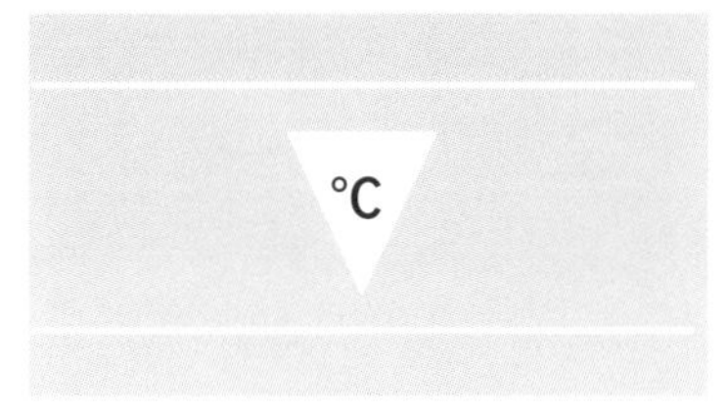

冷凍庫の温度

水質：濾過していない水道の水よりも、軟水のミネラルウォーターや井戸水のほうが望ましい。

生臭い氷？

冷凍庫内の保存状態に注意！ 冷凍庫の中で空気が循環し、時間が経つにつれて、食品の匂いが混ざり合う。（可能であれば）専用のコンパートメントで保存するか、カクテルをつくる前日または当日に氷をつくることをおすすめする。あるいは氷をラップで覆う方法もある。

透明なグラス

クリスタル・ガラスのように透き通った氷を見て魅了されたことがあるだろう。しかし、家庭ではどうしても白い氷しかできない。その場合は、上から下へと時間をかけて凍らせる「ダイレクショナル・フリージング（Directional freezing）」という方法がある。小型のクーラーボックスに水を入れて冷凍庫に入れる。白く濁る原因となる不純物が底に集まるので、ある程度固まったら取り出し、白くなった部分を砕いて取り除くと、透明な部分だけが残る。

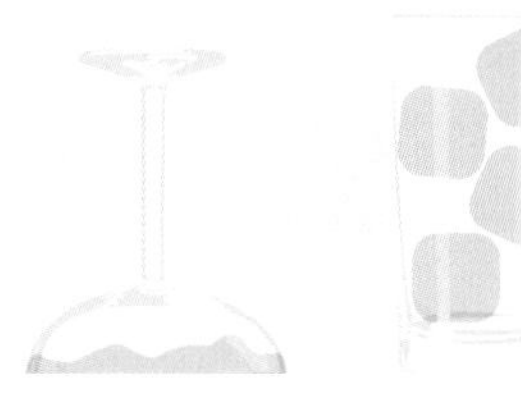

グラスを冷やす

冷たいグラスに注いだほうがより美味しく味わえるカクテルがある。2つの方法がある。

- カクテルをつくる数分前に、冷凍庫にグラスを入れて冷やしておく。
- カクテルをつくる間、グラスに氷を入れておく。

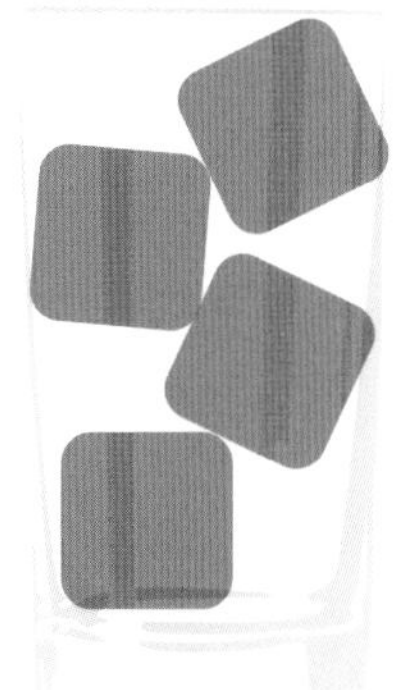

フレーバード・アイス

カクテルを特別なものにするために、果物や野菜を搾って濾過したジュースで、フレーバード・アイスをつくるというアイデアもある。溶けていくにつれて、徐々に新しいフレーバーが広がってくる。ただし、カクテルの味が台無しにならないように、扱い方には気を付けるべきだ。簡単な例として、トマトの搾り汁で氷をつくり、テキーラやメスカルベースのカクテルに合わせるレシピがある。

どこまでも冷たく！

アイスグラス：フランス、モンペリエの「ル・パルファン（Le Parfum）」が、氷を丹念に削って素晴らしいカクテル・グラスをつくっている。遊び心のあるアイデアだ。目の錯覚に注意！

ビターズ

ビターズはカクテルによく使われる苦味のあるリキュールで、バーテンダーにとっては塩胡椒のような存在だ。カクテルをまろやかにする、あるいは深みを出すための頼もしい友である。

かつては薬酒だった

ビターズの誕生は薬草による調剤や霊薬（エリクシール）が盛んにつくられていた時代に遡る。もともとは胃痛や頭痛、さらには二日酔いを和らげるための薬酒であった。そのつくり方は昔からほとんど変わっておらず、ニュートラルなスピリッツに苦味のある薬草、香草、樹皮などを漬け込むことで得られる。

ビターズは2種類ある

ビターズと総称されているビター系リキュールは2種に分類される。カクテルの隠し味として数滴加えるタイプと、食後酒として飲まれるタイプである。後者で有名なのはカンパリ（Campari）やアペロール（Aperol）などで、カクテルのベースに使われる。

ビターズの様々な楽しみ方

食前酒として：
ストレートまたはソーダ（炭酸水）、
炭酸飲料割り

食後酒として：
常温でストレート

カクテルとして：ネグローニ
（ジン、カンパリ、ベルモット）、
アメリカーノ
（カンパリ、ベルモット、ソーダ）など

隠し味となるビターズ

現在、数百種のビターズが存在するが、次の代表的な3種を揃え、
特徴を知っておけば、大半のカクテルに対応できる。

アロマティック・ビターズ

最も有名なのは「アンゴスチュラ・アロマティック・ビターズ(ANGOSTURA AROMATIC BITTERS)」で、アメリカ市場の85%を占める。このビターズが初めてカクテルレシピに登場したのは1831年。ビターズの定番として広く普及したが、そのレシピはまだ謎に包まれている。リンドウの根から取ったジェンシアン、クローブ、シナモン……が調合されていることは分かっている。コニャック、ラム、ウイスキー、ジンとの相性が良い。
カクテル例:マンハッタン、ロブ・ロイなど

クレオール・ビターズ

代表銘柄は「ペイショーズ・アロマティック・カクテル・ビターズ(PEYCHAUD'S AROMATIC COCKTAIL BITTERS)」。ハイチからの移民であったアントワーヌ・アメデ・ペイショー医師が、1831年にニューオーリンズで父親のレシピをもとに創作した。アンゴスチュラ・ビターズよりも優しく、花と果実のニュアンスがより強く感じられる。

オレンジ・ビターズ

苦味をもたらすオレンジピールをベースに、コリアンダー、カルダモン(+クローブ、ジェンシアン)などを加えたビターズ。いつ発明されたかは正確には分からないが、ジェリー・トーマスの『ザ・バーテンダーズ・ガイド』(1862年)にその名が記されている。

斬新な味を求めて

代表銘柄の定番の味から離れて、独特なスタイルを提案しているメーカーもある。特にザ・ビター・トゥルース社(The Bitter Truth)、ハウス・メイド社(House Made)のドライトマトや焼きパイナップルを調合したビターズがもてはやされている。

身体に良い薬酒?

ホームバーのためにビターズを買うための言い訳が必要だろうか?自然の成分が溶け込んだ良薬であり、胃痛や消化促進だけでなく、二日酔いにも効く。医薬品より効くかもしれない……。

ビターズが見事に調和するカクテル

ヴュー・カレ(Vieux Carré/1930年にニューオーリンズで誕生したカクテル)のレシピには、数滴のアンゴスチュラ・ビターズとペイショーズ・ビターズが欠かせない! 絶妙なバランスを崩さないように。

ホームメード・ビターズ

ビターズを買うのは簡単だが、自家製も不可能ではない。魔法使いの見習いになった気分で、オリジナルなレシピを考案するよい機会でもある!

どんな材料が必要?

ビターズは苦味のある根、香味豊かな樹皮、果皮、植物などでつくられる。成分がスピリッツによく溶け込むように、細かく刻んだり、砕いたりしてから使う。

どこで買う?

スパイス専門店、オーガニック食料店、薬局(煎じ薬を扱っている店)などで材料を見つけることができる。できれば有機栽培のものがよい。

どのお酒を使う?

香味成分を最大限に抽出するために、アルコール度数が50%以上のスピリッツを選ぶ。エヴァークリア(フランスでは入手が困難)やウォッカなどの無味無臭に近いタイプが扱いやすい。独特なアクセントを求める場合は、バーボンやラムなどのスピリッツを試してみてもよい。

苦味成分

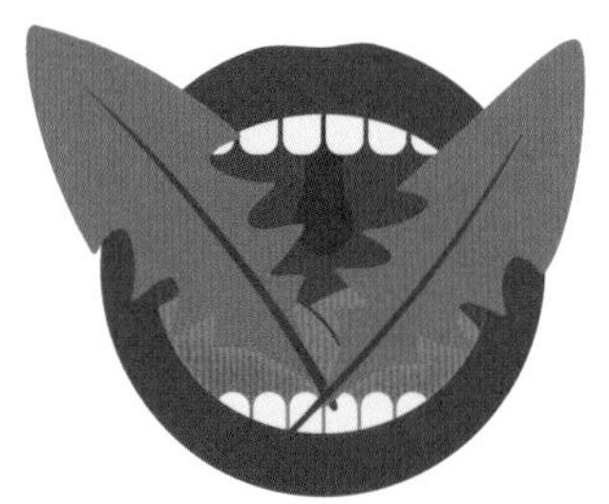

苦味成分は一般的に、ビターズ調合物の10〜15%の割合を占める。その原料はアンジェリカの根、アーティチョークの葉、ヒロハヘビノボラズの根、黒胡桃の葉、ゴボウの根、カラムスの根、キナ樹皮、柑橘類の果皮、たんぽぽの根と葉、ゲンチアナ根、にがはっか、甘草の根、ニガヨモギ、百合の根、カシア樹皮、サルサパリルラ、ワイルドチェリーの樹皮……などである。

浸漬時間

材料によって異なり、1日で十分なものもあれば、数週間要するものもある。それぞれの浸漬液の香りと味を何度かチェックする必要がある。その材料の香味を強く感じるようになったら完成だ。香りを嗅ぐときは、手のひらに数滴たらし、両手をこすり合わせ、両手を結んだ状態で鼻に近づける。味を見るときは、普通の水または炭酸水に数滴たらして飲んでみる。

香味成分

ビターズには、香り高い風味豊かな材料が含まれている。例えば、香草、香辛料、花、フルーツ、ナッツなどである。可能な限り、特に果皮を使う場合は、有機栽培のものを使うことをおすすめする。例えば、以下のような材料がある。

香辛料

アニス、キャラウェイ、カルダモン、カシア、唐辛子、シナモン、クローブ、コリアンダー、ウイキョウ、生姜、杜松の実、ナツメグ、胡椒、八角、バニラの実など

香草、花

カモミール、ハイビスカス、ホップ、ラベンダー、レモングラス、ミント、バラ、ローズマリー、セージ、タイム、ノコギリ草など

フルーツ

レモン、ライム、オレンジ、グレープフルーツの果皮（フレッシュまたはドライ）、ドライフルーツ（リンゴ、チェリー、イチジク、レーズン）など

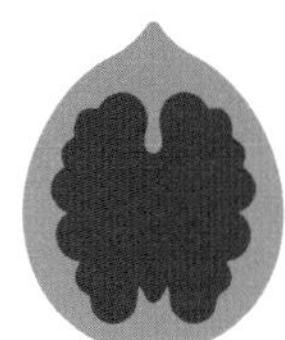

ナッツ

ローストアーモンド、ピーカンナッツ、胡桃など

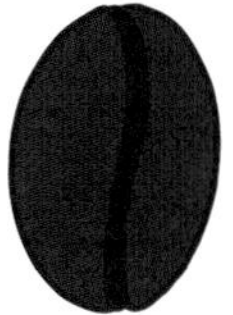

豆

カカオ豆、コーヒー豆など

いろいろなバリエーション

シロップ、カラメル、蜂蜜、その他の甘味料を入れて、少し甘いバージョンをつくってみてもよい。また、より軽やかな味わいにするために蒸留水で薄めてもよい。

ビターのつくり方

ビターズをつくる代表的な製法を２つ紹介しよう。

メソッド１

すべての材料を入れた容器にスピリッツを注ぎ、一緒に浸漬する。

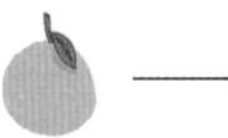

メソッド２

各材料を別々にスピリッツに漬け込み、成分が抽出された各液体を最後に調合する。材料によって浸漬時間が異なるため、この製法のほうがより正確だ。仕上がりの味を自分で調節しやすい。

ホームメード・ビターズを実際につくってみよう!

製法を理解したら、自分だけのオリジナル・ビターズを求めて、後は実践あるのみ!

材料

- 苦味成分
- 香味成分
- スピリッツ(まずはウォッカから始めてみる)

分量

入門者はまずは少量から始めてみよう。例えば、ドライハーブ小さじ1杯に対してリキュール20〜40mlという具合に。苦味のある材料1種を含む、合計6種類の香草・薬草からスタートするとよい。

道具

- ピペット
- ガラス製の密閉容器
- 計量器(キッチンスケール、計量スプーンなど)
- 漉し布、コーヒーフィルター
- 漏斗
- 小壜
- ラベル

1. 個々の密閉容器に各材料を別々に入れる。
2. 各容器に、材料が完全に浸るまでスピリッツを注ぎ入れる。蓋を閉めて密閉する。
3. 各容器にラベルを貼る。中身と日付を記す。
4. すべての成分がよく混ざり合うように容器を1日1回、しっかり振る。
5. 材料の成分が抽出されるのを待つ。浸漬時間は材料によって1日〜数週間と異なるため、それぞれの容器を定期的に開けて香りを嗅ぎ、味を見る。
6. 材料の成分が十分に抽出されたら、各容器の液体を濾す。きめの細かいコーヒーフィルターを使うとよい。
7. ピペットまたは注射器を使って、各液体を小壜の中に少しずつ入れて調合する。オプションとして、ビターズを蒸留水で薄めたり、甘味料でやや甘く仕上げることもできる。小壜に栓をして、すべてのフレーバーが完全に調和するまで、数日〜数週間寝かせる。

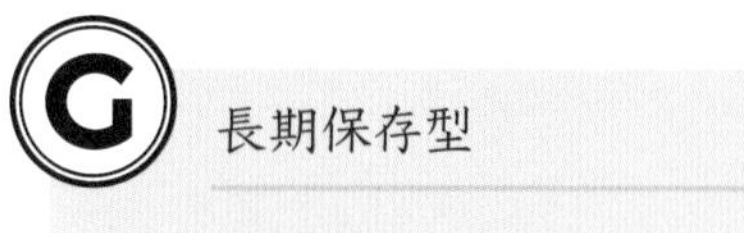

ビターズは数年間保存が効く。

レシピ例

オリジナルレシピに挑戦する前の練習用として、簡単なレシピを3つ紹介する。(*各液体を計量スプーンでなどで計量)

オレンジ・ビターズ

オレンジピール:12杯、ゲンチアナ根:2杯、カルダモン:2杯、コリアンダー:2杯、オールスパイス:1杯

ラベンダー・ビターズ

ラベンダー:20杯、
オレンジピール:6杯、バニラ:1杯、
生姜:1杯

コーヒー・ビターズ

コーヒー豆:10杯、カカオ:3杯、
ニガヨモギ:2杯、オレンジピール:1杯、
シナモン:1杯
甘味料として糖蜜を少々加える。

ジャック・マックガリー
(JACK MACGARRY)

ニューヨークの「デッド・ラビット(The Dead Rabbit)」というバーで活躍するジャック・マックガリーには発掘と発明の才能がある。なぜ発掘の才があるかというと、カクテルの幅を広げるために、アメリカのジェリー・トーマス、ハリー・ジョンソン、イギリスのウィリアム・テリントン、フランスのルイ・フーケなどの伝説的なバーテンダーのカクテルブックを読み込み、歴史あるカクテルを蘇らせたからである。彼は19世紀の書物を研究し、当時のレシピを今風に改良し、現代人の口に合うようにアレンジした。それぞれのカクテルに対して50〜70もの試作品をつくり、ベストなレシピを選ぶという徹底ぶりである！ ジャックのバーはニューヨークのブルックリンにあるが、アイルランド・パブをモダンにしたスタイルである。古き良きバースタイルが、21世紀風にアレンジされている見事な試みである。北アイルランド出身のジャックは「デッド・ラビット」を開業する前は、ロンドンの「ミルク＆ハニー(Milk＆Honey)」で腕を振るっていた。2013年に「デッド・ラビット」をオープンさせると2016年には「世界のベストバー50」の第1位に選出された。

代表作
バンカーズ
(BANKERS)

フルーツ・ジュースと炭酸飲料

様々なカクテル、ノンアルコール・カクテルになくてはならない存在のフルーツ・ジュース、炭酸飲料は、全体の味を損なわないように厳選しなければならない。

フルーツ・ジュースのタイプ

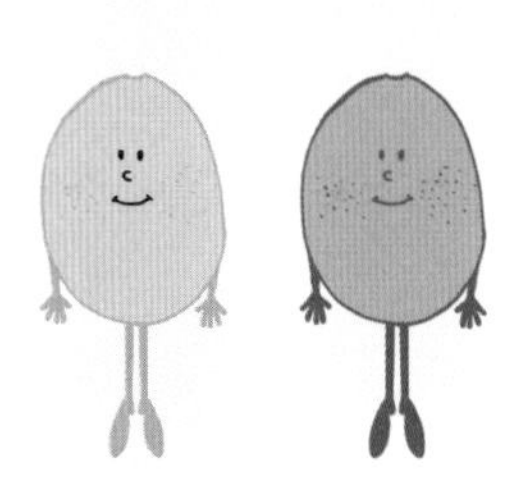

フレッシュジュース

スーパーの生鮮食品コーナーでも販売されているが、果物を圧搾した果汁そのままを指す。添加物は一切含まれていない。
メリット：熱処理を受けていないので、新鮮な風味が得られる。
デメリット：開栓後48時間以内に消費しなければならない。

ストレートジュース

時間をかけて低温殺菌したタイプで、細菌は死滅するが、果汁の風味も弱くなる。
メリット：フレッシュタイプよりも保存が効く。低コスト。
デメリット：風味や栄養分に影響する（ビタミンC：50％減など）。

濃縮還元ジュース

一度搾り取った果汁を加熱などの方法で水分を飛ばして濃縮し、商品にするときに再び水分を加えて100％に戻したタイプ。
メリット：長期保存が効く。
デメリット：光や熱に晒されて保管されていることが多く、劣化しやすい。

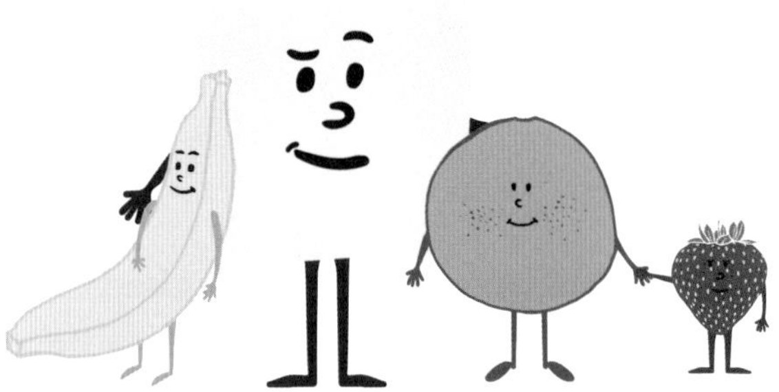

ネクター

加糖されているタイプでとろみのある食感が特徴。肉厚で果汁の少ないフルーツ（バナナ、桃、アプリコットなど）や、果汁の酸味が強すぎるフルーツ（フランボワーズ、カシスなど）が良く使われる。
メリット：いろいろなフルーツの味を楽しめる。
デメリット：栄養価は低いが、糖分が多く高カロリー。

フレッシュであるべきか？

ミクソロジーの世界では、正反対の流派が存在する。市販のジュースで十分という意見もあれば、自分で搾ったジュースを使うべきという意見もある。実際に、搾りたての果汁を使うと、味が格段に良くなるカクテルは少なくない。ただ問題なのは劣化が早いという点だ。冷蔵庫に入れても数時間しか持たず、栄養分が瞬く間に減少してしまう……。

フレッシュジュースを抽出するための道具各種

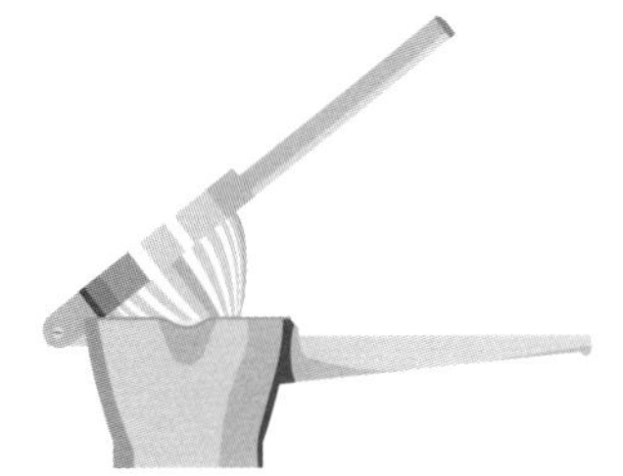

レモンジューサー

簡単で効率の良い器具（果汁が飛び散らない）だが、レモンとライムにしか使えない。

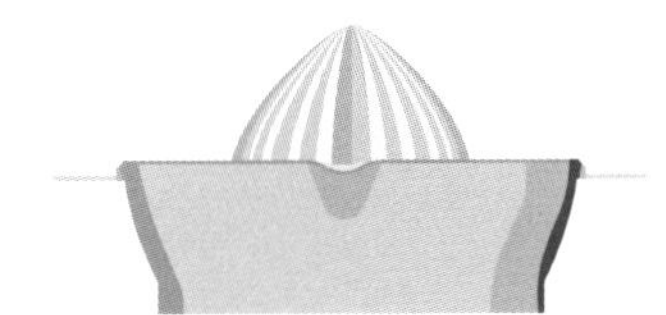

スクイーザー

どこにでもあるお馴染みの搾り器。レモンを含むすべての柑橘類に使うことができる。唯一の難点は力がいること。

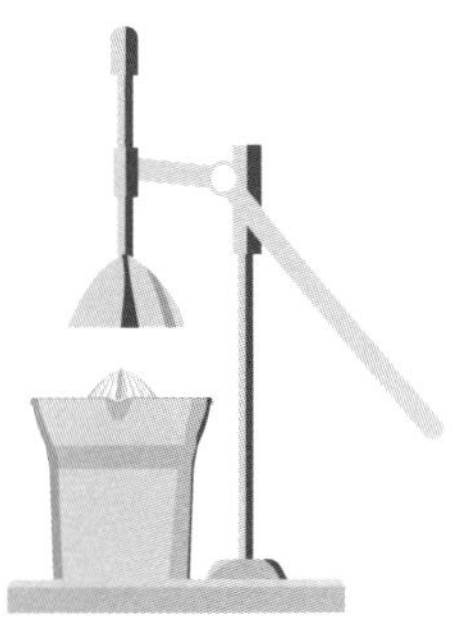

ハンドジューサー

柑橘類の果汁を、力を入れずに素早く搾ることのできるモデル。場所を取り、割高であることが難点。

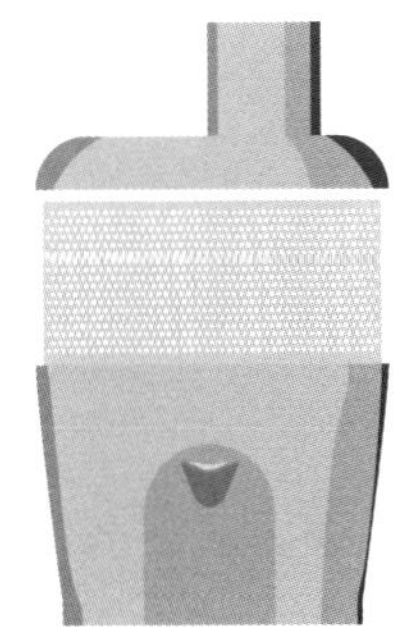

ジューサー

ほぼすべての果物、野菜から果汁を抽出できる、今人気の電動式ジューサー。ただし、サイズが大きいうえに音もうるさく、小まめに洗浄しなければならない。

ブレンダー

十分に機能させるために水を加える必要がある。繊維質のフルーツ、ハーブなどに適している。

G 例外もある

ウォッカベースのブラッディ・メアリーが、どうしても飲みたくなり、自分で育てたトマトを使って、ジューサーやブレンダーでフレッシュジュースをつくろうと思うかもしれない。しかし、それはやめておいたほうがよい……。搾りたてのトマト果汁はこのカクテルに適さず、最終的にはスーパーでトマト・ジュースを買うことになるだろう。

炭酸飲料の種類

トニック・ウォーター

キニーネ風味の炭酸飲料

代表銘柄：
シュウェップス（Schewepps）、フィーヴァー・ツリー（Fever-Tree）など

ジンジャー・エール

生姜風味の炭酸飲料

代表銘柄：
カナダ・ドライ（Canada Dry）、フィーヴァー・ツリー（Fever-Tree）など

ジンジャービア

甘い生姜汁を発酵させた炭酸飲料

代表銘柄：
オールド・ジャマイカ（Old Jamaica）、ディー＆ジー（D&G）など

コーラ

植物の抽出液、カラメルを配合した炭酸飲料

代表銘柄：
コカコーラ（Coca-Cola）、ペプシ（Pepsi）など

レモンサイダー

レモン、ライムエキスで風味付けした炭酸飲料

代表銘柄：
セブンアップ（7Up）、スプライト（Sprite）など

リキュール

忘れられがちな存在だが、カクテルに欠かせない材料のひとつである。

強壮剤としての歴史

中世の時代、リキュールは健康を維持するために飲まれていた。ヒポクラテスが発明したと考えられていたため、「ヒポクラス（hypocras）」と呼ばれていた。当初のレシピはごくシンプルで材料はワイン、蜂蜜、シナモンのみだった。「ガルヒオフィラトゥム（Garhiofilatum）」（約10種類の香辛料と薬草を調合したワイン）も人気を博し、ワイン生産者も長旅に耐える保存の効くワインをつくるために、この製法を活用していた。その後、蒸留技術を習得した修道士たちが、こうしたリキュールから飲むことのできるオー・ド・ヴィーをつくる方法を発見した。16世紀、カトリーヌ・ド・メディシスがこの技術をイタリアからフランスにもたらした。バラをベースとした「ロソッリ（Rossoli）」は、その後のリキュールの輝かしい繁栄を示す予兆だった。フランスの「シャルトリューズ・ヴェルト（Chartreuse verte）」、オランダの「キュラソー（Curaçao）」など、素晴らしいリキュールが次々と誕生した。「グラン・マルニエ（Grand Marnier）、ベネディクティン（Bénédictine）は18世紀に考案された。

リキュール vs クレーム

クレームはリキュールよりも糖度が高い。最低でも1ℓあたり250gの糖分が含まれる（クレーム・ド・マントなど）。フルーツのクレームは1ℓあたり400g以上となる（クレーム・ド・カシスなど）。

多種多様なリキュール

実に様々な種類があるが、原料によって以下の系統に分類される。

薬草・香草系

もともとは薬酒として親しまれていた植物ベースのリキュールは、ミント、バジル、セージからなるシンプルなものから、シャルトリューズのような数十種を調合した複雑なものまでいろいろある。

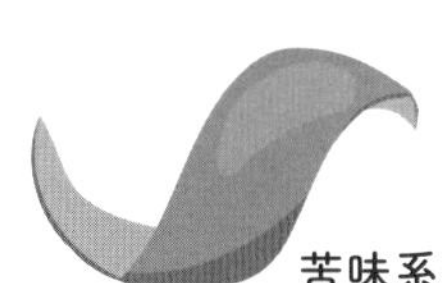

苦味系

このタイプのリキュールは食前酒にも食後酒にもなる。苦味のある植物、香辛料が原料となる。代表的な例として、ゲンチアナ根、キナ皮、ホップなどがある。柑橘類の果皮の濃縮液も使われる。

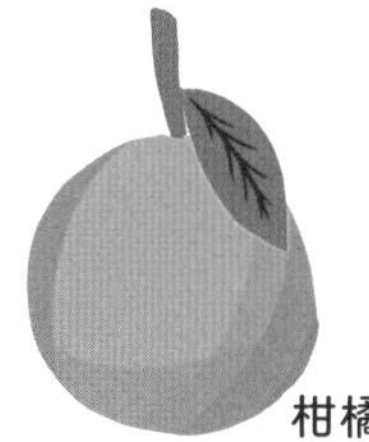

柑橘系

最も有名なのはキュラソー、トリプル・セックである。柑橘類を搾っただけの果汁にはない深みのある香味を備えている。ホームバーに常備しておきたい万能リキュールだ。

フルーツ系

ほぼすべてのフルーツの味が再現できるため、バリエーションも豊富。リキュールにしにくいフルーツでも香料を用いてつくることができる。

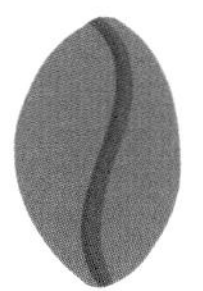

コーヒー系

コーヒー系リキュールは温かいコーヒーの代わりにそのまま飲む、カクテルの材料に使うなどの用途がある。

チョコレート系

カカオ豆をアルコールに漬け込んでつくるリキュール。カカオの風味が強く感じられる。

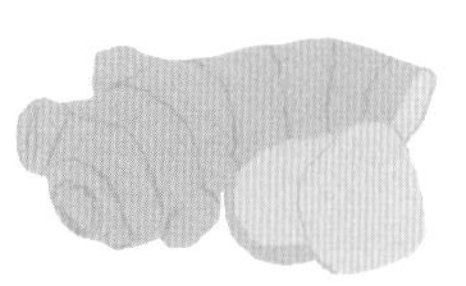

スパイス系

料理の調味料のようなリキュール。生姜、サフラン、唐辛子、アニスなど、思いがけない香味が隠れている。

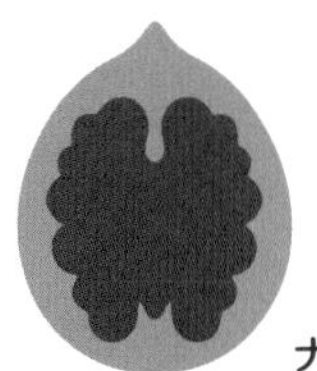

ナッツ系

アーモンド、ヘーゼルナッツ、胡桃が定番の原料。ティラミスに使われるアマレットが有名。

花系

エルダーフラワー、ハイビスカス、スミレなど、香水の成分としても使われる花から得られるリキュールは、カクテルが甘くなりすぎないように上手に扱うべき。

自家製のリキュール

リキュールを手づくりしてみるのはどうだろうか？　想像力の分だけ可能性は広がっている！

唯一の障害

市販品は充実しているが、アルコールに材料を漬け込みさえすれば、自分でリキュールをつくることは可能である。ただし、最大の難関は90度の無変性アルコールを入手することである。フランスでは法の解釈がまちまちで、販売している薬局もあれば、禁じている薬局もある……。

ストロベリー・リキュールのつくり方

材料
イチゴ（できれば有機栽培のもの）：500g、砂糖：500g
90度の無変性アルコール：1/2ℓ、水：1/2ℓ

1. イチゴを洗い、水気を切る。
2. イチゴを潰し、ガラス製の密閉容器に入れる。
3. 90度の無変性アルコールを注ぎ、混ぜる。
4. 容器の蓋を閉めて密閉し、1カ月漬け込む。
5. 鍋に砂糖と水を入れて煮詰めて、シロップをつくる。
6. シロップを常温で冷まして、4に加える。
7. 全体を混ぜ合わせて、12時間寝かせる。
8. きめの細かいフィルターで濾したリキュールをボトルに詰める。

著者の祖父伝授の「クレーム・ド・カシス」のつくり方

材料　カシスの実：500g、砂糖：500g、オー・ド・ヴィー：80ml

1. 1.5ℓサイズのガラス製の密閉容器にカシスの実と砂糖を入れる。
2. 容器の蓋を閉めて密閉する。
3. 日光があたる場所または暖かい場所で保管する。
4. 容器を定期的に振り、砂糖を溶かす。
5. 数週間後、カシスの実がシワシワになったら、フィルターで濾す。
6. 濾した液体をボトルに入れ、オー・ド・ヴィー約80mlを注ぐ。
7. 数週間寝かせてから味わう。

上野秀嗣
(HIDETSUGU UENO)

日本のトップバーテンダーを代表する1人として、国境を越えた名声を博している。日本のカクテル史を熟知しているだけでなく、氷を見事に操り、顧客の好みを最優先に考える同氏は、世界最高峰のバーテンダーに数えられる人物だ。バーテンダーの世界大会の審査員として招待されることも多く、英語も堪能である。彼がオーナーバーテンダーをつとめる銀座の『バー・ハイ・ファイブ(BAR HIGH FIVE)』に足を運べば、彼のカクテルを味わうことができる。「世界のベストバー50※」に選出された同店は、日本を代表するオーセンティックバーとして、世界的に広く知られている。

※2019年発表データ

代表作
ハンター
(THE HUNTER)

フルーツ&ベジタブル

果物や野菜が使われているカクテルと聞いてすぐに頭に浮かぶ名前があるだろう。
例えば、ブラッディ・メアリー、ミモザなどがよく知られているが、その種類は実に豊富である。

野菜がトレンド

その用途はデコレーションだけではない。ニューヨークの名店、「ザ・ウェイランド(The Wayland)」は旬の野菜をジュースにしてカクテルに加えている。この店オリジナルのマルガリータにはケールや生姜のジュースがブレンドされている! さらにはラディッシュやキノコでつくったビターを隠し味として使っている。

素材を厳選する

デコレーションにする場合も、ジュースにして割り材にする場合も、可能な限り、有機栽培の野菜や果物を使ったほうがよい。特に果皮を使う場合はなおさらだ(オレンジやレモンの果皮には大量の農薬が付着していることがある)。

ビタミンを求めて

論争の的になりそうではあるが、エタノールとフルーツ/ベジタブル・ジュースを組み合わせたカクテルは、節度を持って飲めば健康に良いという見解がある。いずれにしても、これは米国農務省の研究員の結論である。 ラム、ウォッカ、その他のスピリッツに含まれるエタノールは果物の抗酸化力を増大させる効果があるという。祖父が長寿だったのは、プルーンのオー・ド・ヴィーを時々、ちびちび飲んでいたからかもしれない。

野菜ベースのオリジナルカクテル

イエロー
ピーマン・カクテル

目覚めの1杯にふさわしい!

シェーカーに黄ピーマンの輪切り2枚とミントの葉1tspを入れてペストルなどで潰し、グレープフルーツ・ジュース40ml、レモン・ジュース5ml、ウォッカ40ml、シャルトリューズ20mlと氷を入れる。
15秒ほどシェークして、マティーニ・グラスに注ぐ。
黄ピーマンのリングを添える。

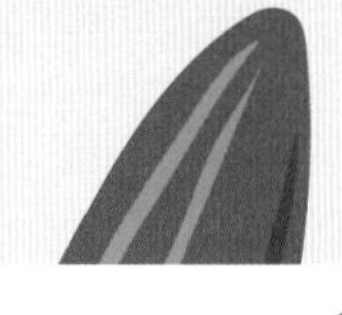

オレンジ
キャロット・ジンジャー・スプラッシュ

飲みすぎた後の頭痛を和らげてくれる……。

シェーカーに生姜のスライス3枚を入れてペストルなどで潰す。
キャロット・ジュース80ml、アップル・ジュース30ml、ウォッカ40mlと氷を入れる。
15秒ほどシェークして氷を入れたグラスに注ぎ、さらにリモナードまたはジンジャー・エールを加える。
ライム・スライス1枚を飾る。

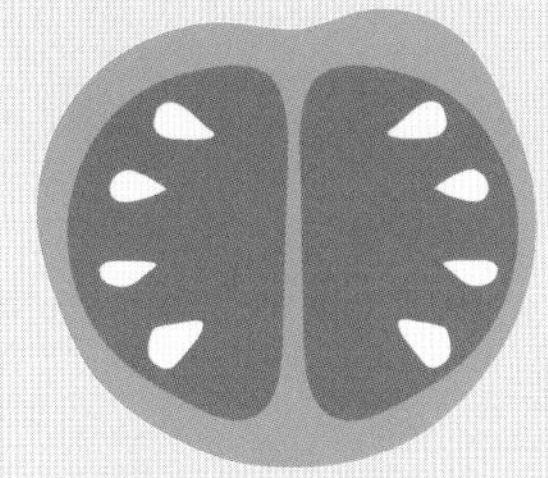

異国の香りをプラス

カクテルにオリジナリティーを出すための最良の方法は、友人が知らない果物や野菜を使うことである。食材として料理によく使われているのだから、カクテルに合わないはずはない。以下はほんの1例である。

金柑

鮮やかなオレンジ色の柑橘類で、楕円形で大きさは胡桃ほどである。果皮は薄く、苦味と酸味をもたらす。

柚子

日本伝統の柑橘類のひとつで、マンダリンやインチャンレモンに似た姿をしている。果皮と果汁を使用する。

パンダナス

東南アジア原産の植物で、料理の香り付けや天然着色料として使われている。「アジアのバニラビーンズ」と呼ばれることもある。カクテルに使うためには、ブレンダーにかけてペースト状にする、細かく刻む、シロップにする、などの方法がある。

パステルグリーン

キューカンバー・マティーニ

ハンモックに揺られて過ごす午後にぴったりの爽やかなカクテル。

シェーカーにキュウリの輪切り3枚とミントの葉1本分を入れ、ペストルなどで潰してよく混ぜる。
レモン・ジュース10ml、ジン40ml、氷を加え、しっかりとシェークする。
冷やしたマティーニ・グラスに注ぎ、キュウリの輪切りを飾る。

ライトグリーン

トマティーヨ・メアリー

トマティーヨ（メキシコ料理によく使われる緑色のトマト）でつくる、ブラッディ・メアリーのグリーンバージョン（以下のレシピはグラス2杯分）。

トマティーヨ2個を洗い、皮をむく。ヘタをくり抜く。
ブレンダーにトマティーヨ2個、小ぶりのキュウリ1本、ニンニク1粒、コリアンダー1本、ハラペーニョ1/2本を入れてブレンドする。
塩をひとつまみ加える。
タンブラー2個に氷を入れ、それぞれにウォッカ40mlを注ぐ。
ブレンダーでつくったジュースを加えて混ぜる。
グリーンオニオンとパセリを飾る。

インフュージョン

ウォッカに紅茶、ウイスキーにベーコン、ジンにタイムなどを漬け込み、自家製のフレーバード・インフュージョンをつくるのがトレンドとなっている。アイデアは尽きることなく、驚くほど斬新なバージョンも出現している。

単純浸漬法

最も簡単な方法で、必要な材料と道具も限られている。

- ●お好みのスピリッツ（ジン、ウォッカ、ウイスキーなど）
- ●香草、果物または野菜
- ●ガラス製の密閉容器
- ●濾し器

果物、野菜、香草などを細かく切る。細かければ細かいほど、成分がスピリッツに早く抽出される。香味成分が豊富な皮の部分も残す。できるだけ有機栽培のものを選ぶ。目的は無農薬ではなく香味を抽出することである！

密閉容器に1の材料を入れ、スピリッツを材料が完全に浸るまで注ぐ。

蓋を閉めて強く振り、冷暗所に保管する。容器を1日1回は振って、材料の成分をしっかり浸出させる。香草の場合は数日、果物の場合は1週間ほどかかる。毎日味見をして味の変化を確認する。

3の液体のみを濾し器で濾し、冷蔵庫で保存する。これでそのまま、あるいはカクテルに入れて楽しむ準備が整った！

せっかちな人のためのメソッド

ソーダ・サイフォンが人生を変えてくれる……。サイフォンにスピリッツと紅茶パック8個（あるいは、果物、香草など）を入れる。ソーダカートリッジをホルダー部分に差し込む。上下に数回振って、5〜10秒ほど待ってからガスを抜く。紅茶（または好みの材料）風味のインフュージョン・スピリッツのでき上がり！（ただし、器具の取り扱いに注意！）

レシピ例

ジン+タイム

ジン：750ml
タイム：30本

ウォッカ+リンゴ、バニラ

ウォッカ：750ml
バニラビーンズ：2本
（ナイフで縦に割く）
リンゴ：1個（角切り）

バーボン・ウィスキー+チェリー

バーボン・ウィスキー：750ml
チェリー：3つかみ分
（柄と種を取り、半分にカット）

ウォッカ+ベーコン、ホットペッパー

ウォッカ：750ml
火を通したベーコン：5枚
ハバネロ（赤）：3本
セラーノ・ペッパー（緑）：2本

ファット・ウォッシング法

独特な塩辛い風味（鴨の脂またはごま油など）をスピリッツに浸出させる方法。アメリカのクリエイティブなミクソロジスト、ドン・リー氏が発明したテクニックである。彼はベーコンとバーボン・ウイスキーというアメリカならではのテイストを採り入れたカクテルの考案者でもある。

1

液状の油脂を用意する。鴨の脂やベーコンなどを使う場合は、フライパンに入れて中火にかけて脂を溶かし出す。

2

密閉容器に油脂とスピリッツを注ぎ、蓋を閉めて振り1時間ほど置く。

3

2を冷凍庫で数時間冷やす。

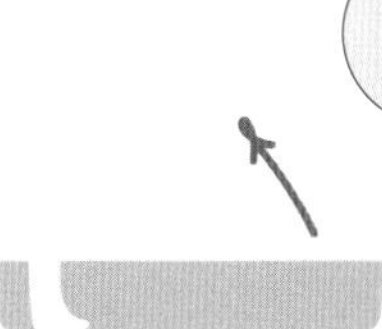

4

表面の固まった油脂を取り除き、成分が浸出したスピリッツをボトルに移して冷蔵庫で保存する。

ファット・ウォッシングによるカクテルの例

BENTON'S OLD FASHIONED
ベントンズ・オールド・ファッションド

ベーコンをインフュージョンしたバーボン：50ml
メープルシロップ：1tsp.
アンゴスチュラ・ビターズ：2dash

油脂の分量に注意

液状油脂の原料の中には味がより強いものがある。そのため、使用する分量に気を付けなければならない（例えば鴨の油脂はオリーブオイルよりも少なめにするなど）。まずは少量ずつから始めて、このテクニックに慣れるしかない。750mlのスピリッツを無駄にしないためにも焦りは禁物だ……。

シュラブ

聞き慣れない響きだが、シュラブ(SHRUB)とはカクテルに使うフレーバード・ビネガーのことである。その歴史は古く、ローマ帝国時代に誕生し、禁酒法時代のアメリカで大流行した。

オールドスクール

カクテルにお馴染みの多くの材料と同じく、シュラブも古くから使われていた。冷蔵庫がまだなかった時代に、果物を長期保存するために考え出された伝統的な技法で、果物を酢、砂糖とミックスしてつくる。

シュラブの活用法

簡単に言うと、シュラブはソーダ、リモナード、カクテル(ノンアルコールも含む)に風味付けをすることのできる、果実味と酸味が凝縮されたシロップのようなものである。バーでは柑橘類の代わりに使われている。シンプルなシロップでは出せない複雑味をカクテルにもたらしてくれる。

ホームメイド・シュラブ

市販品もあるが、家庭でも簡単につくることができる。旬の果物で自分好みのシュラブをつくってみよう。

1. 果物を細かく切る。イチゴやマルベリーなど数種類を混ぜてもよい。

2. カップ1杯の果物にカップ1杯の砂糖を加える。すべてを密閉容器に入れて、冷蔵庫で1晩～2日寝かせる。

3. 液体を漉し取り、この液体と同量のビネガーを加えて混ぜ合わせる(赤ワインビネガー、白ワインビネガー、シードル・ビネガーなど各種あるが、果物により合うものを選ぶ)。

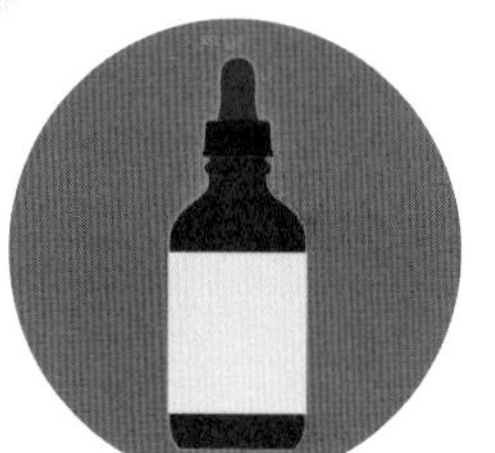

4. でき上がったシュラブをボトルに入れて、カクテルに活用する。

賞味期限

柑橘類の果汁とは異なり、シュラブは劣化しにくい。
冷蔵庫で保存すれば、数カ月持つ。

相性の良い組み合わせ

イチゴ
+
砂糖（ホワイトシュガー）
+
赤ワインビネガー

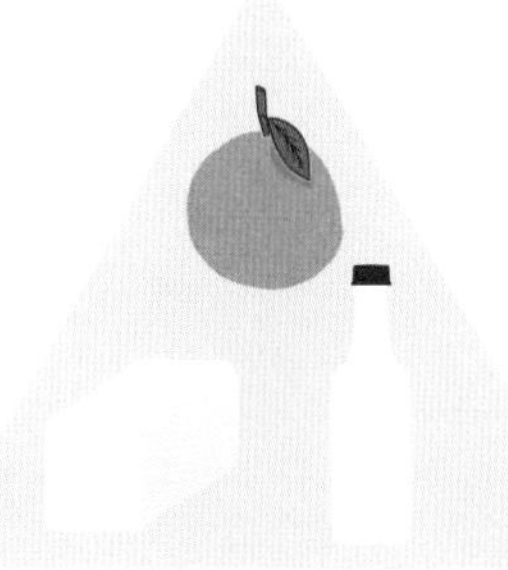

ネクタリン
+
砂糖（ホワイトシュガー）
+
白ワインビネガー

柘榴
+
砂糖（ホワイトシュガー）
+
胡椒
+
赤ワインビネガー

洋梨
+
八角
+
砂糖（ブラウンシュガー）
+
白ワインビネガー

プルーン
+
カルダモン
+
砂糖（ブラウンシュガー）
+
白ワインビネガー

味だけでなく健康にも良い！

日本では健康のために酢を飲むという習慣は珍しいことではない。酢は日本料理に欠かせない調味料のひとつである。我々の祖父の世代でもビネガーは自然の良薬として重宝されていた。シュラブは抗酸化成分を多く含み、シードル・ビネガーをベースにすると胃痛を和らげるともいわれている。

シロップ

シロップと聞くと子供の頃の甘い記憶が蘇ることだろうが、大人になった今でも、カクテルを飲むときに再会できる味である。驚くほど多様なフレーバーがある。

シロップの定義

甘味料を水で溶かした調合物（フレーバー付き／なしがある)。その名称はアラビア語で飲み物をあらわす「シャラーブ」(شراب; sharāb) を語源とするラテン語の「Sirupus」に由来する。

ベース：シンプル・シロップ（砂糖液）

シロップはカクテルに風味、甘味、色を加えることができる材料だ！ そのつくり方も実にシンプルだ。ベースとなるシンプル・シロップのレシピは以下の通りである。

●水：カップ1杯

●粉砂糖：カップ1杯

温めた水に砂糖を加え、完全に溶けるまで混ぜる。結晶化しないうちに、1週間以内に使い切ったほうがよい。カクテルのレシピでは「1：1のシロップ」または「シンプル・シロップ」と表記される

リッチなシロップ！

カクテルが水でさらに薄まらないようにするために、より糖度の高いシロップが必要であれば、シンプル・シロップよりも砂糖が2倍多い「リッチタイプ」がある。レシピは以下の通り。

●水：カップ1杯

●粉砂糖：カップ2杯

鍋に砂糖と水を入れる。極弱火で温め（沸騰させてはいけない！)、砂糖が完全に溶けるまで混ぜる。カクテルのレシピでは「リッチ・シンプル・シロップ」、「2：1のシロップ」と表記される。

自家製シロップ

カルダモン・シロップ

つくりやすく使いやすい。カクテルにスパイシーなアクセントをもたらす。

材料

水：カップ1杯

カルダモン：カップ1/4杯

砂糖：カップ2杯

1. 鍋に水とカルダモンを入れ、軽く煮立たせる。

2. 火を弱める。

3. 砂糖を加え、完全に溶けるまで混ぜる。

4. 蓋をして15分間とろ火で煮る。

5. 鍋を火から下ろして、そのまま冷ます。

6. 冷蔵庫に入れて3日間インフューズしてから、カルダモンを取り除く。

7. でき上がったシロップをボトルに入れ、冷蔵保存する。

自家製シロップ

ジンジャー・シロップ

様々なカクテル、モクテルに最適。

材料
スライス生姜：カップ1杯分
砂糖：カップ1杯分
水：カップ3/4杯分

1. 鍋に砂糖と水を入れて中火にかける。砂糖が完全に溶けるまで混ぜ続ける。
2. 生姜を加える。
3. 蓋をして15分ほどとろ火で煮る。
4. 鍋を火から下ろして、蓋をしたままで1時間ほど冷ます。
5. 濾し器で生姜を取り除き、シロップをボトルに移す。
6. 冷蔵保存する。

シンプル・シロップのバリエーション

より濃い味をだすために、白砂糖の代わりにブラウンシュガーを使ってもよい。ただ、唯一気になる点は、カクテルの色が若干変わることである。ココナッツシュガー、ステビアなどを使ったタイプもある。風味は全く同じというわけではないが、これらの材料を日頃から使っていれば、違和感はないだろう。

自家製それとも市販品？

シロップに関しても2つの流派がある。自作のレシピに完璧に調和するようにアレンジできる自家製にこだわるバーテンダーがいる。一方で、安定した味をすぐに得られるだけでなく、長期保存も効く市販品しか使わないバーテンダーもいる。

意外な味のシロップ

シロップ・メーカーは、バーテンダーが美味しいカクテルをより早くつくるために、シロップを活用していることを熟知している。カクテルの世界で存在感を増すために、過去にはなかった斬新なフレーバーのシロップを次々と開発している。例えば卵白のシロップ、スプリッツ・シロップ、モヒート・シロップなどである。ただし、こうした製品の扱い方には注意が必要だ。便利ではあるが、求めている味が得られるとは限らない。

火を操る！

はるか遠い昔から、火は人々を魅了してきた。火を使いこなす術を体得したことで、人類はその進化の転機を迎えたのだった。ミクソロジーの世界ではどのような存在だろうか？
いつものカクテルに温かみをプラスしてくれるかもしれない！

火を使った最初のカクテル

最も古い（少なくとも最も有名な）カクテルは、ジェリー・トーマスがサン・フランシスコのバー「エルドラド（El Dorado）」で考案した「ブルー・ブレイザー（Blue Blazer）」である。彼はこれをつくるために、銀製の道具と宝石で飾られた金属製のマグを用いた。店の常連客が金の採掘者であったゴールドラッシュの時代に、バーカウンターで派手なショーをすることを思いついた。このカクテルは気温が10度以下のときしか味わえなかったという。ブルー・ブレイザーのテクニックは非常に危険である。炎を上げるウイスキーをマグからマグへと、火の弧を描くように移す難しい技だ。ジェリー・トーマスは長さ1mの火の弧をつくることができたという伝説が残っている。

伝説のB-52

火を付けるタイプのカクテルのなかで、よく見かけるのはB-52だろう。スピリッツやリキュールなどをショット・グラスに層を成すように注ぐシューター・スタイルだ。1969年、ベトナム戦争の最中にカリフォルニア州のマリブで考案され、火炎弾を投下するための爆撃機B-52を操縦した米軍パイロットをイメージして命名された。B-52から派生したバリエーションも各種あり、ウォッカベースのB-53、トリプル・セックの代わりにパスティスを使ったB-51などがある。

B-52の材料

- トリプル・セック：30ml
- ベイリーズ・オリジナル・アイリッシュ・クリーム：30ml
- コーヒー・リキュール：30ml

材料を火で炙ってみる？

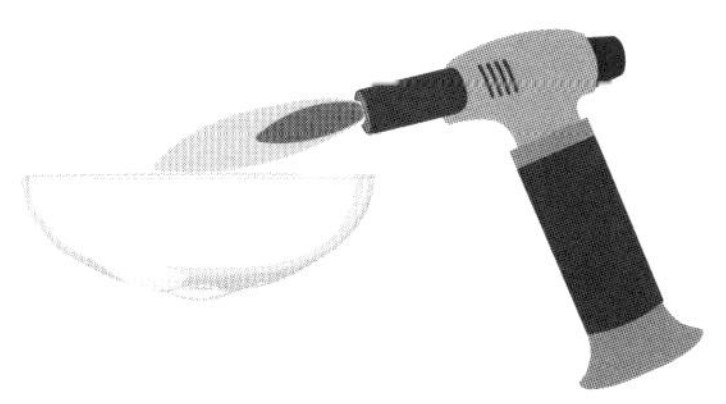

糖分

カクテルに加えた糖類や、シャルトリューズ・ヴェルトなどの一部の酒に含まれる糖分をバーナーで炙り、カラメリゼする。

ハーブ

ハーブ（ローズマリー、タイム、ラベンダー）を炙ると心地良い香りが立ち上る。カクテルにまた別の香味が加わる。

シナモン

熱いので気を付けて！ 炎の上がるカクテルに、シナモンパウダーを振りかけると、フランス独立記念祭の花火のような美しい火花がパチパチ跳ねる！

燻香を楽しむ？

スモーキーな風味をご所望であれば、スモーク香の強いスピリッツ（ピーティッド・ウイスキー、メスカルなど）をベースにするか、自分でカクテルを燻すという方法がある！ 後者を試すには、まずスモーキング・ガンに投資しなければならない。どこでも簡単に燻製ができる便利な器具で、いろいろな使い方がある。

- グラスの内側を燻す
- カクテルそのものを燻す
- カクテルに使う一部の材料のみを燻す

例：スモーキー・マティーニ（Smoky Martini）、スモーキー・メアリー（Smoky Mary）など

火事にならないように！

火を扱う以上、それに伴う危険を軽視してはならない！ ひどい火傷を負うリスクがあり、ちょっとした不注意で火事を引き起こす恐れもある。火を使うテクニックは、水道が近くにある適切な環境（木製のテーブルは避けるなど）で試すべきである。以下に、守るべき安全上のルールを挙げる。

- グラスになみなみと入った状態のカクテルに火を付けない。
- 手に酒が付いていないことを確認する。
- ボトルから火の上に注がない。
- 髪の毛を縛り、ゆったりした洋服を避ける。
- 水道や消火器の近くで作業する。
- 酒を飲んだ状態では慎む。
- 客人が火に近づかないよう配慮する。
- 厚みのあるグラスを使う（薄いグラスは熱で割れるリスクがある）。
- 炎が持続するジッポー（ZIPPO）タイプのライターやマッチは避け、普通のライターを使う。
- 始める前に作業台をきれいに拭き、グラスの中以外の場所に酒が付着していない状態にする。
- 火が消えるのを待ってから飲む。

ジン・トニック

今流行りの飲み物のように聞こえるが、つくり方がシンプルなだけに、美味しくつくるのが難しいカクテルと言えるだろう。この魔法のレシピはイギリス帝国主義時代に誕生した。

歴史あるカクテル

インカ帝国を興した民族であるケチュア族はマラリアなどの様々な病を治すために、現在のトニックの起源ともいえる、キナの樹皮からつくった特効薬を飲んでいた。キナの樹皮に含まれるキニーネは抗マラリア作用があったのである。17世紀にイエズス会の宣教師たちがこの特効薬を発見し、ヨーロッパに持ち帰った。19世紀、イギリスはインドをはじめとする植民地支配をさらに強化していったがマラリアで命を落とす者が絶えなかったことから、イギリス人医師により予防薬としてキナ樹皮の抽出成分が処方されるようになる。しかし、キナ樹皮の成分んがとても苦かったことから、ジンと砂糖をまぜて飲まれるようになっていく。そして1858年、エラスムス・ボンド(Erasmus Bond)という人物により、現代のものに近い、発泡性のトニック・ウォーターが製品化されたといわれている。

一口にジン・トニックと言っても、数十種類のレシピが存在する

基本のレシピでは、大ぶりのワイン・グラスのような形状のコパグラスに氷を入れてジン30mlを注ぎ、グラスを軽く傾けながらトニック・ウォーターを好みの分量だけ加える。バースプーンで軽く混ぜて最後にカット・ライムを添える。さらには個人の好みに合わせて、あるいは他の材料とのバランス、ジンの種類に応じて、レモンピール、キュウリのスライス、ピンクペッパーなどを加えてもよい。

様々な嗜好に応えるトニック・ウォーター

現代では昔ながらの味だけではない、様々なフレーバーが存在する。フローラル、スパイシー、トロピカルなど、どんな好みにも対応できるほどバリエーションが豊富だ。
有名な銘柄：シュウェップス・プレミアム・ミキサー(Shweppes Premium MIxers)、フィーヴァー・ツリー(Fever-Tree)、フェンティマンス(Fentimans)など

ホームメイド・トニック

自分の好みに一番合うトニックを見つける究極の方法は、自分でつくることである。
参考として、簡単なレシピを紹介する。

材料
水：4カップ、刻んだレモングラス：1カップ
粉末状のキナの樹皮（薬種店、インターネットで入手可）：
1/4カップ、オレンジの果皮と果汁：1個分
レモンの果皮と果汁：1個分
ジャマイカペッパー（オールスパイス）：小さじ1杯
クエン酸：1/4カップ、塩：1つまみ
砂糖：2の工程で得られた液体1カップにつき1カップ

鍋に砂糖以外の材料を加え、軽く煮立たせる。

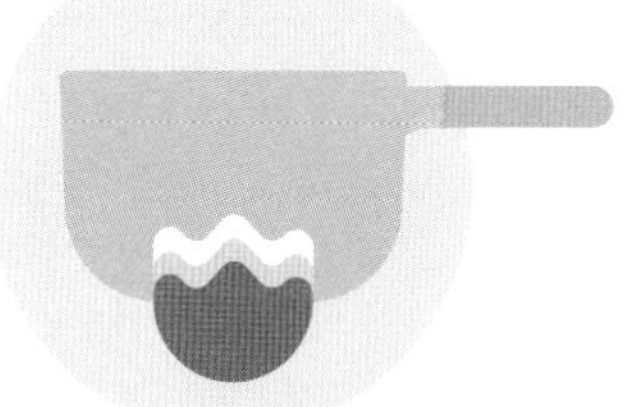

2.

沸騰し始めたらすぐに蓋をして、弱火で20分ほど煮る。まず濾し器で液体を濾した後で、キナ樹皮の細かい粉を取り除くために、コーヒーフィルターで濾す。

2の液体を再び温め、1：1の割合で砂糖を加える。

でき上がったトニックを冷蔵庫に入れる。数週間保存することができる。

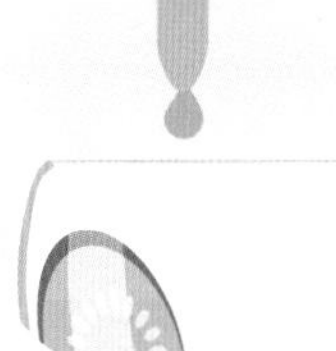

5.

自家製トニック：30ml、ジン：60ml、ソーダ：90mlでジン・トニックをつくる。

イギリス女王のお気に入り

イギリス女王はジン・トニックが特に好きで、毎日昼食前に嗜んでいるという噂がある。小説や映画の登場人物がよくカクテルを自分好みにアレンジするように、エリザベスII世もジン・トニックにベルモットを加えたスタイルがお気に入りだという。

サイドボードの奥で眠っている「古酒」を開けよう

祖父の時代から受け継いだ古酒のコレクションがある？　その遺産を活かして、現代風のカクテルにアレンジしてみるのも楽しいだろう。

フランス国外……から来たブーム

グローバルブランドによるスピリッツのスタンダード化が進んでいるなかで、ニューヨークやロンドンのミクソロジストで、フランスから何かオリジナリティーにつながる素材を得られないか模索した者がいた。そしてこの上なく豊かな、古き良き美酒の遺産がフランスにあることを発見し、その魅力の虜になっている。フランス産スピリッツは、世界中で再び脚光を浴びる存在となった。

古酒が新たなトレンド

埃を被った小さなボトルが、あなたの最強の友となるかもしれない。その酒は一昔前まではストレートで飲まれていただろうが、古い習慣がときを経て一変することは珍しくないだろう。ミクソロジストはカクテルに奥行きをもたらす独特な風味を求めて、「忘れられた」酒の発掘に勤しんでいる。

ゲンチアナ・リキュール GENTIUS LIQUEUR

SUZE* SPRITZ／スーズ・スプリッツ
スーズ：30ml、発泡性ワイン：120ml
ピーチ・シロップ：1dash

*「スーズ（SUZE）」はゲンチアナを主な原料としたフランス製のリキュールの名称。

アニゼット ANISETTE

NIGHT CAP／ナイト・キャップ
ブランデー：1/3、アニゼット：1/3
キュラソー：1/3、卵黄：1個

カルヴァドス CALVADOS

POM' POM／ポムポム
ピンクペッパー：6～7個
バジルの葉：3枚
シンプル・シロップ：20ml
フレッシュ・レモン・ジュース：20ml
カルヴァドス：40ml、ソーダ：30ml

シェーカーにピンクペッパーを入れて砕く。シンプル・シロップ、フレッシュ・レモン・ジュース、カルヴァドスを加えて、氷を入れる。10秒ほどシェークする。ストレーナーで濾しながらカクテル・グラスに注ぎ、ソーダを加える。

コニャック COGNAC

CENTAURE／サントール
コニャックV.S.O.P：40ml
ジンジャー・エール：100ml
レモンピール：1twist

アブサント ABSINTHE

BOB MARLEY ABSINTHE／ボブ・マーリー・アブサント
ソーダ：60ml、アブサント：30ml
レモン・ジュース：30ml
オレンジ・ジュース：30ml、
砂糖：1tsp
ミントの葉：8枚

ゲンチアナ・リキュールのつくり方

「自家製」にこだわりたい？ それではこのレシピはいかがだろうか？

材料（ボトル3本分）
乾燥ゲンチアナ根（薬局で購入）：20g、オレンジの果皮：4個分
レモンの果皮：1個分、辛口の白ワイン：2ℓ、オー・ド・ヴィー：500ml
粉砂糖：400～500g

1. 白ワイン1ℓにゲンチアナ根とオレンジ、レモンの果皮を入れて15日間漬け込む。液体を濾す。
2. 鍋に残りの白ワイン1ℓと粉砂糖を入れて加熱する。粉砂糖が溶けたら火から下ろして冷ます。1を加えて力強くかき混ぜる。

世界最古のスピリッツブランド

世界最古の歴史を誇る蒸留酒の銘柄はオランダにある。1575年にアムステルダムのボルス家によって創業され、一族の名を冠した銘柄は現在まで受け継がれている。老舗中の老舗ではあるが、カクテル界の最前線で活躍している。

フランス生まれのカクテル

著者の愛国心を少し示してもいいだろうか？ カクテルの世界にはメイド・イン・フランスのレシピも実は少なくない！

アニス系のフレンチ・カクテル

モレスク MAURESQUE

アニス酒：20ml
アーモンド（オルゲート）・シロップ：1dash、水：100～140ml

トマト TOMATE

アニス酒：20ml
グレナデン・シロップ：1dash
水：100～140ml

ペロケ PERROQUET

アニス酒：20ml
ミント・シロップ：1dash
水：100～140ml

フイユ・モルト FEUILLE MORTE

アニス酒：20ml
ミント・シロップ：1dash
グレナデン・シロップ：1dash
水：100～140ml

コルニション CORNICHON

アニス酒：20ml
バナナ・シロップ：1dash
水：100～140ml

カナリ CANARI

アニス酒：20ml
レモン・シロップ：1dash
水：100～140ml

ワイン系のフレンチ・カクテル

ルージュ・リメ ROUGE LIMÉ

赤ワイン：80ml
リモナード：40ml

フォン・ド・キュロット FOND DE COLOTTE

ゲンチアナ・リキュール：90ml
カシス・シロップ：30ml

ブラン・カシス BLANC-CASSIS

クレーム・ド・カシス・ド・ブルゴーニュ：1（割合）
白ワイン（ブルゴーニュ・アリゴテが理想的）：5（割合）

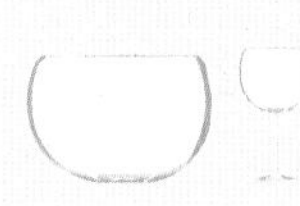

スープ・シャンプノワーズ SOUPE CHAMPENOISE

＊パンチ・ボウル（6人分）
トリプル・セック：1レードル
シャンパーニュ：1ボトル
ライム・ジュース：1レードル
ブラウンシュガー・シロップ：1レードル

古き良きフレンチ・カクテル

ビル・グラン・キンキナ BYRRH GRAND QUINQUINA

ビル・グラン・キンキナ：1/3
リモナードまたは
トニック・ウォーター：2/3
カット・フルーツ：適量

デュボネ・カクテル DUBONNET COCKTAIL

デュボネ・ルージュ：30ml
ジン：30ml
オレンジ・ビターズ：1dash

オリジナル・ホワイト・レディ THE ORIGINAL WHITE LADY

マント・パスティーユ：25ml
トリプル・セック：50ml
フレッシュ・レモン・ジュース：25ml

100%フレンチ・バー

パリのフレンチ・バーでは、フランス産の材料のみを使った、フランス語訛りの「コクテル(Coquetels)」をオーダーできる!

フランスのアンバサダー

パリの個性的なバー、「ル・サンディカ(Le Syndicat)」は、例外なくフランス産スピリッツのみを提供することを信条としている。

パリのハリーズ・ニューヨーク・バー (Harry's New York Bar)

この店そのものがひとつの伝説である。1911年にパリ2区で開業した生粋のニューヨークスタイルのバーで、ジャン=ポール・サルトルやアーネスト・ヘミングウェイなどの著名人を魅了し続けた。
ハリーズ・ニューヨーク・バーはカクテルの種類が豊富なことでも定評がある。ブラッディ・メアリーやホワイト・レディなどの有名なカクテルがここで誕生したと信じている人もいる。この説は最近の調査で揺らいでいるとしても、永遠に伝説のカクテルバーとして語り継がれることは間違いないだろう!

カクテルを樽熟成させる

ひと昔前まではスピリッツ、ワイン、ビールに限られていた樽熟成の技法が、カクテルの世界にも広まりつつある。冒険と意外な発見に魅せられ、新たな可能性を開拓することができるだろう。

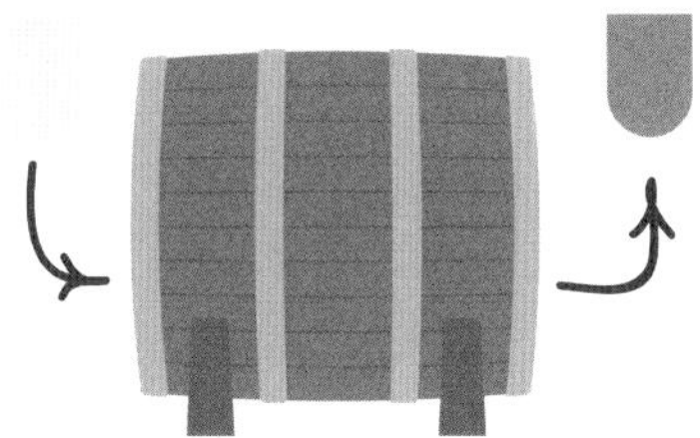

目的

目の前で数秒でつくられるカクテルとは異なり、樽の中で「時間をかけてじっくりと仕上げる」スタイルである。まずカクテルをつくり、樽に移して熟成させる。この製法は以下の要素に影響をもたらす。

- カクテルの色合い
- 鼻と口中で感じる香りと風味

メソッド

他のインフュージョンと同様に、液体に触れる固体の表面積がプロセスにかかる時間に影響する。樽が小さければ小さいほど、カクテルへの香味成分の浸出時間が早くなる。樽の大きさとレシピによって数日〜数週間かかる。頻繁に味を見て、カクテルが樽のすべての面に万遍なく接するように、樽を毎日1/4回転させる。

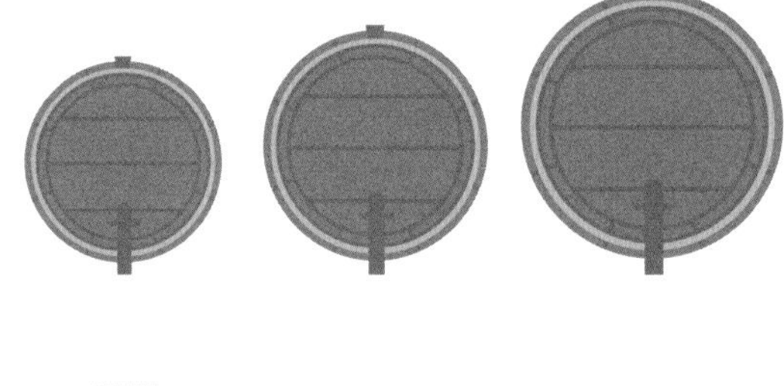

要注意！

どんなカクテルでも樽熟成できるというわけではない。腐りやすい材料（乳製品、卵白、フルーツジュースなど）には全く不向きである。

樽がない場合

350mlサイズのボトルに木片を、あるいはガラス製の密閉容器に木くずを入れる。

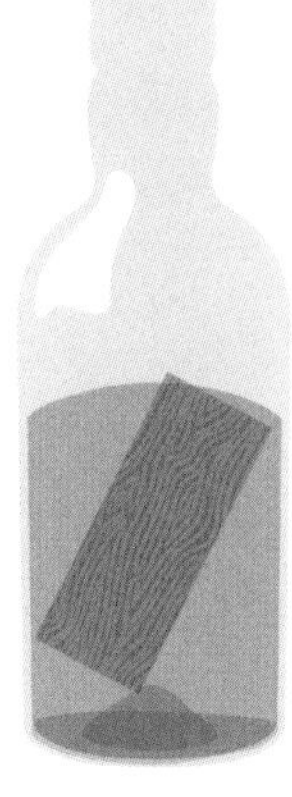

熟成させるカクテルの順番

マンハッタンを熟成させた樽で、ネグローニを熟成させることはできるか？　可能ではあるが、マンハッタンの香りがネグローニに移りやすいことは知っておいたほうがよい。この組み合わせはうまくいくかもしれないが、すべてのカクテルに当てはまるわけではない。

自分で熟成させてみる

各人の想像力をもとに、いろいろと試作してみるべき。ただし、かなりの量が必要となるので、始める前にレシピを十分に練ることをおすすめする。即席でつくるとすべてが無駄になるリスクがある……。

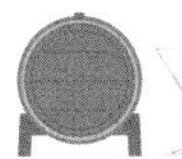

マンハッタン MANHATTAN

ライ・ウイスキーまたは
バーボン・ウイスキー：750ml
ベルモット・ロッソ：250ml
アンゴスチュラ・ビターズ：15dash

ネグローニ NEGRONI

ジン：330ml
ベルモット・ロッソ：330ml
カンパリ：330ml

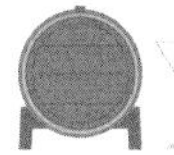

ロイヤル・ネイビー ROYAL NAVY

ジン：330ml
カルヴァドス：330ml
クレーム・ダブリコ
（アプリコット）：330ml

瓶詰めと保存

樽熟成させたカクテルは適切な環境で保存する必要がある。気密性の高い栓付きのガラス製ボトルを用意する。カクテルをボトルに入れて冷蔵庫で保存すると、酸化を遅らせることができる。樽熟成させたカクテルの味は1、2週間で変化する。風味が弱まり、苦味が増し、深みがなくなっていく。7～10日間で飲み切ったほうがよい。

樽を買う方法

小さな樽はインターネットで入手しやすくなっている。ただし、中古の樽には要注意。過去に入っていた酒の種類がわからないことが多々あるからだ。樽製造業者に問い合わせて買い求めるという方法もある。もっと突き詰めたければ、購入した樽にワインやポルトを詰めておくという技もある。それを空にした後にカクテルを入れて熟成させると、個性的な風味が得られるだろう！

グラスへの注ぎ方

通常のカクテル1杯分の量を氷の入ったグラスに注いでステアする。冷蔵庫で冷やしておいたカクテルは氷が溶けにくいため、室温でつくられるバーのカクテルよりもアルコール感が強くなる。客人にサーブする前に味を見て、必要に応じて少量の水を加えてもよい。

樽の手入れ

使用していない樽は液体で満たして湿った状態にしておかなければならない。水は使わないように。カクテルかスピリッツを入れておくのがベスト。

世界の知られざる名酒

友人たちをあっと驚かせるために、定石から外れて冒険してみたい？ それでは、あまり知られていない珍しい酒を試してみると楽しいだろう！

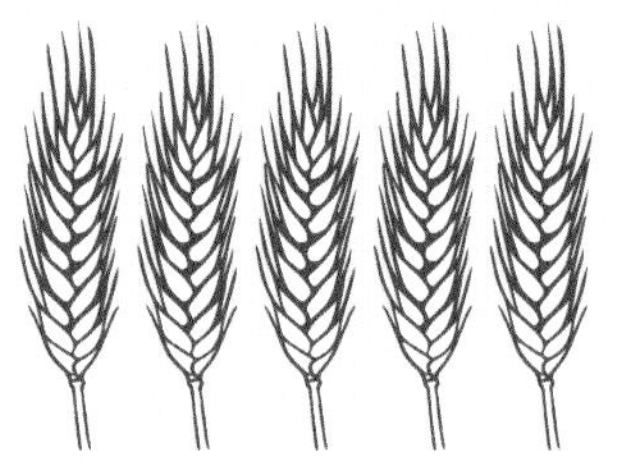

アクアヴィット
AQUAVIT

香草、果物、香辛料（キャラウェイ、アニス、ウイキョウ、シナモン、ビターオレンジなど）で香り付けした穀類またはジャガイモベースのスピリッツ。主にスカンジナビア諸国で生産、消費されている。

カクテルの例
THE 866

アクアヴィット：30ml
フレッシュ・グレープフルーツ・ジュース：30ml
カンパリ：30ml
春摘みのディル：飾りとして少々
塩：スノー・スタイル（グラスの縁に付ける）のために少々

メスカル
MEZCAL

メスカルはアガベ（リュウゼツラン）をベースとするメキシコ産のスピリッツ。アガベには数品種あり、それぞれから味わいが微妙に異なるメスカルができる。テキーラは、メキシコのテキーラ５州で栽培されるアガベ・アスール・テキナーラという品種を使用したメスカルの１種である。

カクテルの例
メスカル・ネグローニ
MEZCAL NEGRONI

メスカル：30ml
カンパリ：30ml
ベルモット：30ml
オレンジピール：1片

ピスコ
PISCO

ペルーで生まれた、この国を代表する酒。温暖な地域で栽培される糖度の高いブドウからつくられる蒸留酒である。

カクテルの例
ピスコ・サワー
PISCO SOUR

ピスコ：60ml
ライム・ジュース：30ml
シンプル・シロップ：15ml
卵白：1個分
アンゴスチュラ・ビターズ：数dash

入手方法は？

正直に言うと、珍しい酒を扱うという点で何よりも難しいのは、カクテルにどのように使うかということではなく、そもそも手に入れることができるかということである。一番簡単な解決策のひとつは、旅行のときに現地で買って持ち帰ることである。ただし、各国で定められている免税範囲を超えないように気を付けなければならない。もうひとつの解決策として、インターネットで注文するという方法があるが、この場合でも想像以上に高い関税がかかる恐れがあるので要注意だ（その他にも輸送中の破損などのリスクがある）。

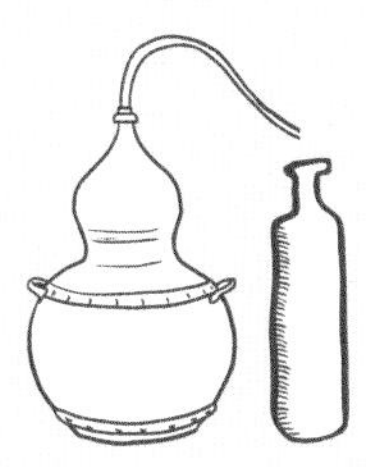

マスティカ
MASTICA

蒸留したワインまたはオー・ド・ヴィーをベースとする、アニスや他の植物で香り付けしたリキュール。特にギリシャ、ヒオス島産のマスティカは、アニスを使用しない、天然のマスティックガムで香り付けをしたもので、他では生産されていない貴重なものである。数少ないマスティックガムの栽培地のひとつであるヒオス島が誇る、ブランデータイプのリキュールだ。

カクテルの例
コスモポリス
COSMOPOLIS

マスティカ：20ml
ウォッカ：30ml
クランベリー・ジュース：20ml
ライム・ジュース：10ml

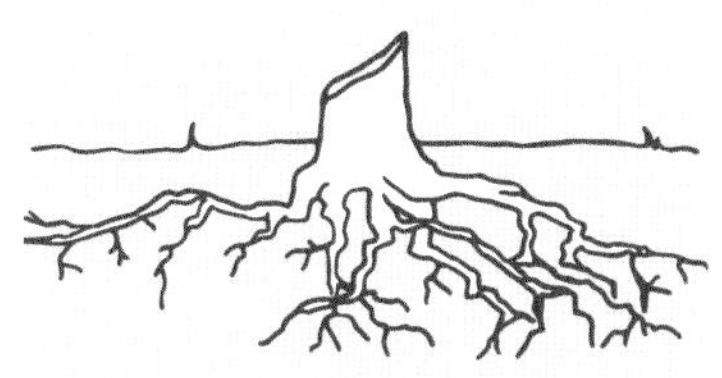

ソジュ
SOJU

朝鮮半島原産の焼酎で、伝統的な原料は米であるが、多くのメーカーが米とともに、あるいは米の代わりにジャガイモ、麦、大麦、サツマイモ、タピオカなどのデンプン源を用いたバージョンを提供している。

カクテルの例
ソウル・サンセット
SEOUL SUNSET

ソジュ：30ml
シャンボール・リキュール：15ml
ジン：15ml
レモン・ジュース：1/2個分
レモンピール：1片

ママフアナ
MAMAJUANA

他の材料を混ぜなくても、それだけでカクテルのような酒。ドミニカ共和国の特産品で、赤ワイン、アンバー・ラム、蜂蜜を同比率で混ぜた液体に8〜16種の香草、樹皮、果皮を漬け込んだ薬膳酒である。媚薬のような効果があることから、「液体のバイアグラ」とも呼ばれている。

思いもよらない奇抜な材料

知られざる酒の味を知ったら、今度は驚くべきユニークな材料を試してみるのはいかがだろうか。

フォアグラ

「フォア・ザ・ヘル・オブ・イット(FOIE THE HELL OF IT)」という名のカクテルがあるが、これはポートランドにあるレストラン、「オックス(Ox)」のグレッグ&ガブリエル・デントン夫妻によって考案された。

材料:リンゴのブランデー/バーボン(Elijah Craig Age 12)/レモン・ジュース/ジンジャー・シロップ/イチゴ・ピューレ/ルバーブのコンポート/卵白/レモン・ビターズ/胡椒(少々)/冷凍したフォアグラ

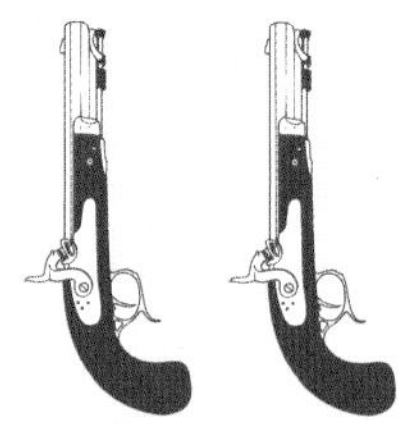

銃の火薬

イギリスで起きた火薬陰謀事件(1605年)の実行犯、ガイ・フォークス(Guy Fawkes)をイメージしたカクテル、「ガンパウダー・プロット(GUNPOWDER PLOT)」は火薬という非常に特殊な材料を使っている。ジンを火薬でインフュージョンし、フェルネット・ブランカと混ぜる。スモーキーな香りが特徴。

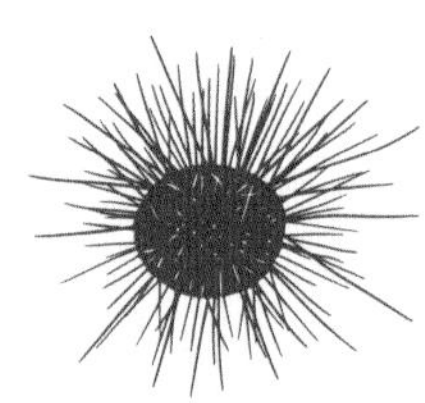

ウニ

ロサンゼルスの「ポット・バー(Pot bar)」に行けば、ウニ風味のカクテル、「ザ・ライン(THE LINE)」を味わうことができる。リキッド状のウニにウォッカを混ぜるというレシピ。そして風味付けに、海藻を少々加える。

蛇の血

ベトナムでは、このカクテルを飲む前にまず生きた蛇を選ぶ。バーテンダーが目の前で絞めた蛇から血を採取してウォッカに混ぜる。その場の雰囲気に流されて、蛇を相手に無謀な挑戦をしないように!

ワサビ

スタンダードなブラッディ・メアリーに飽きた? それなら、ワサビをインフュージョンしたウォッカをカクテルに入れてみるとよい。目が覚めること間違いなし!

足指

カナダのユーコン州、ドーソン市の「ダウンタウン・ホテル〈Down Town Hotel〉」では、アルコール漬けにした人間の足指を入れたカクテル、サワートーを味わうことができる……。

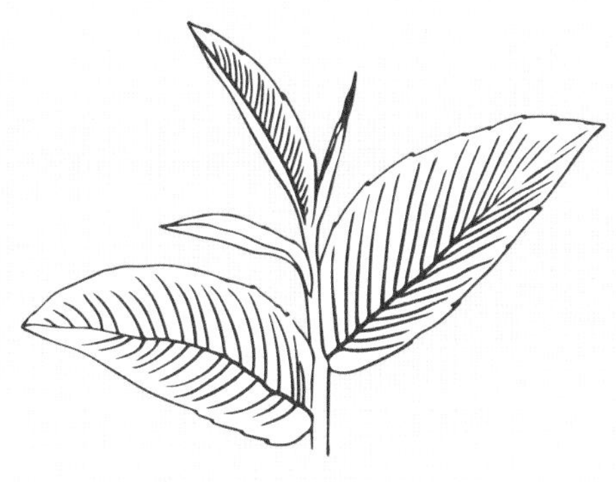

抹茶

碾茶を石臼で挽いて細かい粉末にしたもの。日本の茶道に欠かせないものだが、天然の着色料、香料として料理にも使われている。

カクテルの例
抹茶・ミント・ジュレップ
MATCHA MINT JULEP

材料：
バーボン・ウイスキー：50ml、抹茶：1tsp
ソーダ（ミント風味であれば尚可）：100ml
ライム・ジュース：1個分、ミントの葉：1/2束分
ブラウンシュガー：2tbsp、氷、水
飾り用のミントの葉

1. ボウルに抹茶を入れて水を少しずつ注いで十分に溶かす。
2. シェーカーの底にミントの葉とブラウンシュガーを入れる。搾ったライム・ジュースを加え、ペストルでやさしく潰す。
3. シェーカーにバーボン、1の抹茶、氷を加える。
4. 15秒ほどシェークする。
5. ストレーナーで濾しながら、液体のみを氷の入ったグラスに注ぐ。
6. ソーダを加えてステアする。
7. ミントの葉を飾る。

コンブチャ（紅茶キノコ）

モンゴル発祥の酸味のある発酵飲料。砂糖（70g/l）や蜂蜜、ブドウジュースを加えた紅茶やハーブティーの中で、酢酸菌と酵母を共生培養させてつくる。ロシアや中国では伝統的に甘い緑茶、紅茶をベースとしている。

カクテルの例
コンブト・カクテル
KOMBUTO COCKTAIL

材料：
パイナップル：200g、ミントの葉：8枚
レモン・ジュース：1/2個分
アガベ・シロップ：1tbsp、水：60ml
コンブチャ：250ml

1. ブレンダーにコンブチャ以外の材料を入れる。
2. 滑らかで均一なジュースができるまでブレンドする。
3. 2を氷を入れたグラスに注ぎ、コンブチャを加える。

カクテルのアルコール度数を計算する

バーテンダーであってもアマチュアであっても、複数の酒で構成され、割り材や氷などで薄められるカクテル1杯のアルコール度数を知ることは、思いのほか難しい。ここで計算法をいくつか紹介する。

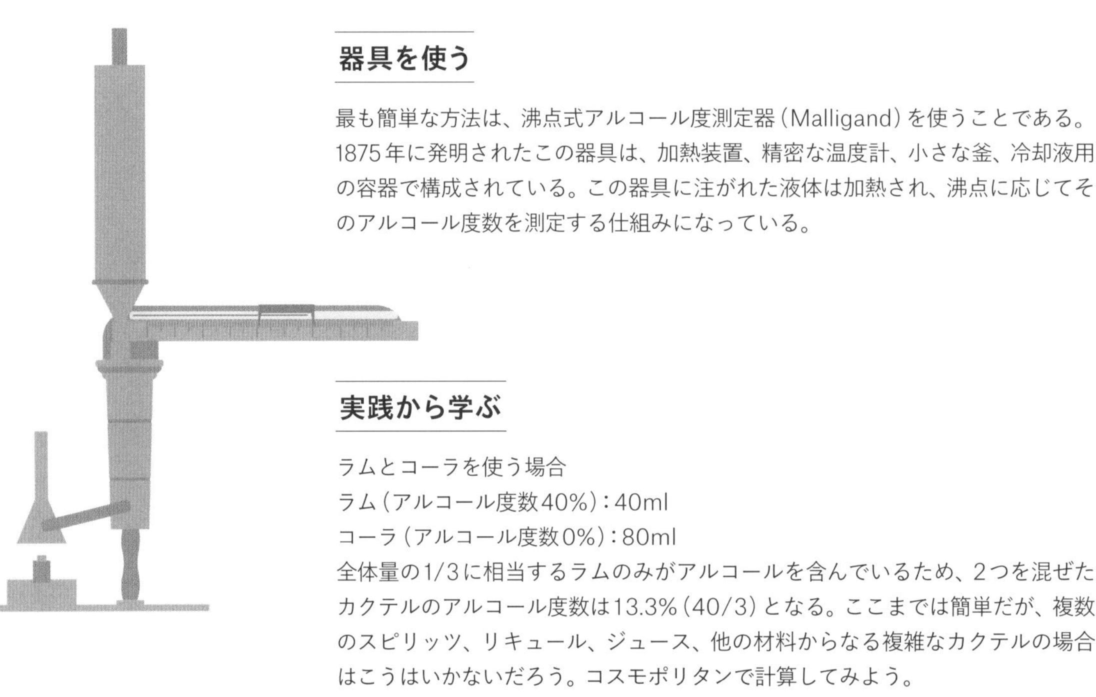

器具を使う

最も簡単な方法は、沸点式アルコール度測定器（Malligand）を使うことである。1875年に発明されたこの器具は、加熱装置、精密な温度計、小さな釜、冷却液用の容器で構成されている。この器具に注がれた液体は加熱され、沸点に応じてそのアルコール度数を測定する仕組みになっている。

実践から学ぶ

ラムとコーラを使う場合
ラム（アルコール度数40%）：40ml
コーラ（アルコール度数0%）：80ml
全体量の1/3に相当するラムのみがアルコールを含んでいるため、2つを混ぜたカクテルのアルコール度数は13.3%（40/3）となる。ここまでは簡単だが、複数のスピリッツ、リキュール、ジュース、他の材料からなる複雑なカクテルの場合はこうはいかないだろう。コスモポリタンで計算してみよう。

数式

L1 = 液体1の配合量
A = 液体1のアルコール度数（%）
L2 = 液体2の配合量
B = 液体2のアルコール度数（%）

総アルコール度数（%）

$$\frac{(L1 \times A) + (L2 \times B)}{(L1 + L2)}$$

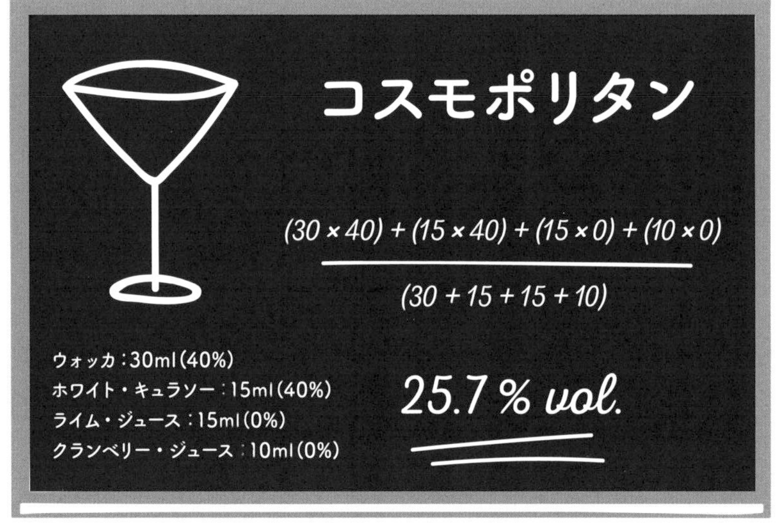

収縮

そう、化学が関係してくる。酒1ℓと水1ℓを合わせても、2ℓの混合物にはならない。それではあまりにも単純だろう……。水の分子とエタノールの分子では分子間力（水素結合）が異なるため、アルコール度数によって比容積の変動が生じる。しかし、動じることはない。カクテルのレベルではこの変動はごくわずかである。かなりのオタクであるならば、インターネットで調べてみるとよい。

希釈

カクテルのアルコール度数に影響するもうひとつの要素として、シェークやステアで氷が溶けることで生じる水分がある。その他の要因でも水分量は違ってくるが、ここではその比率を約20〜30%として計算してみる。コスモポリタンの場合、以下のように計算される。

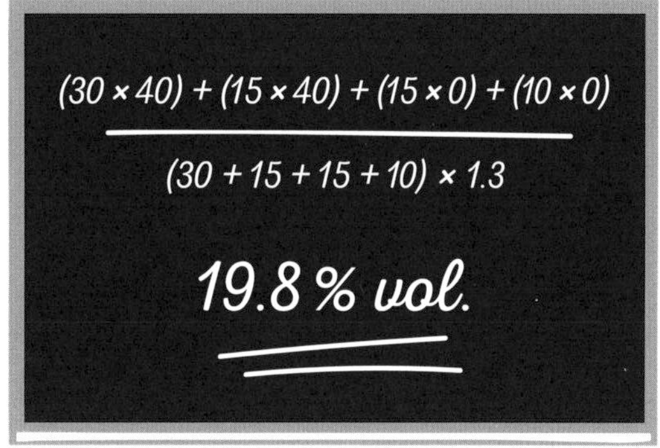

氷による希釈を考慮したコスモポリタンのアルコール度数は19.8%となる。このカクテルが飲みやすいのはこのためだろう。上記の例は氷の作用でアルコール度数が約6%下がることを示している。

CHAPITRE N°3 — CHAPITRE N°3 —

第３章 カクテルバーの魅力

カクテルの世界の魔法、そしてその舞台裏をよりよく知るには、カクテルバーに赴くのが一番だ。この章ではバーの魅力を紹介する。

世界のベストバー

美味しいカクテルを飲むだけで気分は良くなるが、世界トップクラスのバーで味わうカクテルは、いつまでも記憶に残る格別な1杯となるだろう。

探索方法

世界最高峰のバーを独自の基準で選考している団体がいくつかある。有名なのはカクテル界のオスカーと見なされている「テイルズ・オブ・ザ・カクテル（Tales of the Cocktail）」と「世界のベストバー50（World's 50 Best Bars）」である。酒造業界の国際的なエキスパート数十名で構成される審査委員会が、数千に及ぶ候補の中からベストバーを選出している。

ワールド・ベストバーに選ばれるためには？

1. 細部にまで気を配る

店に入る瞬間から帰るときまで、お客様に心地よく過ごしていただくために、接客、創作力、雰囲気、品揃え、所作などのあらゆるディテールに配慮しなければならない。記憶に残る特別な一時を演出するために、完璧主義に徹する。お客様の望みに応え、サプライズを提供するためにプロ精神、サービス、独創性、クォリティーなどのあらゆる面を磨き上げる。

2. 得意分野を活かす

スピリッツの素晴らしいコレクション、歴史ある店構え、完璧な技法など、トップクラスのバーにはそれぞれ店の看板となる強みがある。

3. イメージを磨く

宣伝広告のために数十万€も投資する「大企業」もあれば、オーナー・バーテンダーが自ら写真を撮り、SNSに投稿している個人経営の店もある。どちらもできるだけ多くの人を引き付けるために、店のイメージアップに力を注いでいる。

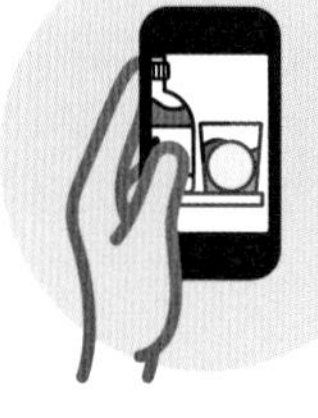

4. 世界に名を広める

自分の店にワールド・ベスト・バーテンダーを招く、あるいは自分自身が世界各地のバーを渡り歩くなど、「ゲスト・バーテンディング（Guest Bertendings）」を駆使して、世界的な名声を築く。

ワールド・ベストバーに出合える都市

ニューヨークやロンドンに多いという傾向はあるが、傑出したバーは世界各地に存在する。ここでは、2019年度の「世界のベストバー50」10位以内に選ばれた店と「テイルズ・オブ・ザ・カクテル」の世界のベストバーの受賞店を紹介しよう。

TOP 10 WORLD'S 50 BEST BARS 2019

世界のベストバー50 2019年度ランキング

第1位	ダンテ(*DANTE*) ニューヨーク アメリカ
第2位	ザ・コンノート・バー(*The Connaught Bar*) ロンドン イギリス
第3位	フロレリア・アトランティコ(*Floreria Atlántico*) ブエノスアイレス アルゼンチン
第4位	バー・ノマドホテル(*The NoMad Bar*) ニューヨーク アメリカ
第5位	アメリカン・バー(*American Bar*) ロンドン イギリス
第6位	ザ・クランシー(*The Clumsies*) アテネ ギリシア
第7位	アッタボーイ(*Attaboy*) ニューヨーク アメリカ
第8位	アトラス(*Atlas*) シンガポール
第9位	ザ・オールド・マン.(*The Old Man*) 香港
第10位	リコレリア・リマントゥール(*Licoreria Limantour*) メキシコシティ メキシコ

TALES OF THE COCKTAIL WORLD'S BEST BAR

テイルズ・オブ・ザ・カクテル ワールドベストバー受賞店

2019年度	ダンテ(*DANTE*) ニューヨーク アメリカ
2018年度	アメリカン・バー(*American Bar*) ロンドン イギリス
2017年度	ダンデライオン(*Dandelyan*) ロンドン イギリス
2016年度	ザ・コンノート・バー(*The Connaught Bar*) ロンドン イギリス
2015年度	ザ・デッドラビット(*The Dead Rabbit*) ニューヨーク アメリカ
2014年度	アルテシアン(*Artesian*) ロンドン イギリス
2013年度	ドリンク(*Drink*) ボストン アメリカ
2012年度	ザ・コンノート・バー(*The Connaught Bar*) ロンドン イギリス
2011年度	エンプロイーズ・オンリー(*Employees Only*) ニューヨーク アメリカ
2010年度	カクテルバー/ザ・マーチャント・ホテル (*The Cocktail Bar at The Merchant Hotel*) ベルファスト アイルランド

ランキングに入らないバーは良くない?

ランキングだけに頼らないように。ミシュランの星付きレストランがメニューを変えたり、新たな技術を導入したりするときに星を落とすことがあるように、バーにも同じことが起こり得る。また、他のカテゴリーのランキングも存在する(ベスト・ニューオープン、ベスト・バーテンダー、ベスト・スタッフなど)。こうしたすべてのカテゴリーの評価を見て、自分にとってのベストを選べばよい。いずれにしても、個人のフィーリングに勝る評価基準はない。街角のカクテルバーで最高のバータイムを堪能できるかもしれない。

G 驚きの店

シアトルに隠れ屋のような「キャノン(Canon)」というバーがある。32席ほどしかない小さな店だが、100万$に及ぶスピリッツのコレクションを有している! 1人のバーテンダーが対応する客数は最高4人まで。きめ細かな接客を受けることができる!

カクテルリスト

バーのカクテルリストはカクテルと客をつなぐ最初の扉である。リストに記されたカクテルの名前やレシピは我々の想像力をかき立てる。

良いカクテルリストをつくるキーポイント

完璧なリストというものは存在しないが、魅力的なリストをつくるためのポイントは4つある。

サイコロジー

客を導き、惹きつけるために、感情に訴えかける、印象に残る情報を提供する。カクテルの名前ひとつでも、人を魅了することができる!

プライス

店の雰囲気にふさわしい価格帯を提案する。小さな居酒屋で、低級なラムでつくったモヒートに法外な値を付けるのは適正ではない! 十分に注意しよう。

マーケティング

カクテルリストはバーのアイデンティティーを記憶に刻むものでもある。特別な場所で特別な作品を味わっているという雰囲気を醸し出すことも大切だ。

デザイン

一目見た瞬間から、その世界に引き込まれるほどの芸術品のようなリストも存在する。ロンドンの「サヴォイ(Savoy)」のリストはその好例だ。挿絵作家のジョー・ウィルソン(Joe Wilson)がトップバーテンダーのクリス・ムーア(Chris Moore)と組んで、驚くべき3Dリストをつくり上げた。

臆さず何でも聞いてみる!

あなたの知らない酒や材料の名がリストに書いてある? そこで尻込みしないで、バーテンダーに率直に聞いてみよう。気が利くバーテンダーであれば、カクテルの味を想像できるように、材料そのものの香りや味を感じさせてくれる。

他の役立つ情報

カクテルを選びやすくするために、補足の情報をリストに載せている店もある。

グラスの種類

カクテルに使われるグラスの種類が記されていれば、ショート・ドリンクかロング・ドリンクか、あるいは女性向きか男性向きか、など、カクテルのタイプを予想することができる。

主な材料

バーテンダーがカクテルのレシピを包み隠さず教えてくれることはないとしても、主な材料が記されていれば、どんなカクテルか想像しやすい。

アルコールの強さ

天候や時間帯によって、飲みたいカクテルは違うだろう。アルコールの強さについての情報があれば役立つ。

銘柄

使用する酒類の銘柄を明記しているカクテルリストもある。宣伝目的かもしれないが、スピリッツのクォリティーをある程度推測することができる。

カクテルの歴史

カクテルの歴史や誕生秘話（事実であれ想像であれ）ほど興味深いことがあるだろうか？

G 酒の味よりも重要？

ベースとなる酒の種類を記さないカクテルリストもある。その代わりに、カクテルがもたらす感覚、風味を描写している。この場合、例えばウイスキーが嫌いだと思い込んでいる人が、そうとは知らずにウイスキーベースのカクテルをオーダーし、この上なく美味しいと感じるようなマジックが期待できる。

カクテルリストを自分でつくる

ホームパーティーを企画していて、オリジナルのカクテルリストをつくってみたい、という方のために、いくつか例を挙げてみた。

ベルモット・バリエーション

クラシック・マティーニ CLASSIC MARTINI

ジン：60ml
ベルモット：15ml
アンゴスチュラ・ビターズ：1dash
オリーブ：3粒

ドライ・マンハッタン DRY MANHATTAN

ウイスキー：60ml
ベルモット：15ml
アンゴスチュラ・ビターズ：3dash
マラスキーノ・チェリー：1粒

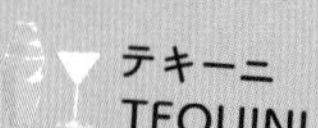

テキーニ TEQUINI

ホワイト・テキーラ：60ml
ベルモット：15ml
アンゴスチュラ・ビターズ：1dash
オリーブ：1粒

懐かしのカクテル

カクテル・デュボネ COCKTAIL DUBONNET

ジン：30ml
デュボネ・ルージュ：20ml

マルティネス MARTINEZ

ジン：60ml
ベルモット：15ml
マラスキーノ：10ml
アンゴスチュラ・ビターズ：1dash
オレンジ・ビターズ：1dash

ニューオーリンズ・フィズ NEW ORLEANS FIZZ

ジン：30ml
ライム・ジュース：15ml
レモン・ジュース：15ml
シンプル・シロップ：30ml
ミルク：60ml
卵白：1個分
オレンジフラワー・ウォーター：2dash
リモナード：適量
（すべての材料をシェークした後で加える）

ウイスキー・テイスト

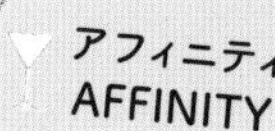

アフィニティ AFFINITY

スコッチ・ウイスキー：45ml
ベルモット（スイート）：15ml
ベルモット（ドライ）：15ml
オレンジ・ビターズ：2dash

ゴッドファーザー GODFATHER

スコッチ・ウイスキー：45ml
アマレット：15ml

ロブ・ロイ ROB ROY

スコッチ・ウイスキー：45ml
ベルモット（スイート）：15ml
アンゴスチュラ・ビターズ：1dash

ラスティ・ネイル RASTY NAIL

スコッチ・ウイスキー：45ml
ドランブイ：20ml

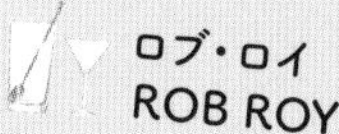

メキシカン・ムード

ピーチ・マルガリータ PEACH MARGARITA

テキーラ：45ml
トリプル・セック：10ml
ピーチ・リキュール：10ml
ライム・ジュース：10ml
桃（皮を剥いたもの）：1個

タマリンド・マルガリータ TAMARIND MARGARITA

テキーラ：45ml
トリプル・セック：15ml
タマリンド・エキス：30ml
シンプル・シロップ：15ml

トロピカル・ワールド

ブルー・ハワイアン BLUE HAWAIIAN

ラム：45ml
ブルー・キュラソー：20ml
ココナッツ・クリーム：20ml
パイナップル・ジュース：60ml

エンヴィ ENVY

テキーラ：45ml
ブルー・キュラソー：15ml
パイナップル・ジュース：10ml

ハリケーン HURRICANE

ホワイト・ラム：30ml
ダーク・ラム：15ml
アンバー・ラム：15ml
柑橘類のリキュール：1dash
オレンジ・ジュース：30ml
パイナップル・ジュース：30ml
ライム・ジュース：15ml
シンプル・シロップ：1dash
グレナデン・シロップ：1dash
オレンジ：1/4カット

カクテルの価格

ワインやビールのボトルを開けるときは、中身の値がすぐに分かるが、カクテルの場合、計算が必要となる。

1杯分の原価

カクテル1杯をつくるのに必要な全材料費を合計した金額が原価である。販売価格のうち原価が占める割合が原価率（%で示される）だ。カクテルの料金を決めるベースとなるため、その計算はバー経営において非常に重要である。

計算方法

ダイキリを例にとって計算してみよう。

ライム・ジュース：25ml
シンプル・シロップ：25ml
ホワイト・ラム：50m

*自家製シロップ使用の場合

材料	分量	材料の価格	分量に相当する費用
オーガニック・ライム・ジュース	25 ml	250 ml で約300円	約30円
シンプル・シロップ*	25 ml	700 ml で約240円	約8円
ホワイト・ラム	50 ml	700 ml で約2,300円	約145円

ダイキリ1杯分の原価＝183円（＋氷、飾りなど）

バーの価格設定

上の表はダイキリを家庭でつくった場合にかかる原価である。カクテルバーでは以下の項目が加算される。

- ●費用
- ●利益（そう、バー経営は非営利活動ではない）
- ●消費税

国によってもちろん異なるが、カクテルバーは一般的に原価率が15～20%となるように料金を設定している。

価格が跳ね上がる理由

様々な要因がある。格調高いホテルのバーであれば、カクテルが2000円以上することは珍しくない。価格が妥当かどうかを見定める判断基準は以下に示したようにいくつかある。

大体の目安

参考までに、パリでは評判の良い店のスピリッツ・ベースのカクテルは平均10～15€である。

ステーション

バーカウンターの向こう側に隠れた、まるで司令塔のような作業スペース。自宅で大パーティーを開くことになり、それなりの作業台を用意する必要があるとしたら、バー・ステーションを観察しておくと役に立つかもしれない。

人間工学に基づいた空間

ステーションを設計するうえで重要なのは以下の点である。

● バーテンダーがスピーディーかつスムーズに作業できる。
必要な道具・材料を、すぐに手が届く範囲に揃え、無駄な動きを極力省く。

● バーテンダーを保護する。
怪我をしやすい動きや状況をできるだけ招かないような動線、配置にする。

● 雰囲気の良い空間をつくる。
カウンター越しに見えるバック・バーは、店のコンセプトを伝え、ムードを盛り上げる装飾のひとつでもある。

プロの強い味方

多くのバーがステーション設計を得意とするエージェンシーに仕事を依頼している。スペシャリストたちは様々な制約、例えば、三角形の土地、文化財に指定された建物、技術的に欠かせない設備、などに対処しながら、バーテンダーにとって最適な配置を提案するために、日々頭を悩ませている。彼らはバーテンダーがカクテルの創作に集中できるように、設計、工事、取付のすべてを担う。

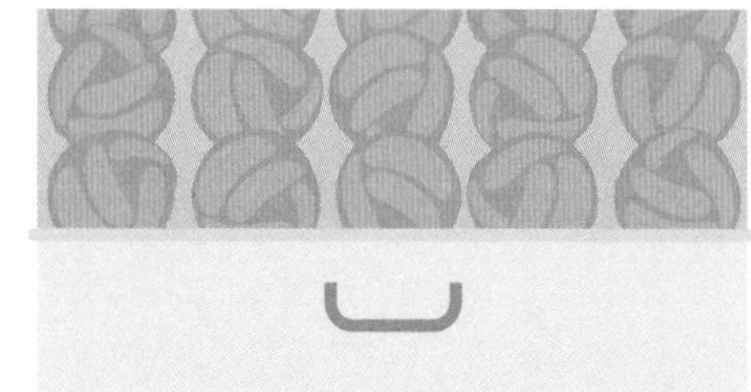

ステーションの主な構成ユニット

デザインは店によって異なるかもしれないが、次の設備は、ほぼどの店にも設置されている。

キッチンポット

カクテルの風味付けや飾りに使うレモン、オリーブなどの材料を保管するボックス。

アイスボックス

カクテルに氷は欠かせない。少なくともアイスボックスは必須で、一般的にレールと呼ばれる部分の上に設置されている。プロ仕様のモデルで、ボトルを冷蔵保存するスペースが付いているタイプもある。時間を稼ぐために、グラス専用のフリーザーも設置しているバーが増えている。

レール

頻繁に使用するスピリッツやリキュールのボトルを保管する場所。

アンダー・バー

作業台の下の保管スペース。予備の酒類、テーブル・クロス、客の目に触れてはならない備品、あるいは他店のバーテンダーに見えてはならない物を隠すのに最適な場所である。

バック・バー

バーテンダーのすぐ後ろの飾り棚。エレガントなスピリッツ、書物、グラスなどを置いて演出する。

フレアバーテンディング（FLAIR BARTENDING）

危ないから気を付けて！ カクテルバーでのフレアバーテンディングは、サーカスのジャグリングのようなもの。道具を壊さない、怪我をしないように、十分な訓練が必要である。

フレアの始まり

19世紀、カクテルづくりはショーであるべきだと考えたバーテンダーがいた。最も有名な人物の1人は「ブルー・ブレイザー（Blue blazer）」を考案したジェリー・トーマスである。1980年代半ば、フレアバーテンディングはアメリカ大陸で再びブームとなり、1985年に最初の競技大会がカリフォルニア州のマリーナ・デル・レイで開かれた。ボトルを華麗にジャグリングしたジョン・メスコール（John Mescall）が勝利の座を収めた。1987年には1回目の世界大会がアメリカの「TGIフライデーズ（TGI Friday's）」で開催された。このときの勝者、J.B.バンディ（J.B.Bandy）は、映画「カクテル」に出演したブライアン・ブラウン（Bryan Brown）、トム・クルーズ（Tom Cruise）のコーチに抜擢されるという名誉を授かった。

映画「カクテル」

1988年にすべてが一変した。映像の中でボトルを回転させ、シェーカーを躍らせるバーテンダーに扮したトム・クルーズの影響で、バーテンダーがこぞってフレアを披露し始めた。シェーカー、氷、グラス、ボトルはもはや完璧なカクテルをつくるためだけのアイテムではなく、かつては想像もできなかった方法で操られる、パフォーマンスの小道具となった。

フレアバーテンディングの技

この技を完璧に習得するには、訓練と才能が必要である。まず手先が器用であり、プロのジャグラーと同等の能力と十分な忍耐力を備えていなければならない。さらに上を目指すバーテンダーは、ドラマティックなショーを披露するために、火が付いたリキュールを操ることもできようになる。マジックの心得があると、パフォーマンスにより磨きがかかる。

ワーキングフレア（WORKING FLAIR）VS エキシビションフレア（EXHIBITION FLAIR）

ワーキングフレアはカクテルをつくる間に客の目を楽しませるために行う演出で、シンプルで効果的な手技に限られる。エキシビションフレアはカクテルをつくる前に行うショーである。バーテンダーの曲芸的な技と能力をアピールする紛れもないスペクタクルといえよう。この場合、実際にカクテルが数種つくられるとしても、それが真の目的ではない。ショーを最大限に盛り上げるために、火薬や煙を使うバーテンダーもいる。

まず手始めに

友人にカッコいいところを見せて感心させたい?
それではまず、次の技から始めてみよう。
練習用の割れないボトルもあるが、手に入らなければマットの上でも練習できる。

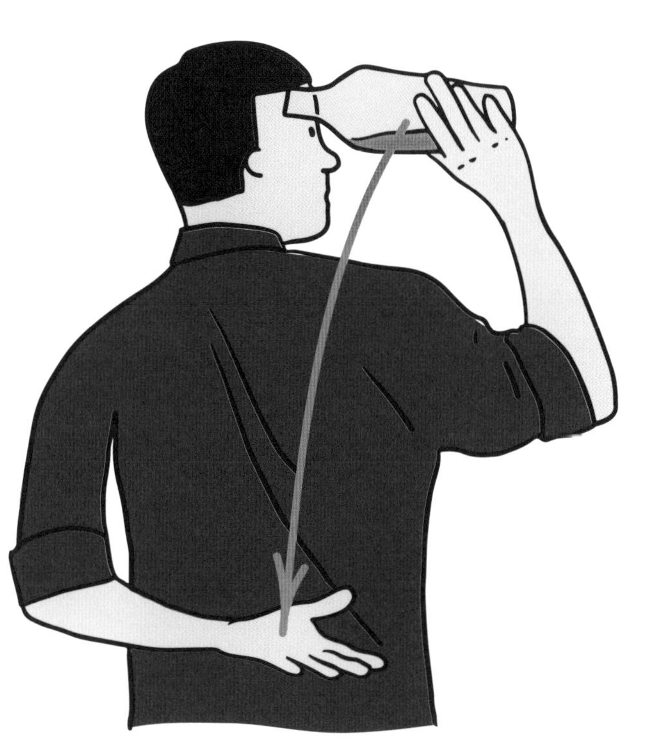

ボトルを背中側でキャッチ

フレアブレンディングの定番の技。作業台に置いたボトルを利き手で肩の高さまで持ち上げる。掌を上にしてボトルの首の部分を持ち、胴体を90度捻る。ボトルを背中側に落とすと同時に、腰に回したもう片方の手のほうへと胴体を回しながらボトルを受ける。利き手に持ったボトルを背中側に放り投げて、もう片方の手で受けるという上級テクニックもある。

グラスを肘において注ぐ

片腕を肘の高さで直角に曲げる。そこにグラスを置き、シェーカーからカクテルを静かに注ぐ。観客をより盛り上げるために、シェーカーを徐々に高く上げながら注ぐとよい。

最近の傾向は?

フレアバーテンディングは今も健在だが、かつてほどの勢いはない。ミクソロジーはまた別の次元へと進み、カクテルの味に影響しないものはすべて舞台から退け、本質のみを追求する傾向にある。

モラキュラー・ミクソロジー

いつも同じモヒートを飲むのは飽きた？ お気に入りのカクテルでも、ストローの色やシロップの量以外は変化がない、オーソドックスなスタイルでは物足りなくなることもあるだろう。その場合、サイエンスが新鮮な驚きをもたらしてくれる。

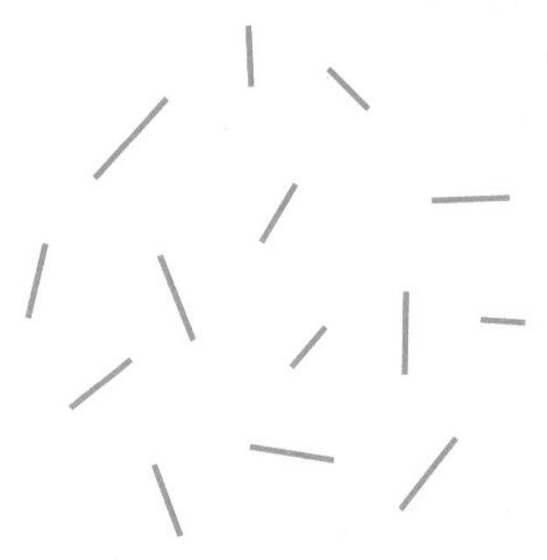

分子が左右する

「モラキュラー・キュイジーヌ」という言葉をおそらく聞いたことがあるだろう。ワールド・ベストレストランに輝いたスペインの「エル・ブリ（El Bulli）」のシェフ、フェラン・アドリア（Ferran Adrià）、さらにはフランス人シェフ、ティエリー・マルクス（Thierry Marx）が世に広めた斬新な料理法である。材料の構造を分子レベルで分析し、新たな食感や風味、外観をつくり出すことを追求するもので、おなじみのカクテルを斬新なスタイルで提案する技法だ。例えば口の中ではじけるパール状のネグローニ、ムース仕立てのジン・フィズなどがある。

レストランからバーへ

この技法を最初にカクテルに取り入れたのは、シェフが所有する高価な器具を活用できた、モラキュラー・キュイジーヌを提供するレストランのバーテンダーだった。シンプルなトーチから液体窒素、ロータリー・エバポレーター、デシケーターまで実に様々な器具がある。今では時間と根気があれば、ほとんどのテクニックを家庭でも試すことができる。便利な「モラキュラー・ガストロノミー・キット」も存在する。

ブームは過ぎた？

モラキュラー・ミクソロジーは2000年代初めに大流行したが、今ではその人気は低下しつつある。これを実践するにはかなりの時間と空間が必要で、似たりよったりのスタイルが続出し、新鮮味がなくなったのが理由である。さらに危険だという噂も広まり、このテクニックは店から消えていった。それでも、いくつかのモラキュラー・カクテルをリストに載せているバーはまだある。

様々なテクニック

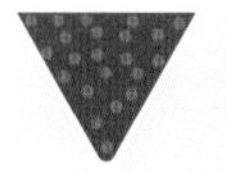

スフェリフィケーション

リキュールをキャビアのようなビーズ状にする技法。シャンパーニュやコスモポリタン、マルガリータ、サイド・カーなどのクラシック・カクテルに入れて楽しむ。

マシュマロ・スタイル

口の中で溶ける柔らかなマシュマロの中にカクテルが入っている。特にピスコ・サワーとの相性が良いテクニックだ！

ナイトロ・フローズン・カクテル

カクテルがテーブルに運ばれる。バーテンダーが目の前でリキッド・ナイトロジェン（液体窒素）を加えると、カクテルが凍ってシャーベット状になる。氷を使わないので、アルコール感の強い濃厚な味わいのフローズンカクテルをつくることができる。

パウダー・カクテル

ニューヨークのバー、「テイラー（Tailor）」のイーブン・フリーマン（Eben Freeman）が世に広めたテクニックで、パウダー状のラム・コーラなどを楽しむことができる。

コットン・キャンディー

フランス語で「バーバ・パパ（お父さんの髭）」と呼ばれている綿菓子を組み合わせたユニークなスタイル。グラスを覆う綿菓子がカクテルに徐々に溶けていく。

ポプシクル・カクテル

アイスキャンディー状にした冷たいカクテルでクールダウン！

ゼリー・カクテル

グミのようなプルプル感を楽しめるカクテル。イーブン・フリーマンは3種の食べるカクテル、「キューバ・リバー・ゼラチン」、「ラモス・ジン・フィズ・マシュマロ」、「ホワイト・ルシアン・ブレックファースト・シリアル」を創作した。

固形物の浮遊

フェラン・アドリアが考え出した、固形物を液体の中に浮かべるテクニックで、視覚効果抜群のカクテルができる。キサンタンガムで液体の粘度を高めて、その中に固形の材料を入れて浮遊しているようにみせる。フェラン・アドリアの代表作のひとつにハーブ、フルーツ、キャビア状にした材料を浮かせたホワイト・サングリアがある。

カクテルの様々な飲み方

カクテルのサーブの仕方も変わってきている。クラシックなグラスで出すスタイルから、これまでにない斬新なスタイルまで多様化している。

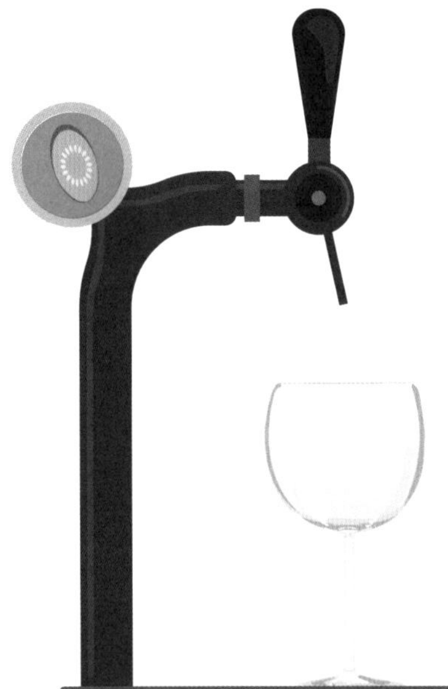

プレッション

「Tap cocktail（タップ・カクテル）」または「Draft cocktail（ドラフト・カクテル）」とも呼ばれる。樽出しビールのようにサーバーから注ぐスタイルで、アメリカ西海岸、サン・フランシスコで誕生した。元々の目的は、カクテルが得意ではないバーでも安定した品質のカクテルを提供できるようにすることだった。炭酸ガスの圧力を利用した抽出法にもいろいろある。カクテルをサーブする際に、それぞれの材料をサーバーからグラスに注いで混ぜ合わせる方法、あるいはビールのように樽に入った完成品のカクテルをサーバーから注ぎ出す方法などがある。

パンチ

カクテルは大人数でシェアするのも楽しい。大きなボウルに入ったカクテルをレードルですくい、グラスに注ぐというおなじみのスタイルである。金属製、磁器製の年代物のボウル（鉢）は、18世紀にはその所有者の権力の大きさを示す調度品だった。

缶

ウイスキー・コーラ、ブラッディ・メアリー、モヒートなど、缶で売られているカクテルは複数ある。このスタイルは「炭酸」入りのカクテルには適しているが、その品質は不安定である。残念なことに、カクテルとは名ばかりの混合飲料であることが多い……。

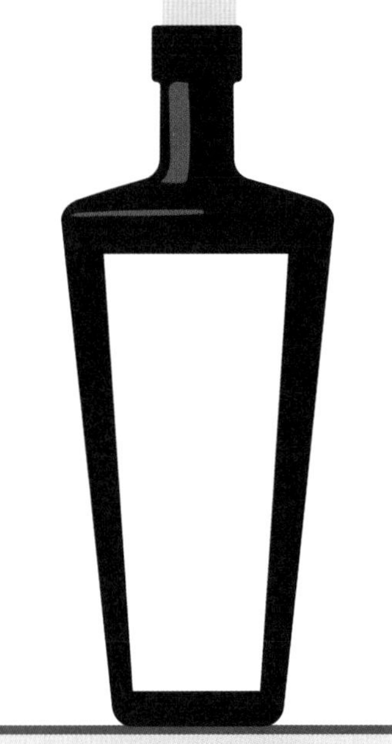

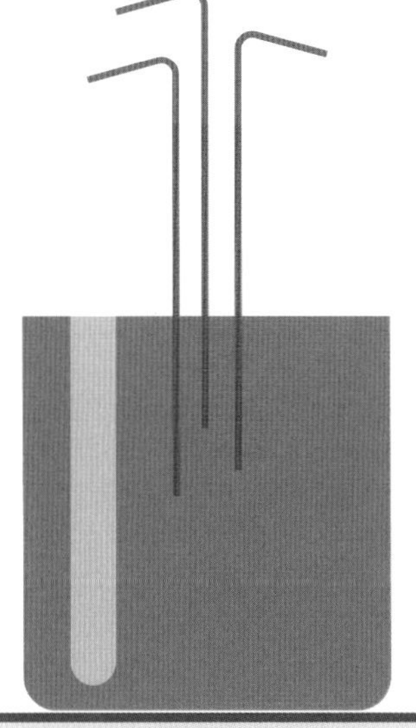

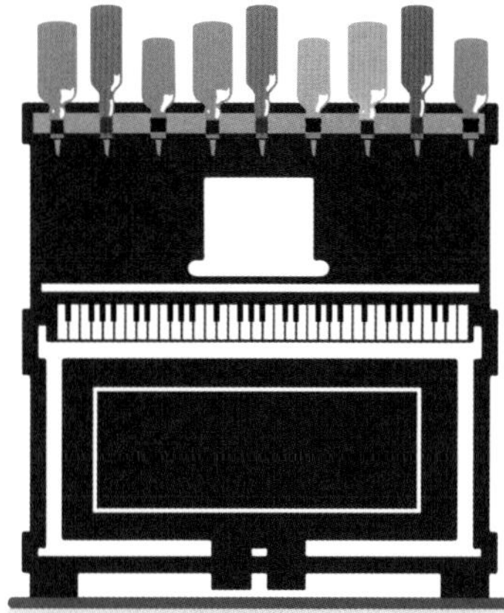

ボトル

瓶詰めのカクテルは、自分で手間をかけずにバーテンダーの味を楽しみたいカクテルファンのために考案された。グラスに氷を入れ、ボトルから1杯分を注げばでき上がり！ おすすめのブランドはバルビーヌ・スピリッツ（Balbine Spirits）。メイド・イン・フランスだ！

ジャー

パンチの庶民的で現代的なバージョン。大量（1〜5ℓ！）につくり、数人でシェアする。各人がジャーにストローを入れて直接飲むスタイルだ。

ピアノクテル

ミシェル・ゴンドリーが映画化したボリス・ヴィアンの「日々の泡／うたかたの日々」を見たことがあれば、どんなものか想像できるだろう。演奏する度にその旋律がもたらす感覚に調和するような風味のカクテルをつくるピアノのことである。サイエンス・フィクションの話？ いや、ピアノクテルは実在する。フランス人バーテンダーのセドリック・モロー（Cédric Moreau）とピアニストのシリル・アダム（Cyril Adam）が開発したモデルがある！

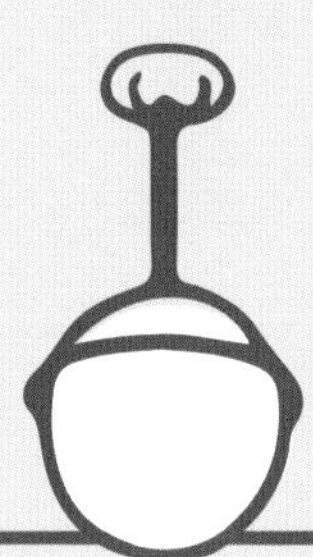

MOCKTAILS / モクテル

スペルミス？ いや、ノンアルコール・カクテルの正式な呼称であり、現代のミクソロジー界にひとつのカテゴリーとして定着しつつある。

モクテルを飲む層

カクテル文化は長い歴史を誇るが、それぞれの時代の消費者のニーズに応えるために常に流行を追ってきた。モクテルは妊娠中の女性や子供が好んで飲むものという考えが浮かぶかもしれないが、必ずしもそうではない。健康志向が高まっている現代社会では、節酒（断じて禁酒ではなく！）を目標のひとつとしている人は少なくない。この傾向に対応するために、客足が遠のかないように、ミクソロジストたちが編み出したのがモクテルである！ すべてはニューヨークで始まり、ロンドンに波及した後、世界の都市へと広まっていった。

モクテルはトレンド？

ひと昔前までは、ノンアルコール・カクテルは、この業界では許されぬ大罪のように考えられていたかもしれないが、現在ではどこでも見かけるようになり、むしろ、ミクソロジスト自身がノンアルコールの作品を積極的にアピールしている。自家製のシロップ、季節の果物、斬新な材料を組み合わせ、ユニークなグラスや容器でサーブしている。酒が入っていないことを忘れさせるようなレシピの創作に励んでいる。

G その料金は?

一般的にモクテルはアルコール入りのカクテルよりも1/3ほど安い。フランスでは平均5〜8€。つくり手のテクニックやノウハウが料金に反映される!

酒を使わないで酒の風味を出す

これはミクソロジストがモクテルの創作のために挑んでいる「大きな挑戦」のひとつである。幸いなことに、彼らをサポートする新商品が続々と登場している。例えば、ジンの代用品としてシトラス・ブレンドを使うことができる。レモングラス、フェンネル、タイム、ローリエ、オリーブの塩水漬けをベースとした濃縮液だ。また「Seedlip(シードリップ)」というノンアルコール・スピリッツもある。レモンの果皮、スパイス、ごく微量のアルコールをベースに蒸留したもので、アルコールは完成品には残らない。糖質ゼロ、カロリーゼロ、人工香料ゼロの優れものだ! ブラインド・テイスティングをしてみると、普通のカクテルと巧みにつくられたモクテルを区別することは意外と難しいことが分かるだろう。

ごまかしに注意!

香りも味も乏しい「ヴァージン・モヒート」に当たったことがあるだろうか。多くの店でよくあることだが、スピリッツを抜いただけでは美味しいモクテルをつくることはできない。さらに、このトレンドに便乗して、缶入り、瓶入りのモクテルを販売するメーカーが増えているが、その味は期待を裏切ることが多い。通常のカクテルと同様、材料の新鮮さ、つくり手の技量が味の決め手となるからである。

スピークイージー

それほど遠くない昔、アメリカでは飲酒が禁じられていた。一部の市民の想像力と創意工夫により、アルコール飲料を密売する潜り酒場、「スピークイージー」が誕生した。

語源

「To speak easy」は隣人や警察に気づかれないように「こっそりと話す」、「ひそひそ話す」という意味である。

酒の密造・密売の歴史

「スピークイージー」が「密輸業者の店」を意味する単語として、イギリスの隠語辞典に初めて登場したのは1823年のことである。その後、大西洋を越えてアメリカに伝わり、1889年にペンシルベニア州の新聞で、ピッツバーグの無許可の違法酒場を指す言葉として用いられ、それ以来、この呼び方が定着していった。

徹底した密売網

酒を密売するための大規模なネットワークが誕生した。地下室、倉庫、商店（空き家ならどこでも）がスピークイージーに変身した。その数はニューヨークだけでも10万軒にまで膨らんだ！　酒場だと分かる印、中に入るための手段にも巧妙な策が練られ、独特な握手、暗号、鼻歌などが合図として用いられた。ただし、すべてのスピークイージーが同じ品質の酒を出していたわけではない。禁酒法を悪用して、混ぜ物をした粗悪な酒を売りさばく店もあった。

スピークイージーの黄金時代

アメリカ合衆国憲法修正第18条により、酒の製造、輸送、輸入、輸出、販売の禁止が定められた。正式に批准、公布されたのは1919年1月であったが、その目的は軽罪と汚職を減少させることだった。しかしながら皮肉なことに、1919年から1933年まで続いたこの禁酒法が、イタリア系アメリカ・マフィアによる密輸市場を拡大させる要因となり、パープル・ギャング（デトロイト）、ラッキー・ルチアーノ（ニューヨーク）、アル・カポネ（シカゴ）が巨万の富を築く結果を招いた。

現代のスピークイージーは？

欧米諸国では酒の製造も販売も認められているが、当時のスピークイージーの雰囲気を再現している店も少なくない。冷蔵庫、書棚、洗濯機などを模した扉から店に入るようにするなど、様々な趣向を凝らしている。

女性も通えるバー

禁酒法前はワイン、ビール、スピリッツなどを提供する男性の社交場とされていたバーでは、女性客は歓迎されなかった。しかし、スピークイージーでは女性客も受け入れられるようになった。フルーツジュース、炭酸水、甘味料を加えた混合酒は、粗悪な酒の味を誤魔化すためだけでなく、警察に酒の存在を気づかれないようにするためにも役立った。隠れ酒場の雰囲気をより良くするために、音楽、特にジャズの演奏も導入され、「ダンスもあり、女性もいる場所」と店主は宣伝していた。女性同士でバーにやって来て、煙草を吹かしている様子は、禁酒法時代前には見られなかった光景である。

社交の場

異なる階級同士の交流が限られていた時代ではあったが、企業の社長、労働者、主婦、政治家、さらには警官までもが、法を犯して酒を飲むという共通の目的のために、潜り酒場に集うことは珍しくなかった。

21クラブ

1930年1月1日に公式にオープンした「21クラブ」は、アメリカで最も評判の良かったスピークイージーのひとつである。80年以上もの間、各界の著名人、実業家が通うバーとして愛され続けている。禁酒法時代は、警察や税務署の立ち入り捜査が多かった。そのため、経営者のチャーリー・バーンズ（Charlie Berns）とジャック・クラインドラー（Jack Kreindler）は、違法の酒を隠す巧妙な仕掛けの発明に励んだ。建築家のフランク・ブキャナン（Frank Buchanan）の協力を得て、証拠を隠滅するためのカモフラージュのドア、下水に繋がるダストシュート、回転レバー、秘密のワインセラーなどの複雑なからくりを考案した。実に巧妙なことに、ワインセラーは21番地にある店ではなく、隣の19番地の地下にあった。そのため、見回りに来た警察官に店内に酒があるかと尋問されても、ごく正直に「いいえ」と答えることができたのである！

ティキ・バー

目を閉じて、ポリネシアの島々の美しい浜辺のような空間に身を委ねる。その神話と文化に触れ、南国を旅しているような気分に浸ろう。

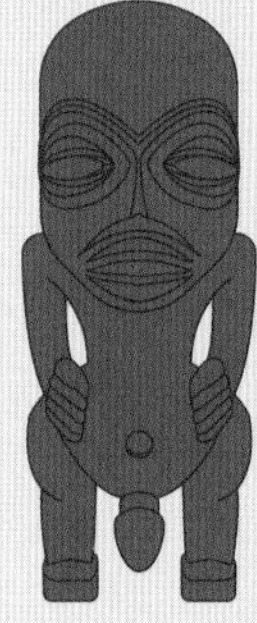

ティキとは？

ニュージーランドのマオリ族の神話に最初の人類として登場する。彼は最初の女性、マリコリコ（MARIKORIKO）を池で見つけたという。一部の地域では森と鳥の神である「タネ（Tāne）」によって創造されたとも伝えられている。

癒しを求めて

第二次世界大戦後、ティキ・カルチャーはアメリカで一大ブームを巻き起こした。戦いに疲れたアメリカ人たちは神秘的な力、南国の花々、海に沈む夕陽、涼風、甘美な果物を連想させる楽園のような場所に逃避した。

ティキ・カルチャー

1930年代のアメリカに、ポリネシアの島々での放浪から帰還した男たちによる最初のティキ・バーが出現した。通称ドン・ビーチ（Donn Beach）またはドン・ザ・ビーチコマー（Don the Beachcomber）がその先駆者とされており、1933年にハリウッドでティキをコンセプトにしたレストラン、サロンを開いた。翌年、カリフォルニア州のオークランドに、同じポリネシアンスタイルの「トレーダー・ヴィックス（Trader Vic's）」がオープンした。共通の特徴は、ラムベースのフルーティーなカクテル、リゾートのような雰囲気、竹や籐を使った南国風の装飾、木彫りのティキ像、椰子、ハワイアン・ミュージックであった。

バカンスの香り

ティキ・バーの店主たちはハワイ、タヒチ、フィリピン、その他の太平洋の島々の文化を融合させたスタイルを編み出した。内装には竹や籐、藁などの天然素材、植物をモチーフとした木彫りの彫刻などがふんだんに使われた。中国料理や日本料理がメニューに導入されたのもこの時代である。1950年代、ティキ・バーの数は増え続け、街角で異国情緒、バカンス気分を楽しめる場所として、特に中流階級の人々に愛された。

ティキ・マグ

パイナップル、ココナッツ、仮面などのモチーフを施したティキ・カクテル用マグのデザインは実にユニークだ。飲み口に添えられるミニパラソルも伝統のアイテムのひとつ。カラフルでキッチュな飾りではあるが、ティキ・カクテルにはごく自然となじむ。真夏のビーチで飲む時には、カクテルをフレッシュに保つ日除けにもなるだろう。

ティキ・カクテル

ティキ・スタイルのカクテルには様々なレシピがある。
次の2つは、ティキ・バーの枠を超えて世界中に普及し、「定番」の域に達したカクテルである。

マイタイ
MAI TAI

ジャマイカ産アンバー・ラム：25ml
アグリコール・アンバー・ラム：25ml
ホワイト・キュラソー：10ml
ライム・ジュース：25ml
アーモンド（オルゲート）・シロップ：15ml
ミントの葉：適量
スライス・ライム：1/2枚

シェーカーに材料と氷を入れてシェークする。クラッシュド・アイスをたっぷり入れたグラスに注ぐ。

ゾンビ
ZOMBI

ホワイト・ラム：30ml、アンバー・ラム 30ml
ダーク・ラム：30ml
アプリコット・ブランデー：15ml
オレンジジュース：20ml
パイナップルジュース：20ml
レモンジュース：10ml、グレナデンシロップ：10ml

シェーカーにすべての材料と氷を入れてよくシェークする。ストレーナーで濾さず、そのままグラスに注ぎ入れる。よりパンチが欲しければ、アルコール度数の高いラム（ハイプル―フ）を少々加えてもよいだろう。

世界的な流行

ティキ・カルチャーは世界を席巻した。実際、パリには素晴らしいティキ・バー、「ダーティー・ディック（Dirty Dick）」がある。ピガール地区にあるナイトクラブを改装した店で、ティキ・カルチャーに浸れる場である。特に12種類のラムでつくられるゾンビが有名だ！

偽物に注意！

流行りのティキ・バーを開いたつもりが、全くの別物になってしまっている浅慮なオーナーもいる。花柄の半袖シャツ、「マイアミ風」の椰子の木、もしくは「ラブ＆ピース」を謳うヒッピー音楽は、ティキ・カルチャーとはかけ離れている！

第４章
カクテルペアリング、カクテルパーティーを楽しむ

カクテルとフードの組み合わせを楽しむペアリング、趣向を凝らしたパーティーを開いて、友人たちを驚かせよう！ この章では、そのためのキーポイントを紹介する。

カクテルと食材の組み合わせ：基本原則

カクテルは食前（アペリティフ）あるいは食後（ディジェスティフ）に飲むものとして定着している。夕食の料理にカクテルを合わせるという冒険をする人はあまりいないだろう。しかしうまく組み合わせれば、素晴らしいマリアージュを経験することができる。チャレンジしてみる価値は大いにある。

ワインの制約

ワインの場合、食材との組み合わせの可能性はより限られる。1本のワインの味を魔法で変化させることはできない。開栓した後で、料理と合わないことに気づいたとしても、もう手遅れである。そのため、ワインに合わせて料理を選ぶのではなく、むしろ料理に合わせてワインを選ぶことになる。

カクテルのメリット

カクテルには2つの可能性がある。

- 好みのカクテルに合う料理を考える（シェフがバーテンダーに合わせる）
- 好みの料理に合うカクテルを考える（バーテンダーがシェフに合わせる）

さらに、料理に完璧に調和するように、カクテルのレシピを自由にアレンジすることもできる！

基本的な組み合わせ

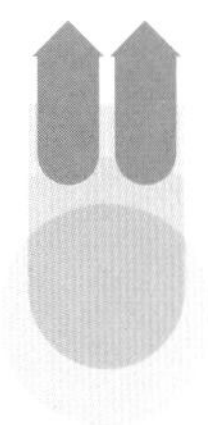

補完

食材がカクテルの味を引き立てる。またはカクテルが食材の味を引き立てる。

対照

濃厚な味の食材にやさしい味のカクテルを合わせる。あるいはその逆。

同調

食材と共通する風味を持つカクテルを合わせる。

押さえるべきポイント

1. 相性を考える

まず、それぞれの風味が調和するかを考える。例えば、オリーブオイルが使われている料理であれば、カクテルにレモンを入れるという考えが浮かぶだろう。

2. 誇張ではなく中和を心がける

対照的な風味を合わせる場合は、極端になりすぎないように気を付ける。例えば、スパイシーな料理にはフレッシュな香りの爽やかなカクテルを合わせる。バーベキューにバーボンベースのカクテルを合わせると、スモーキーな香味が見事に調和する。

3. ハーブをうまく使う

ミント・ジュレップやモヒートに爽快感をもたらすミントなど、ハーブは料理とカクテルを結びつける優秀な素材である。料理と共通する香味をカクテルに取り入れることで、より深みを出すことができる。例えば、ジンにローズマリー、テキーラにセージなど。ただし、ハーブをふんだんに使えばいいというわけではない。多くの場合、そのニュアンスをかすかに感じる程度で十分である。

4. 濃い味の酒、食材に注意する

ウイスキーやチョコレート、紅茶はそれだけでも味の主張が強い素材である。カクテルの味に料理が負けるような組み合わせは避けるべき。

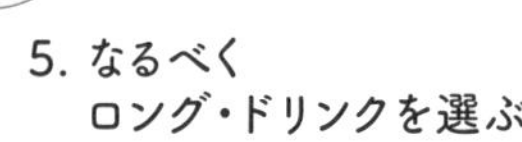

5. なるべくロング・ドリンクを選ぶ

カクテルは主役の座を奪ってはならない。アルコールの量が多すぎると料理が食べられなくなるリスクがある。ワインのアルコール度数に近いカクテルを選んだほうがよい。

6. 食感にも気を付ける

カクテルは風味だけでなく、食感も楽しむものである。果物のピューレを使ったカクテルはどろっとした食感、あるいはざらざらした食感のものが多いので、料理に合わせると不快に感じてしまうかもしれない。

G カクテルペアリングの店

パリにある「デルス（Dersou）」はレストランとカクテルバーの中間のような店である。シェフの関根拓、ミクソロジストのアモリ・ギュイヨがタッグを組み、食材、季節、インスピレーションに応じて自在に変化する料理＋カクテルのお任せコースを提案している。5皿＋5カクテル、6皿＋6カクテル、7皿＋7カクテルの3コースがあり、料理1品ごとに違うカクテルをペアリングするという新スタイルを築いた店である。

カクテルと食材の組み合わせ

カクテルの世界にもう1歩踏み込む準備はできた？　ここで、家庭で試すことのできるカクテルと食材の組み合わせの例を紹介しよう。ただし、大勢に振る舞う前に、まずは1人（または少人数）で経験を積むことをおすすめする。

フルコースをカクテルとともに楽しむ？

フルコースの各皿にカクテルを合わせることはもちろん可能だ。ただし、大きなグラスで酒量が多いカクテルを出し続けていると、客人の半数がデザートまでたどり着けず酔いつぶれてしまうリスクがあるので注意しよう。

また、ディナーのときは複数のスピリッツを混ぜないほうがよい。ベースとなるスピリッツをひとつ選んで、同じベースでスタイルの異なるカクテルを提案するとスマートだ。

ジンベースのカクテルに合わせる料理（例）

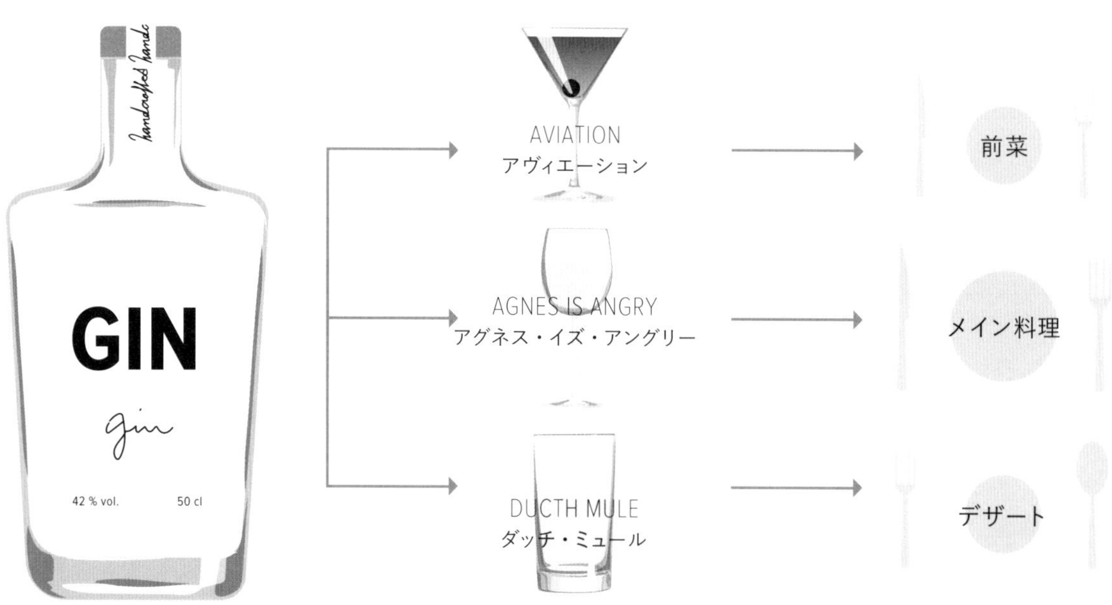

アヴィエーション AVIATION

ジン：50ml
レモン・ジュース：20ml
マラスキーノ：15ml
クレーム・ド・ヴィオレット：5ml
レモンピール：1片
マラスキーノ・チェリー：1粒

アグネス・イズ・アングリー AGNES IS ANGRY

ジン：20ml
アマレット：10ml
オレンジ・ジュース：20ml
シャンパーニュ
またはプロセッコ：100ml

ダッチ・ミュール DUTCH MULE

ジン：30ml
ジンジャービア：120ml

肉類

骨付き
サーロインステーキ

パロマ／PALOMA

ジン：40ml、シンプル・シロップ：15ml、レモン・ジュース：15ml
塩：ひとつまみ　グレープフルーツ・ソーダ：適量

骨付き
ポークステーキ

オールド・キュバン／OLD CUBAN

ミントの葉：7枚、キューバ産ラム：40ml
100％サトウキビ天然糖液：30ml、ライム・ジュース：20ml
アンゴスチュラ・ビターズ：2dash　シャンパーニュ：適量

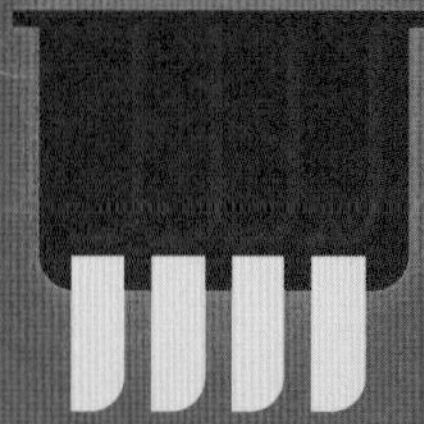

フォアグラ

ネグローニ／NEGRONI

スイート・ベルモット：30ml、ジン：30ml
カンパリ：30ml

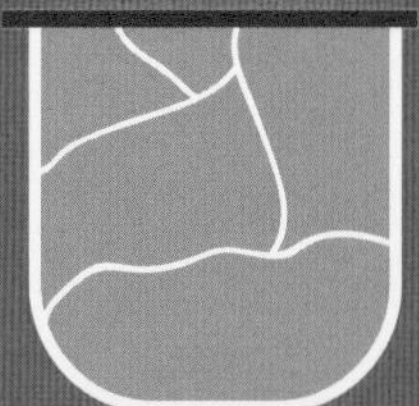

ローストチキン

ハンキー・パンキー／HANKY PANKY

ロンドン・ドライジン：40ml、スイート・ベルモット：40ml
フェルネット・ブランカ：2dash

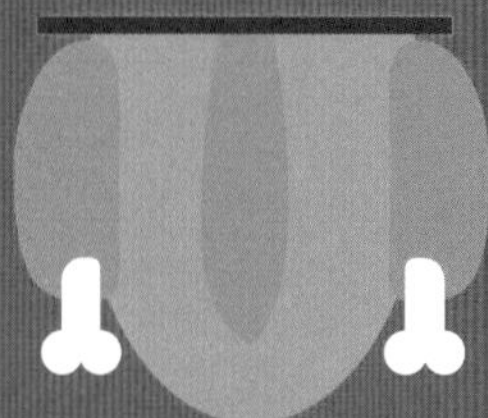

魚貝類

鯛のセビーチェ

ディマニタ／DIMANITA

ライム・ジュース：40ml、クレマンティーヌ・ジュース：5ml
アマーロ：20ml、テキーラ：40ml

牡蠣

マンハッタン／MANHATTAN

ウイスキー：60ml、スイート・ベルモット：20ml
アンゴスチュラ・ビターズ：1dash、マラスキーノ・チェリー：1粒

スズキのトスカーナ風

マドルド・バジル・マティーニ／MUDDLED BASIL MARTINI

ジン：60ml　シンプル・シロップ：30ml
フレッシュ・ライム・ジュース：1個分　バジルの葉：4枚　ミントの葉：1枚

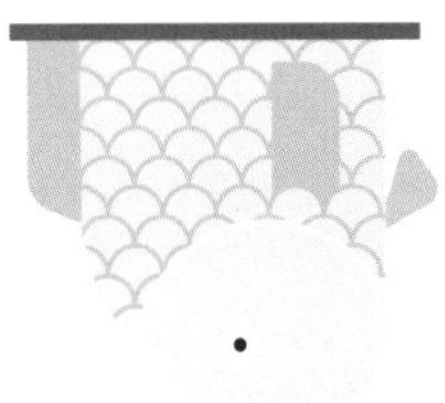

チョウザメ

リトル・ペルー／LITTLE PERU

ピスコ：40ml、ピーチ・リキュール：20ml、レモン・ジュース：20ml
ハニー・シロップ：15ml、オレンジ・ビターズ：2dash

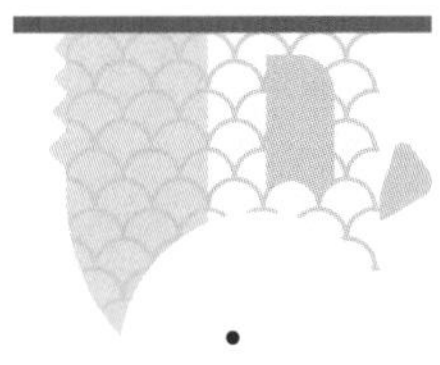

ファスト・フード

ハンバーガー

ビーフ・パーティー／BEEF PARTY

カンパリ：30ml、ベルモット：30ml
ピンクペッパー・シロップ：30ml、ライム・ジュース：20ml
ソーダ：適量、レモンピール：1片

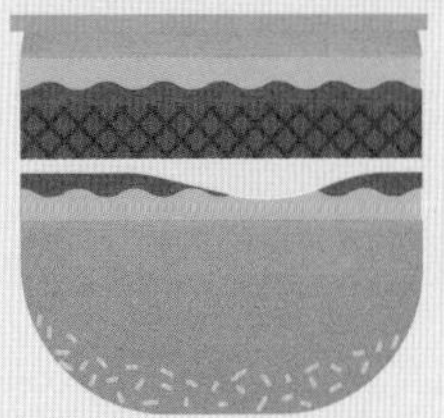

ベーコン・チーズバーガー

バコノロイア／BACONOLOIA

テキーラ：60ml、レモン・ジュース：10ml、セロリ・ビターズ：2dash
ソーダ：適量、スライス・レモン：1枚、ミント：1本
スライス・キュウリ：1枚

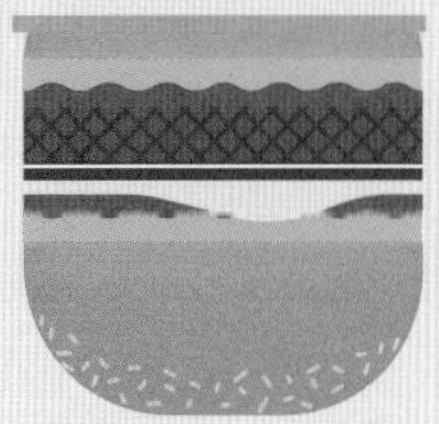

チキンバーガー

チキン・ラン／CHICKEN RUN

ソーダ：100ml、アマーロ：60ml
ジャマイカ産アンバー・ラム：30ml
ライム・ジュース：10ml、カット・ライム：1/4

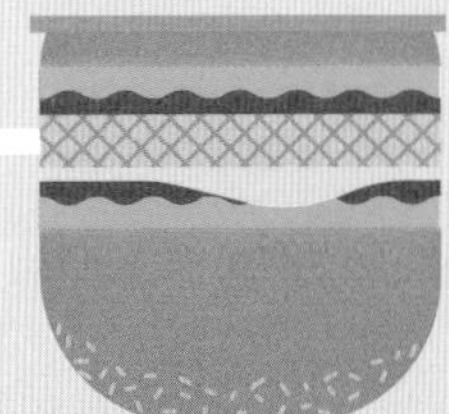

ブリート

ヘイ・ロドリゲス／HEY RODRIGUEZ

メスカル：40ml、フレッシュ・ライム・ジュース：30ml
唐辛子のリキュール：15ml、タマリンド・シロップ：15ml
ジンジャー・シロップ：15ml、ライムピール：1片

スピリッツと食材の相性

カクテルと見事に調和する食材は各種ある。ベースのスピリッツによく合う食材の例を挙げる。

ジン(GIN)

海老、貝類／甲殻類をベースとした料理

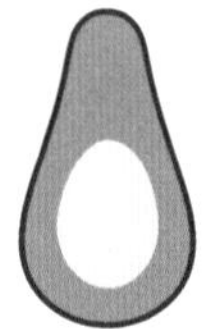

テキーラ(TEQUILA)

ワッカモーレ、ケソ・フォンディード
(メキシコ風チーズフォンデュ)

※熟成させた褐色のテキーラ・アネホは、メキシコの伝統的なチョコレートソース、「モーレ」と相性が良い。マルガリータはセビーチェやタコスにとても良く合う。

ラム(RHUM)

ローストポーク

ウイスキー(WHISKY)

ビーフグリル

ウォッカ(VODKA)

キャビア、スモークドフィッシュ、ニシン
ホースラディッシュや黒胡椒をインフューズしたウォッカを食事に合わせても〇。

バーボン・ウイスキー(BOURBON)

肉のグリル、チョコレート

レストランリスト

パリでカクテルと料理のペアリングを楽しめる店

デルス／Dersou(パイオニア)
21, rue Saint-Nicolas Paris 12e

**パドルー／Pasdeloup
(オリジナル)**
108, rue Amelot Paris 11e

ボノミー／Bonhomie(地中海風)
22, rue d'Enghien Paris 10e

**マベル／Mabel
(グリルド・チーズ)**
58, rue d'Aboukir Paris 2e

エロー／Hero(韓国料理)
289, rue Saint-Denis Paris 2e

**バトン・ルージュ／Baton rouge
(ニューオーリンズ風)**
62, rue Notre-Dame-de-Lorette Paris 9e

NGな組み合わせ

サラダとカクテル

サラダはどちらかというとカクテルには合わない。サラダは鴨の燻製やチーズなどをトッピングしても油分が少なくあっさりしているからだ。互いの味を引き立てる効果が得られない。

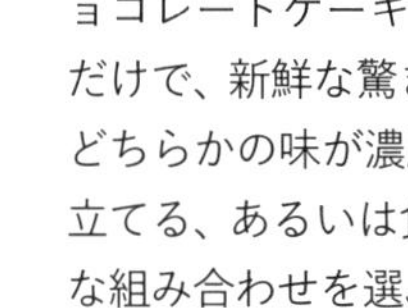

チョコレートとチョコレート風味のカクテル

チョコレート風味のカクテルにチョコレート(またはチョコレートケーキ)を合わせると、同じ味がただ重なるだけで、新鮮な驚きも深みもない味わいになってしまう。どちらかの味が濃厚な場合、カクテルが食材の味を引き立てる、あるいは食材がカクテルの味を引き立てるような組み合わせを選ぶようにする。

ルカ・チナッリ
(LUCA CINALLI)

強いイタリア語訛りで語りかけられるまで、彼がイタリア人とは気づかないだろう。慎ましく実直なルカ・チナッリは、ホテル・レストラン業でキャリアを積んだ人物である。その後、カクテルの世界に入り、創造力の限界を常に更新し続け、私たちを深遠な美食の世界へと導いてくれる。とことんまで追求する精神の持ち主で、そのストイックさは徹底している。彼の店の扉は、すべてが完璧でなければ開くことはない。客がゆったりと座ることのできない状態ではカクテルを出さない。彼が創作したカクテルの中には、完成までに2年もの月日を要したものもある。店員は例外なくカクテルリストを暗記しなければならない。ロンドンの「ナイトジャー(Nightjar)」を数年連続でワールド・ベスト・バーTOP3にランクインさせた実力を持つ同氏は、現在同じロンドンにある「オリオール・バー (Oriole Bar)」で腕を振るっている。

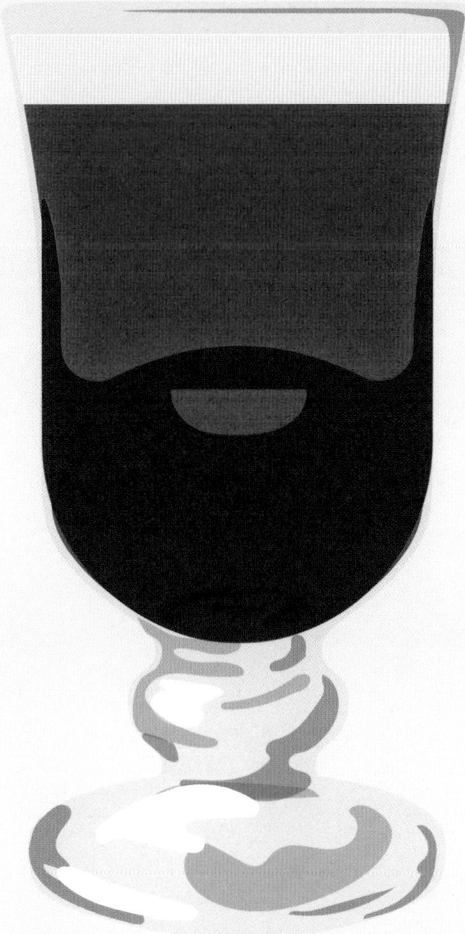

代表作
ランバノグ・ミュール
(LAMBANOG MULE)

カクテルパーティーを開く

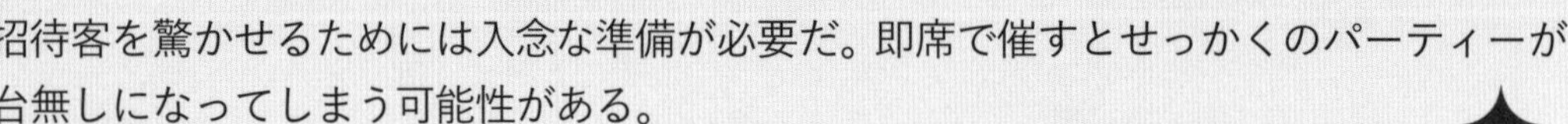

招待客を驚かせるためには入念な準備が必要だ。即席で催すとせっかくのパーティーが台無しになってしまう可能性がある。

人数を確認する

少人数の夜会か結婚式のパーティーかで、用意すべき材料の量は違ってくる。招待客の人数を確認し、可能であれば各人の飲み方も頭に入れておく。例えば、「ポールは大酒飲み」、「オデット婆さんは1杯しか飲まない」、というように。それから、必要量を見積もる。きっちり計算したい場合は、ボトル1本からサーブできるグラスの杯数を正確に計る。ざっくりでよければ、以下の情報が参考になるだろう。

ワインボトル1本（750ml）＝5〜6杯
シャンパーニュボトル＝6〜8杯
スピリッツボトル＝カクテル15杯（他の材料も含む）
招待客1人あたりの量：平均3〜4杯

氷を十分に用意する

氷がなくては戦は、いやカクテルはできぬ。グラスを冷やす、カクテルをシェーク／ステアする、グラスに入れるなどのために大量の氷が必要となる。クーラーボックスで数時間冷やしておくことのできる、数kg単位の袋入り氷を購入することをおすすめする。

カクテルの種類は変化をつけても少なめに

世界のベストバーのような雰囲気のカクテルパーティーにしたいと誰しも思うことだろう。しかしながら、予算と段取りを考えて、長々と続くカクテルメニューよりも、種類を抑えつつもバランスの取れたメニューを提案するほうがよい。さもないと、オーダーに対応しきれず、混乱をきたすだろう。スタンダードなカクテルを2、3種用意して、それぞれの材料を少し変えて別のバリエーションを提案するのがベストだ。また、メリハリのある組み合わせを試してみてもよいだろう。例えば、ショート・ドリンクとロング・ドリンク、ビターなカクテルとスイートなカクテル、ニュートラルなスピリッツ（ジン、ウォッカなど）と珍しいスピリッツ（メスカルなど）のように。パーティーの時間帯、雰囲気、天候に合わせてカクテルメニューを考えることも忘れてはならない。17時のレセプションでアルコールの強すぎるカクテル、あるいは日陰の温度が35℃もある暑い日に甘すぎるカクテルを出すのは避けるべきだ。

グラスを十分に用意する

招待客がグラスを割る、どこかに置き忘れる（もしくは飲んだ事実を隠す）などの事態が発生するため、グラスの管理はなかなかに難しい。バーテンダーはカクテルつくりに集中しなければならない。グラスが足りないから洗うという作業に追われていたら、数十名のオーダーに対応できず、長蛇の列ができることになるだろう。カクテルの種類（ショート・ドリンクまたはロング・ドリンク）に応じて、十分な数のグラスを用意すべきであるが、グラスのタイプは2種類に抑えたほうがよい。可能であれば、バー専用のグラス洗浄機をレンタルすることをおすすめする。パーティーの救世主になるだけでなく、後片付けにも大いに役立つ。パーティーが終わって、数十個もの汚れたグラスを洗うことほど骨の折れることはない。

バーテンダーを増員する

カクテルのレシピ、客数、カクテルをつくる人の技量などを考慮して、援軍を確保しておくべきである。1杯のカクテルを得るために長々と待たされることほど嫌なことはない。間違いなく、場の雰囲気が悪くなるだろう。

前もって下準備をしておく

カクテルをつくりながら、果汁を搾ることができると思わないように。パーティー当日の朝から、できることはすべて準備する。ソフトドリンクを冷蔵庫に入れる、部屋の飾り付けをすることも忘れずに。

エプロンを買う

カクテルをシェーク、ステア、ブレンドするのは慌ただしい作業である。果汁が飛び散る、シェーカーのトップが急に外れるなど、トラブルも起こりやすい。そのため、便利なだけでなく今流行りとなっているエプロンを準備しておくとよい。

理想的なプレイリスト

カクテルパーティーを開くとなれば、音楽をかけたくなる。カクテルバーでも店のコンセプトに合わせたバックミュージックを流している。ただし、場の雰囲気を壊さないように選曲には気を付けよう。

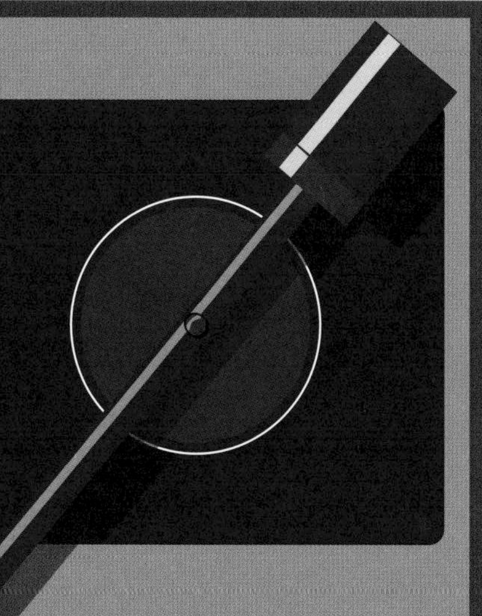

音は味覚にも影響する

買ったばかりの新しいアルバムをかけたい気分になるかもしれないが、パーティーの主役がカクテルであることを忘れないように。高周波の音を聞くと、材料の味がよりまろやかに感じられるが、低周波の音は苦味を際立たせる。

チョコレートで実験

チョコレートを持って、オーディオセットの近くに座ってみる。低音を流すと、チョコレートの苦味をより強く感じ取り、音を高くすると、口の中に温かく甘い感覚が広がる。

テーマ別プレイリストの例

ニューヨーク・シティ

#1 New York Girls / *Morningwood*
#2 Bobby Darin / *Sunday in New York*
#3 Rod Stewart & Bette Midler / *Manhattan*
#4 Norah Jones & The Peter Malick Group / *New York City*
#5 Frank Sinatra / *New York, New York*
#6 Sting / *Englishman in New York*
#7 Alicia Keys & Jay-Z / *Empire State of Mind*
#8 Grandmaster Flash / *The Message*
#9 St. Vincent / *New York*
#10 Lenny Kravitz / *New York City*

ニューオーリンズ・スタイル

#1 Clarence Frogman Henry / *Ain't Got No Home*
#2 Little Walter / *My Babe*
#3 Clarence Garlow / *New Bon-Ton Roulay*
#4 Bobby Charles / *Take It Easy Greasy*
#5 Louisiana Red / *Alabama Train*
#6 Muddy Waters / *Louisiana Blues*
#7 Slim Harpo / *I'm a King Bee*
#8 Big Bill Broonzy / *Southern Flood Blues*
#9 Big Joe Reynolds / *Third Street Woman Blues*
#10 Little Walter / *Come Back Baby*
#11 Bobby Charles / *See You Later Alligator*
#12 Slim Harpo / *I've Got Love If You Want It*
#13 Lightnin' Slim / *It's Mighty Crazy*
#14 Warren Storm / *Mama Mama Mama*
#15 Lightnin' Slim / *My Starter Won't Work*
#16 Lazy Lester / *I'm a Lover Not a Fighter*

キューバへの旅

#1 Leyanis Lopez / *Deja volar*
#2 Osdalgia / *La fulana llego*
#3 Issac Delgado / *La titimania*
#4 Orquesta Anacaona / *Lo que tu esperabas*
#5 Willy Chirino / *Rumbera*
#6 Celia Cruz / *Oye como va*
#7 Juan Kemell y La Barriada / *El ultimo son del mundo*
#8 Arnaldo y Su Talisman / *Tierra de la soledad*

映画、ドラマに登場するカクテル

映画やドラマの登場人物のお気に入りとして登場したからこそ、有名になったカクテルも少なくない！

Old fashioned
オールド・ファッションド

Don Draper
ドン・ドレイパー

Mad Men
マッド・メン

White russian
ホワイト・ルシアン

The Dude
デュード

The Big Lebowski
ビック・リボウスキ

Piña colada
ピニャ・コラーダ

Tony Montana
トニー・モンタナ

Scarface
スカーフェイス

French 75
フレンチ75

Yvonne
イヴォンヌ

Casablanca
カサブランカ

Margarita
マルガリータ

Charlie Harper
チャーリー・ハーパー

Two and a Half Man
ハーパー☆ボーイズ

Mojito
モヒート

Sonny Crockett
ソニー・クロケット

Miami Vice
特捜刑事マイアミ・バイス

Abracadabrice
アブラカダブライス

Brice
ブライス

Brice de Nice
ブライス・ド・ニース

Side-car
サイド・カー

Arthur Ruskin
アーサー・ラスキン

The Bonfire of the Vanities
虚栄のかがり火

Banana daiquiri
バナナ・ダイキリ

Fredo Corleone
フレド・コルレオーネ

Le Parrain II
ゴッドファーザー PART II

Bloody mary
ブラッディ・メアリー

Irwin Fletcher
アーウィン・フレッチャー

Fletch
フレッチ／殺人方程式

Gin rickey
ジン・リッキー

Jay Gatsby
ジェイ・ギャツビー

The Great Gatsby
華麗なるギャツビー

Singapore sling
シンガポール・スリング

Raoul Duke
ラウル・デューク

Fear and Loathing in Las Vegas
ラスベガスをやっつけろ

Long island iced tea
ロング・アイランド・アイスティー

Cecile Caldwel
セシル・コールドウェル

Cruel Intentions
クルーエル・インテンションズ

Gibson
ギブソン

Roger O. Thornhill
ロジャー・ソーンヒル

North by Northwest
北北西に進路を取れ

Margarita
マルガリータ

Susan Delfino
スーザン・デルフィーノ

Desperate Housewives
デスパレートな妻たち

Manhattan
マンハッタン

Sugar Kane
シュガー・ケーン

Some Like It Hot
お熱いのがお好き

ジェームズ・ボンドはウォッカ・マティーニの特別な頼み方で有名になったが、
彼が好んだカクテルの数はボンド・ガールの数には
及ばなかった！

Bloody Mary
ブラッディ・メアリー

Never Say Never Again
ネバーセイ・ネバーアゲイン

Vesper martini
ヴェスパー・マティーニ

Casino Royal
カジノ・ロワイヤル

Mint julep
ミント・ジュレップ

Goldfinger
ゴールドフィンガー

Rhum collins
ラム・コリンズ

Thunderball
サンダーボール作戦

Mojito
モヒート

Die Another Day
ダイ・アナザー・デイ

Glühwein
グリューワイン

For Your Eyes Only
ユア・アイズ・オンリー

カクテルペアリング、カクテルパーティーを楽しむ

シチュエーションに合わせて カクテルを選ぶ

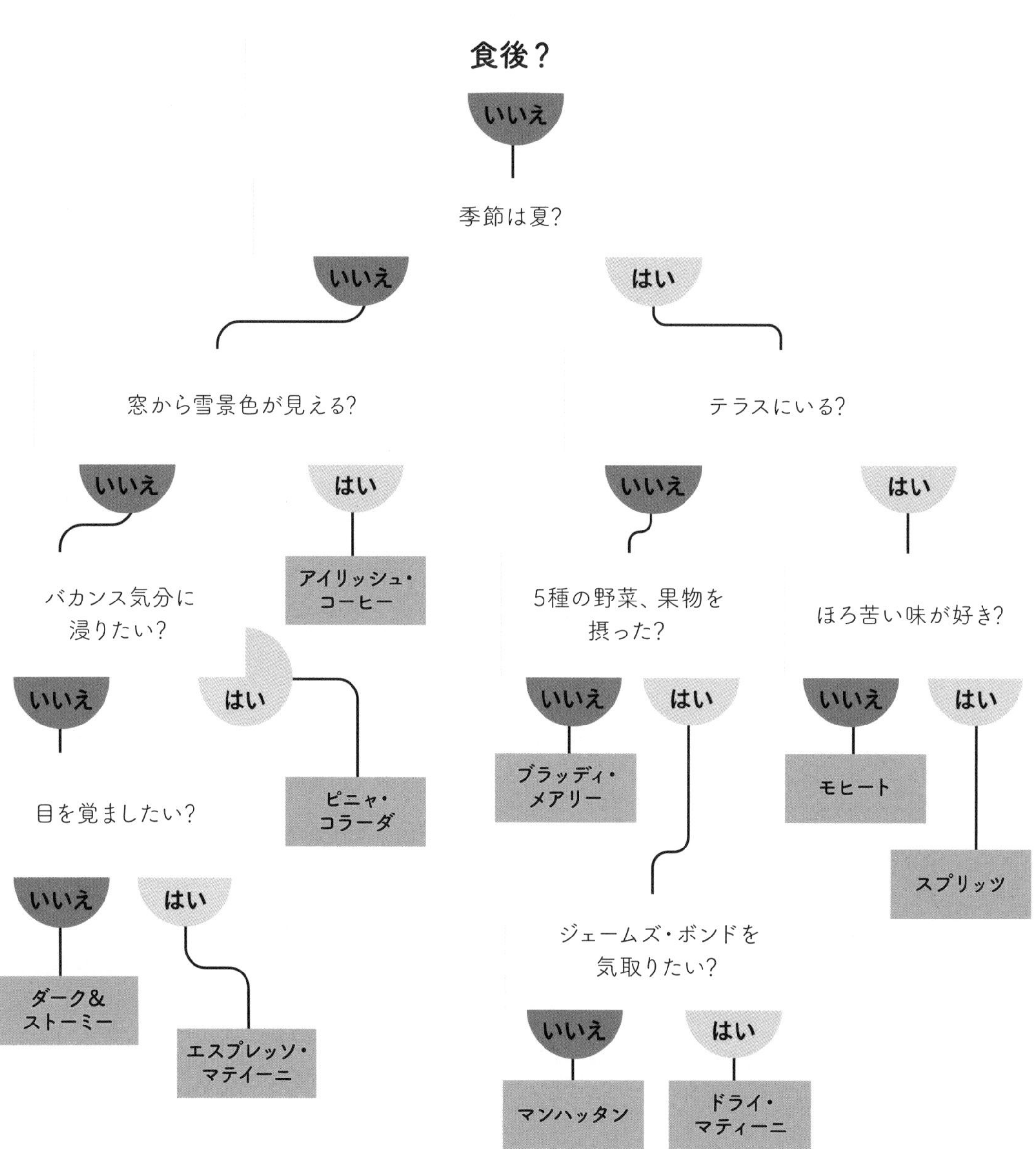

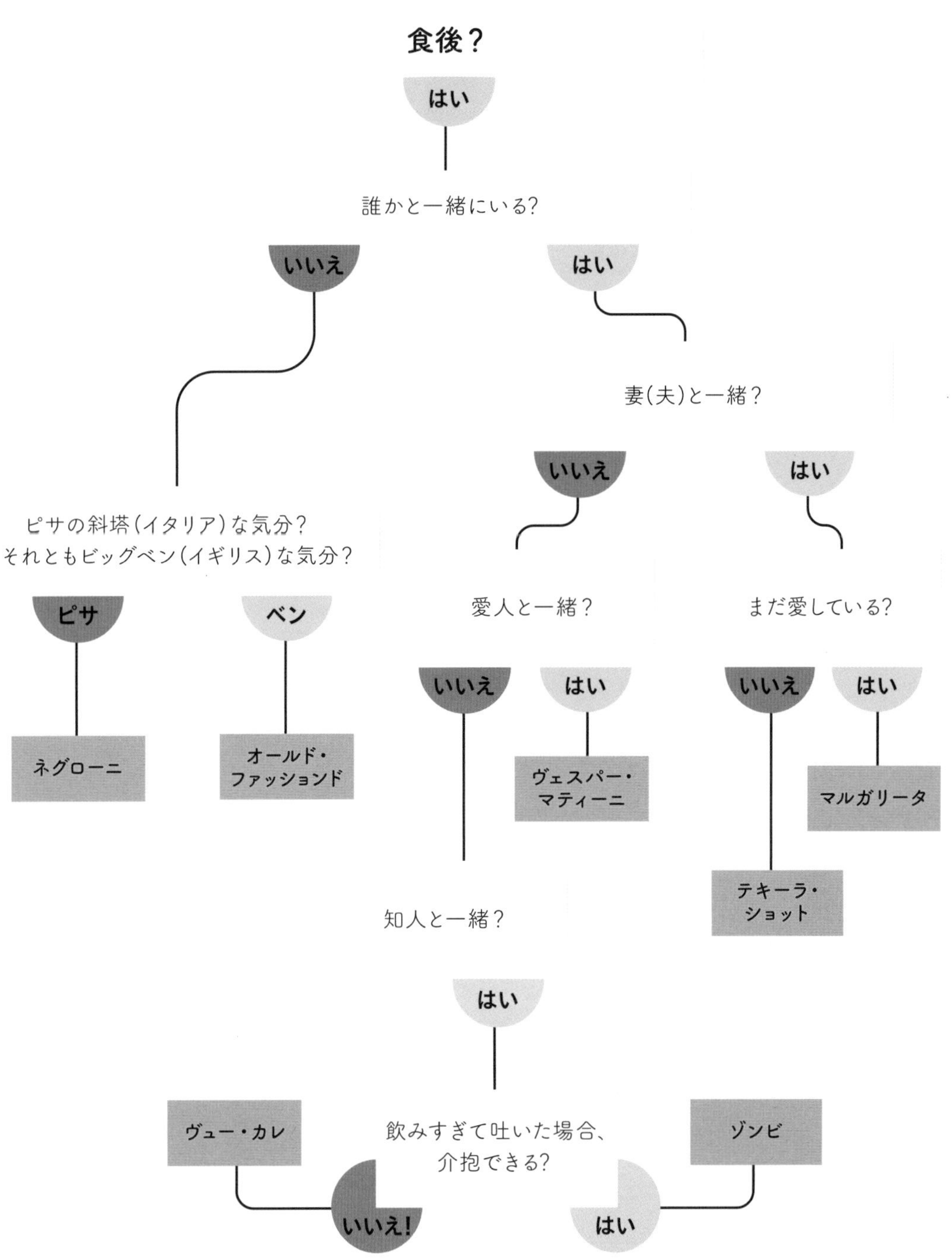
食後？
はい
誰かと一緒にいる？
いいえ
はい
妻(夫)と一緒？
ピサの斜塔(イタリア)な気分？
それともビッグベン(イギリス)な気分？
いいえ
はい
ピサ
ベン
愛人と一緒？
まだ愛している？
いいえ
はい
いいえ
はい
ネグローニ
オールド・
ファッションド
ヴェスパー・
マティーニ
マルガリータ
テキーラ・
ショット
知人と一緒？
はい
ヴュー・カレ
飲みすぎて吐いた場合、
介抱できる？
ゾンビ
いいえ！
はい

カクテルを楽しむ場所

その日の気分、状況、天候、共に過ごす人などによって、カクテルをより美味しく味わえる場も変わる。

レストランのバーカウンター

スタイル：**ガストロノミー**

おすすめのカクテル：**ネグローニ**

価格：**¥¥¥**

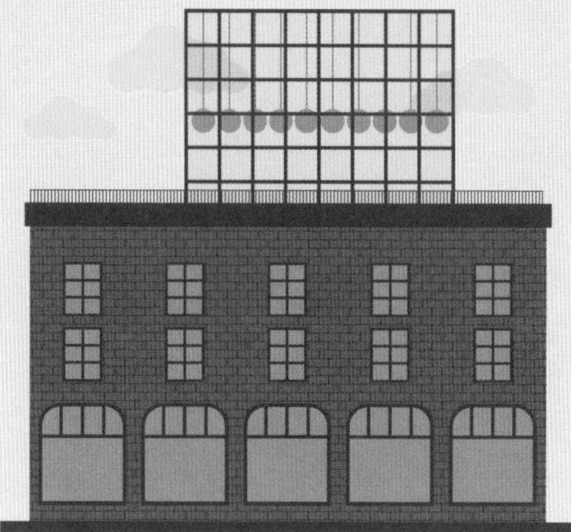

ルーフトップ

スタイル：**アーバン**

おすすめのカクテル：**マンハッタン**

価格：**¥¥**

街角のパブ

スタイル：**カジュアル**

おすすめのカクテル：**キール、モレスク**

価格：**¥**

カクテルバー

スタイル：**カジュアル・シック**

おすすめのカクテル：**バーテンダー・オリジナル**

価格：**¥¥**

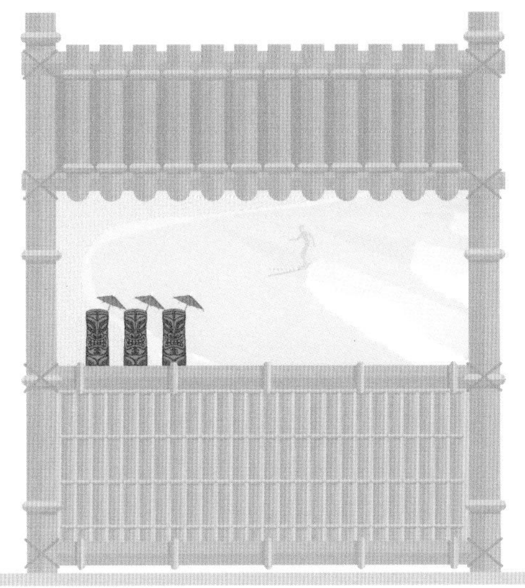

ビーチ

スタイル：**サマー・バケーション**

おすすめのカクテル：**マイタイ**

価格：**¥¥**

パラスホテル

スタイル：**ラグジュアリー**

おすすめのカクテル：**キャビア・マティーニ**

価格：**¥¥¥¥**

飛行機

スタイル：**スカイラウンジ**

おすすめのカクテル：**ブラッディ・メアリー**

価格：**ローコスト？ ビジネスクラス？**

豪華客船

スタイル：**クルージング**

おすすめのカクテル：**ロング・アイランド・アイスティー**

価格：**船長次第！**

第５章
カクテルレシピ

カクテルの世界に詳しくなったら、あとは実践あるのみ！　シンプル、クラシックあるいはオリジナルなスタイル、レジェンドとなったカクテル、ノンアルコールタイプなど、バリエーションに富んだカクテルをつくってみよう。

カクテルレシピ

スピリッツとカクテルの組み合わせ

代表的なスピリッツでつくることができる定番カクテルをリストアップ。

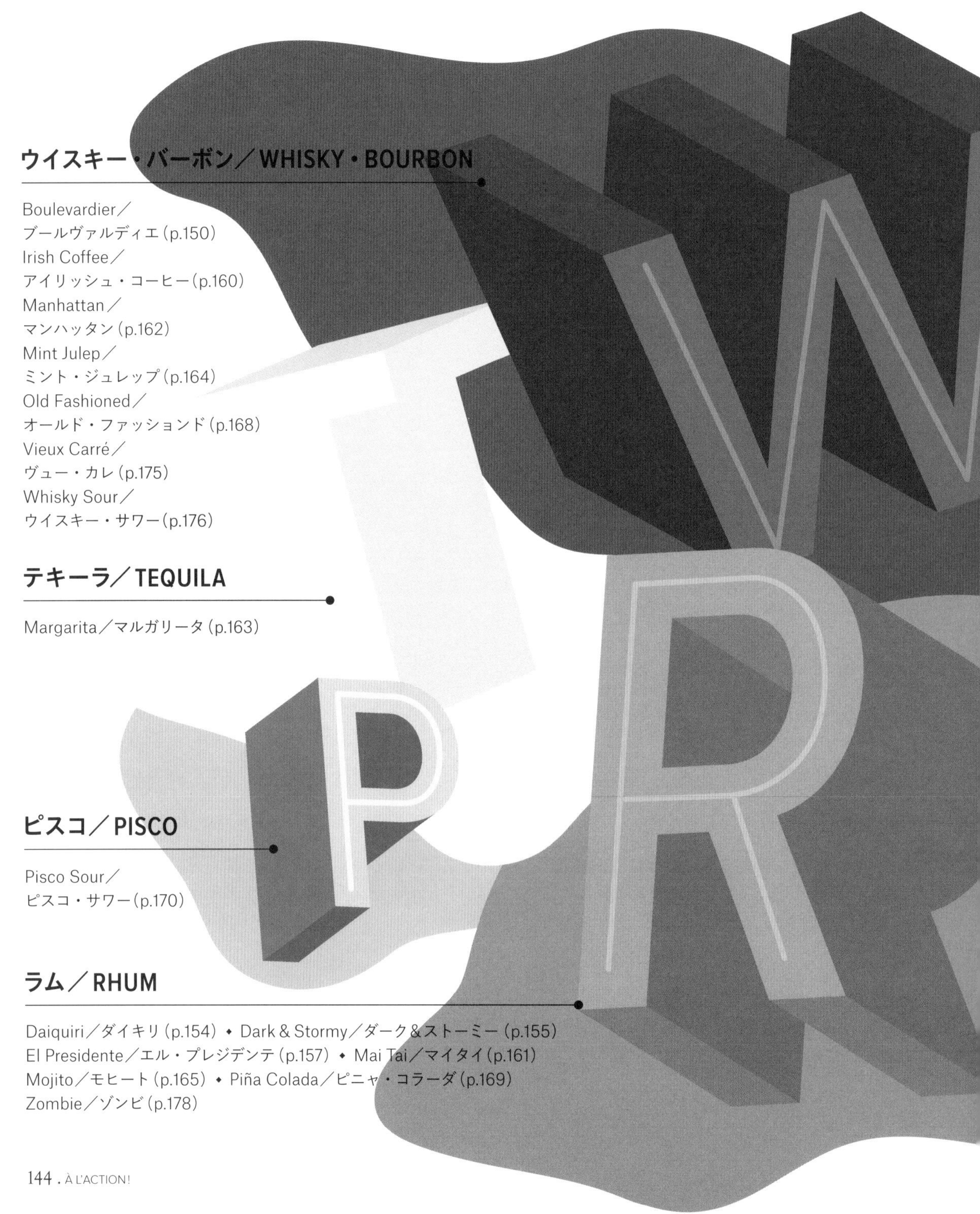

ウイスキー・バーボン／WHISKY・BOURBON

Boulevardier／
ブールヴァルディエ（p.150）
Irish Coffee／
アイリッシュ・コーヒー（p.160）
Manhattan／
マンハッタン（p.162）
Mint Julep／
ミント・ジュレップ（p.164）
Old Fashioned／
オールド・ファッションド（p.168）
Vieux Carré／
ヴュー・カレ（p.175）
Whisky Sour／
ウイスキー・サワー（p.176）

テキーラ／TEQUILA

Margarita／マルガリータ（p.163）

ピスコ／PISCO

Pisco Sour／
ピスコ・サワー（p.170）

ラム／RHUM

Daiquiri／ダイキリ（p.154） ◆ Dark & Stormy／ダーク＆ストーミー（p.155）
El Presidente／エル・プレジデンテ（p.157） ◆ Mai Tai／マイタイ（p.161）
Mojito／モヒート（p.165） ◆ Piña Colada／ピニャ・コラーダ（p.169）
Zombie／ゾンビ（p.178）

ジン／GIN

Dry Martini／ドライ・マティーニ(p.156) ◆ Gin Fizz／ジン・フィズ(p.159)
Negroni／ネグローニ(p.167) ◆ Tom Collins／トム・コリンズ(p.173)
Vesper／ヴェスパー(p.174) ◆ White Lady／ホワイト・レディ(p.177)

カシャーサ(ピンガ)／CACHAÇA

Caïpirinha／カイピリーニャ(p.151)

コニャック／COGNAC

B & B／ビー・アンド・ビー(p.147)
Sazerac／サゼラック(p.171)
Side-Car／サイド・カー(p.172)
Vieux Carré／ヴュー・カレ(p.175)

ウォッカ／VODKA

Black Russian／ブラック・ルシアン(p.148) ◆ Bloody Mary／ブラッディ・メアリー(p.149)
Caïpirovska／カイピロスカ(p.152) ◆ Cosmopolitan／コスモポリタン(p.153)
Espresso Martini／エスプレッソ・マティーニ(p.158)
Moscow Mule／モスコー・ミュール(p.166) ◆ Vesper／ヴェスパー(p.174)

▶ 1861 ▶ ■■

AMERICANO／アメリカーノ

エピソード

主材料の原産地（カンパリはミラノ産、ベルモットはトリノ産）にちなんで、元々は「Milano-Trino／ミラノ-トリノ」という名で知られていたが、イタリアを訪れたアメリカ人に特に好まれ、その人気はアメリカの禁酒法時代もとどまるところを知らなかった。そのため、1917年に「アメリカーノ」と改名された。

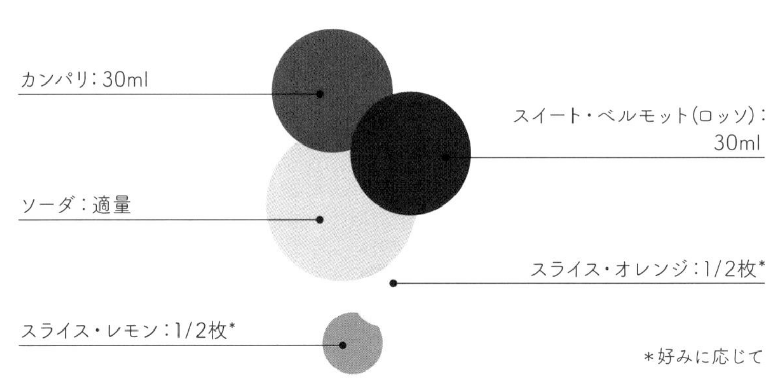

1. グラスに氷を入れる。
2. グラスにカンパリ、スイート・ベルモット、ソーダを注ぐ。
3. バースプーンで円を描くようにステアする。
4. 好みでスライス・レモン、スライス・オレンジを入れる。あるいはレモンピールを搾ってもよい。

テイスト

中口

ベストタイム

食前

▶ 1937 ▶

B & B ／ビー・アンド・ビー

エピソード

ニューヨークの高名なバー、「21クラブ（21Club）」で誕生した。その名称は材料であるBrandy（ブランデー）とBenedictine（ベネディクティン）の頭文字から付けられた。レシピも名称もシンプルなカクテルである。

グラス	技法	氷
コニャック・グラス	ステア	キューブ・アイス

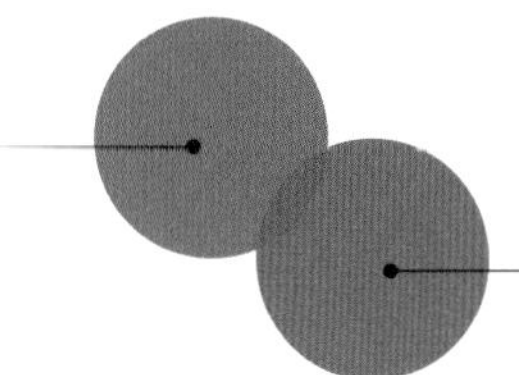

ブランデー：40ml

ベネディクティン：40ml

テイスト

中甘口

ベストタイム

食後

1. コニャック・グラスに氷を入れて冷やしておく。
2. ミキシング・グラスに氷を入れ、ブランデーとベネディクティンを注ぐ。
3. バースプーンで20秒ほどステアする。
4. 1の氷を捨て、水気をよく切る。
5. ミキシング・グラスにストレーナーをはめ、氷を押さえながら、カクテルをコニャック・グラスに注ぐ。

▶ 1949 ▶ ■■

BLACK RUSSIAN／ブラック・ルシアン

エピソード

ブリュッセルのバーテンダー、ギュスターヴ・トップス（Gustave Tops）が、在ルクセンブルク・アメリカ大使であったパール・メスタ（Perle Mesta）夫人に敬意を表して考案したカクテル。材料であるロシア産のウォッカ、黒色のコーヒー・リキュールにちなんで、「ブラック・ルシアン」と命名された。欧米諸国とソビエト連邦の冷戦の象徴でもあった。

グラス	技法	氷
オールド・ファッションド	ビルド	キューブ・アイス

ウォッカ：40ml

コーヒー・リキュール：20ml

テイスト

中甘口

ベストタイム

夕食後

1 グラスに氷を入れる。

2 グラスに材料を注ぐ。

3 バースプーンでステアする。

▶ 1939 ▶ ▶ アーネスト・ヘミングウェイのカクテル
(医者から禁酒を命じられたときに、パリのホテル・リッツでこのカクテルを飲んでいた)

BLOODY MARY／ブラッディ・メアリー

エピソード

パリの「ハリーズ・ニューヨーク・バー」で誕生したという説が有名だが、実際にはトマト・ジュースが商品化されたアメリカで考案されたと思われる。ブラッディ・メアリーに関する記述は1939年にアメリカで出版されたカクテルブックに初めて登場した。

グラス	技法	氷
タンブラー	ビルド	キューブ・アイス

ウォッカ：45ml
トマト・ジュース：適量
レモン・ジュース：10ml*
ウスターソース：2dash*
タバスコ：2dash*
セロリソルト：少々*
胡椒：少々*
スティック・セロリ：1本*
＊好みに応じて

1
グラスに氷を入れる。

2
ウォッカ、トマト・ジュースを注ぎ、好みでレモン・ジュース、香辛料、調味料などを加える。

3
バースプーンでステアする。

4
好みでスティック・セロリを飾る。

テイスト
濃厚

ベストタイム
オール・デイ
(いつでも)

▶ 1927 ▶ ■ ■ ▶ フレンチ・オリジナル

BOULEVARDIER／ブールヴァルディエ

エピソード

ハリー・マッケルホーン（Harry MacElhone）は禁酒法時代にアメリカから逃れてきたバーテンダーの1人であり、パリの「ハリーズ・ニューヨーク・バー」の初代オーナー・バーテンダーとして一躍有名となった人物である。一説によると、彼はパリの月刊誌、「ブールヴァルディエ（伊達男）」のライターであったエルスキン・グウィン（Erskine Gwynne）とアルチュール・モス（Arthur Moss）のために、このカクテルを考案したといわれている。元祖のレシピではすべての材料が同じ比率で調合されていたが、多くの人により好まれるように、徐々に改良されていった（バーボンの量が多くなり、カンパリとベルモットの量が少なくなった）。

グラス

オールド・ファッションド

技法

ビルド

氷

キューブ・アイス

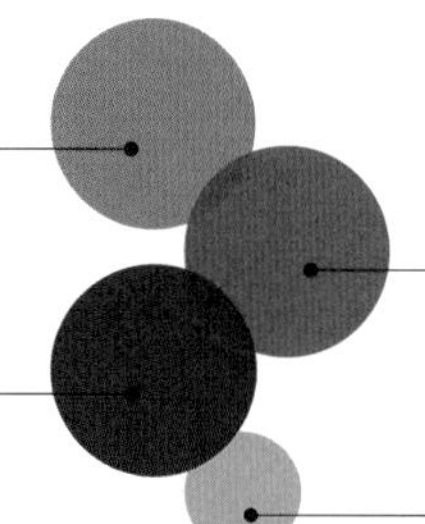

バーボン・ウイスキー：30ml

カンパリ：30ml

スイート・ベルモット（ロッソ）：30ml

スライス・オレンジ：1/2枚

テイスト

甘口

ベストタイム

夕食後

1. グラスに氷を入れる。
2. バーボン、スイート・ベルモット、カンパリを注ぐ。
3. バースプーンで15秒ほどステアする。
4. スライス・オレンジを飾る。

▶ 1918 ▶ ▶ ブラジルの国民的カクテル

CAÏPIRINHA／カイピリーニャ

エピソード

レシピの起源は20世紀初頭に遡る。当時流行していたスペイン熱の治療薬として考案された。「カイピラ」はスペイン語で洗練された都会とは無縁の「ブラジルの田舎に住む者」を意味する言葉である。美味しいカイピリーニャをつくるコツは、とにかく上質なカシャーサ（ピンガ）を使うことである。

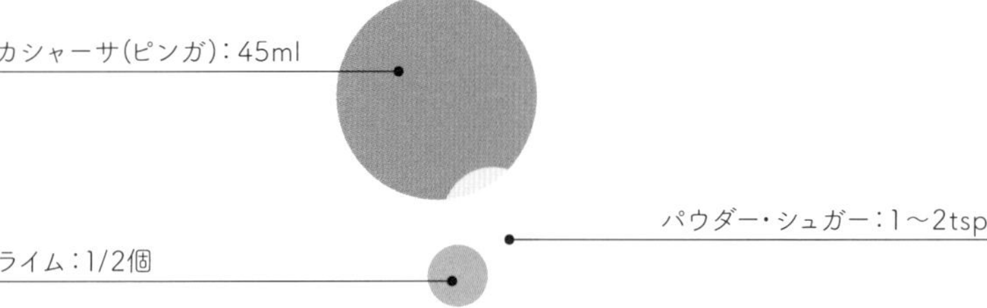

テイスト

爽やか

ベストタイム

オール・デイ
（いつでも）

1. グラスに細かくカットしたライム、パウダー・シュガーを入れてペストルで潰す。
2. クラッシュド・アイスをグラスに詰める。
3. 他の材料を注ぐ。
4. バースプーンで円を描くようにステアする。

▶ 1990 ▶ 

CAÏPIROVSKA／カイピロスカ

エピソード

ブラジリアンカクテルの定番だが、スウェーデンのウォッカメーカーがマーケティングのために創作したカクテル。北欧や南米の国々で大人気となった。

グラス	技法	氷
オールド・ファッションド	ビルド	クラッシュド・アイス

ウォッカ：50ml

シンプル・シロップ：25ml

ライム：1/2個

テイスト

爽やか

ベストタイム

食前

1. グラスに細かくカットしたライムを入れて、ペストルで潰す。
2. グラスにクラッシュド・アイスを詰める。
3. 他の材料を注ぐ。
4. バースプーンで円を描くようにステアする。

▶ 1990 ▶ ▶ 「セックス＆シティ」の主人公、キャリー・ブラッドショーのカクテル

COSMOPOLITAN／コスモポリタン

エピソード

マドンナなどのスターに愛されているカクテル。「コスモポリタン」という名のカクテルは1927年にすでに存在していたが、今のレシピとは全く異なる。もともとはスコッチ・ウイスキー、アイリッシュ・ウイスキー、スウェーデン・パンチ、ウォッカ、イタリアン・ベルモット、フレンチ・ベルモット、レモンピールを材料とした、その名の通り世界中の酒をブレンドしたようなカクテルだった。

グラス	技法	氷
マティーニ・グラス	シェーク	キューブ・アイス

- ウォッカ：40ml
- ホワイト・キュラソー（トリプル・セック）：15ml
- クランベリー・ジュース：30ml
- ライム・ジュース：15ml
- オレンジピール：1片*

＊好みに応じて

1. グラスに氷を入れて冷やしておく。
2. シェーカーにすべての材料（オレンジピール以外）と氷を入れる。
3. シェーカーの表面に霜が付くまでシェークする。
4. 1の氷を捨て、水気を切る。
5. ストレーナーで氷を押さえながら、カクテルをグラスに注ぐ。
6. 好みでオレンジピールを浮かべる。

テイスト

辛口

ベストタイム

オール・デイ（いつでも）

▶ 1896 ▶ ▶ アーネスト・ヘミングウェイが愛したカクテル

DAIQUIRI／ダイキリ

エピソード

キューバのダイキリ鉱山で働く坑夫たちが、ラムにライムを絞り、砂糖を入れて暑さしのぎに飲んだのが始まりといわれている。ヘミングウェイがこよなく愛したというフローズン・ダイキリはダイキリをクラッシュド・アイスと一緒にミキサーブレンダーにかけ、シャーベット状態にしてつくる。

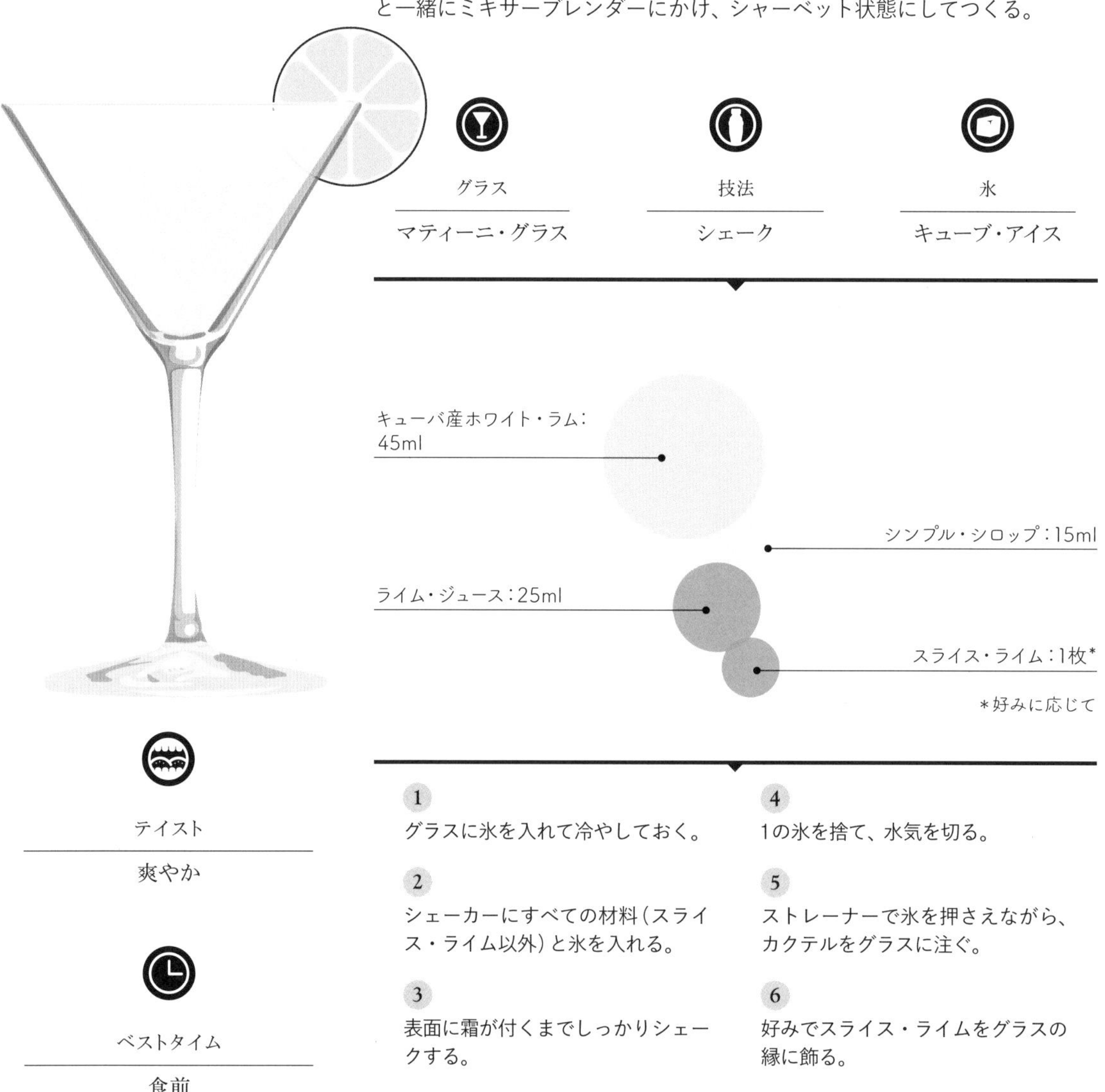

グラス	技法	氷
マティーニ・グラス	シェーク	キューブ・アイス

キューバ産ホワイト・ラム：45ml

シンプル・シロップ：15ml

ライム・ジュース：25ml

スライス・ライム：1枚*

*好みに応じて

テイスト
爽やか

ベストタイム
食前

1. グラスに氷を入れて冷やしておく。
2. シェーカーにすべての材料（スライス・ライム以外）と氷を入れる。
3. 表面に霜が付くまでしっかりシェークする。
4. 1の氷を捨て、水気を切る。
5. ストレーナーで氷を押さえながら、カクテルをグラスに注ぐ。
6. 好みでスライス・ライムをグラスの縁に飾る。

▶ 1991 ▶

DARK＆STORMY／ダーク＆ストーミー

エピソード

ラムメーカーによって商標登録されている珍しいカクテルの1つ。1991年、ゴスリング社がアメリカで「ダーク・アンド・ストーミー（Dark'n' Stormy）」という名称で登録した。

グラス	技法	氷
タンブラー	ビルド	キューブ・アイス

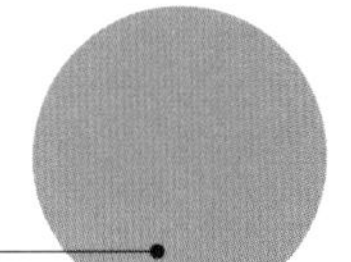

アンバー・ラム：50ml

ジンジャービア：100ml

カット・ライム：1/4個分

1. タンブラーに氷を入れる。
2. アンバー・ラム、ジンジャービアを注ぐ。
3. バースプーンでステアする。
4. カット・ライムをグラスの縁に飾る。

テイスト

爽やか

ベストタイム

オール・デイ
（いつでも）

▶ 1904 ▶ ▮▮

DRY MARTINI／ドライ・マティーニ

エピソード

パリのオペラ広場にある「ル・グランホテル（Le Grand Hôtel）」で働いていたイギリス人バーテンダー、フランク・P・ニューマン（Frank P. Newman）が、その著書である『アメリカン・バー』の中で初めてレシピを紹介した。しかし、そのつくり方に関しては皆が納得するようなレシピはなく、様々な流派がある。あるアメリカ人パイロットが「もしどこか人気のない場所で墜落したらマティーニをつくるんだ。つくり始めるとどこかから誰かが出てきて、〈そのミックスの仕方はなっていない〉と意見するだろう」と口癖でいっていたという逸話が残っている。

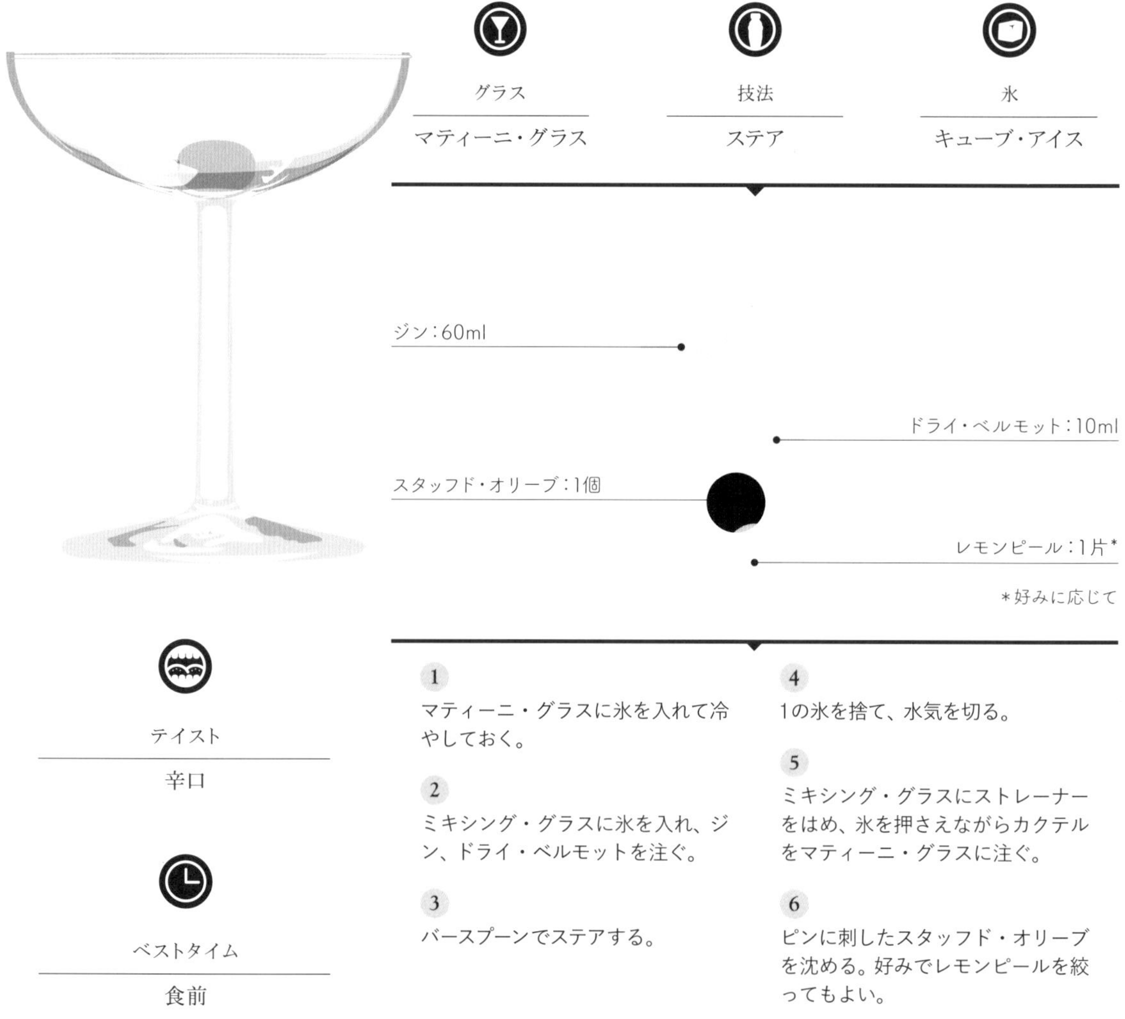

1. マティーニ・グラスに氷を入れて冷やしておく。
2. ミキシング・グラスに氷を入れ、ジン、ドライ・ベルモットを注ぐ。
3. バースプーンでステアする。
4. 1の氷を捨て、水気を切る。
5. ミキシング・グラスにストレーナーをはめ、氷を押さえながらカクテルをマティーニ・グラスに注ぐ。
6. ピンに刺したスタッフド・オリーブを沈める。好みでレモンピールを絞ってもよい。

▶ 1915 ▶

EL PRESIDENTE／エル・プレジデンテ

エピソード

このカクテルの名（スペイン語で大統領を意味する）は、ホアン・エスカランテ（Joan Escalante）が19世紀初頭に著した、キューバ初のカクテルブックに初めて登場する。ただし、彼が創作したものかどうかは不明である。どの大統領に捧げるかについては、各人の想像で自由に決めることができる！

グラス	技法	氷
マティーニ・グラス	ステア	キューブ・アイス

キューバ産ラム（熟成期間が短いタイプ）：40ml

ホワイト・キュラソー（トリプル・セック）：10ml

ドライ・ベルモット：20ml

グレナデン・シロップ：5ml

オレンジピール：1片

1
マティーニ・グラスに氷を入れて冷やしておく。

2
ミキシング・グラスに氷を入れ、オレンジピール以外の材料を注ぐ。

3
バースプーンで20秒ほどステアする。

4
1の氷を捨て、水気を切る。

5
ミキシング・グラスにストレーナーをはめ、氷を押さえながらカクテルをマティーニ・グラスに注ぐ。

6
オレンジピールを飾る。

テイスト
辛口

ベストタイム
食前

▶ 1983 ▶

ESPRESSO MARTINI／エスプレッソ・マティーニ

エピソード

自分が創作者である、と主張する者が幾名かいるとしても、ディック・ブラッドセル（Dick Bradsell）というバーテンダーが、1980年代にロンドンのソーホー地区にあるブラッスリーで考案したカクテルという説が有力である。ある若い女性客から、「一気に目が覚めて酔っぱらえる飲み物を！」と頼まれ、カクテルをつくるカウンターのすぐ横にあったコーヒーマシーンを見て、このレシピを思い付いたといわれている。

グラス

マティーニ・グラス

技法

シェーク

氷

キューブ・アイス

ウォッカ：40ml

コーヒー・リキュール：15ml

シンプル・シロップ：15ml

エスプレッソ・コーヒー：1杯

コーヒー豆：3粒

1. グラスに氷を入れて冷やしておく。
2. シェーカーにコーヒー豆以外の材料を入れる。
3. 氷を加えて、表面に霜が付くまでしっかりシェークする。
4. 1の氷を捨て、水気を切る。
5. ストレーナーで氷を押さえながら、カクテルをグラスに注ぐ。
6. コーヒー豆を浮かべる。

テイスト

甘口

ベストタイム

食後

▶ 1750 ▶

GIN FIZZ ／ジン・フィズ

エピソード

当時のイギリスの植民地であった熱帯地域で、健康飲料として飲まれていたトニックウォーターに、ジンを入れて誕生したジン・トニックをベースにしたカクテル。「フィズ」という名前は、ソーダの炭酸ガスがはじける「シュー」という音をあらわしす擬音語からつけられたそう。

グラス	技法	氷
タンブラー	シェーク	キューブ・アイス

ジン：45ml

レモン・ジュース：30ml

シンプル・シロップ：10ml

冷たいソーダ：適量

スライス・レモン：1枚*

*好みに応じて

1. シェーカーにソーダとスライス・レモン以外の材料、氷を入れる。
2. 表面に白い霜が付くまでしっかりシェークする。
3. 氷を入れたグラスにストレーナーで濾しながら、2のカクテルを注ぐ。
4. 冷たいソーダを注ぎ、バースプーンで軽くステアする。
5. 好みでスライス・レモンをグラスの縁に飾る。

テイスト

爽やか

ベストタイム

オール・デイ
（いつでも）

▶ 1939 ▶

IRISH COFFEE／アイリッシュ・コーヒー

エピソード

アイルランドのフォイネスで誕生したといわれている。悪天候のある日、ニューヨーク行きの飛行艇が引き返したとき、飛行場のパブのシェフ、ジョセフ・シェリダン(Joseph Sheridan)が、身体が冷え切った乗客たちに、身体の温まる、体力の付く飲み物を振る舞うために、このレシピを思いついたそうだ。そして1952年に、サンフランシスコの「ブエナ・ヴィスタ・カフェ(Buena Vista)」で、ジャック・コプラー(Jack Koeppler)が数日間の試作を経てレシピを再現したことで、その存在が広く知られるようになった。

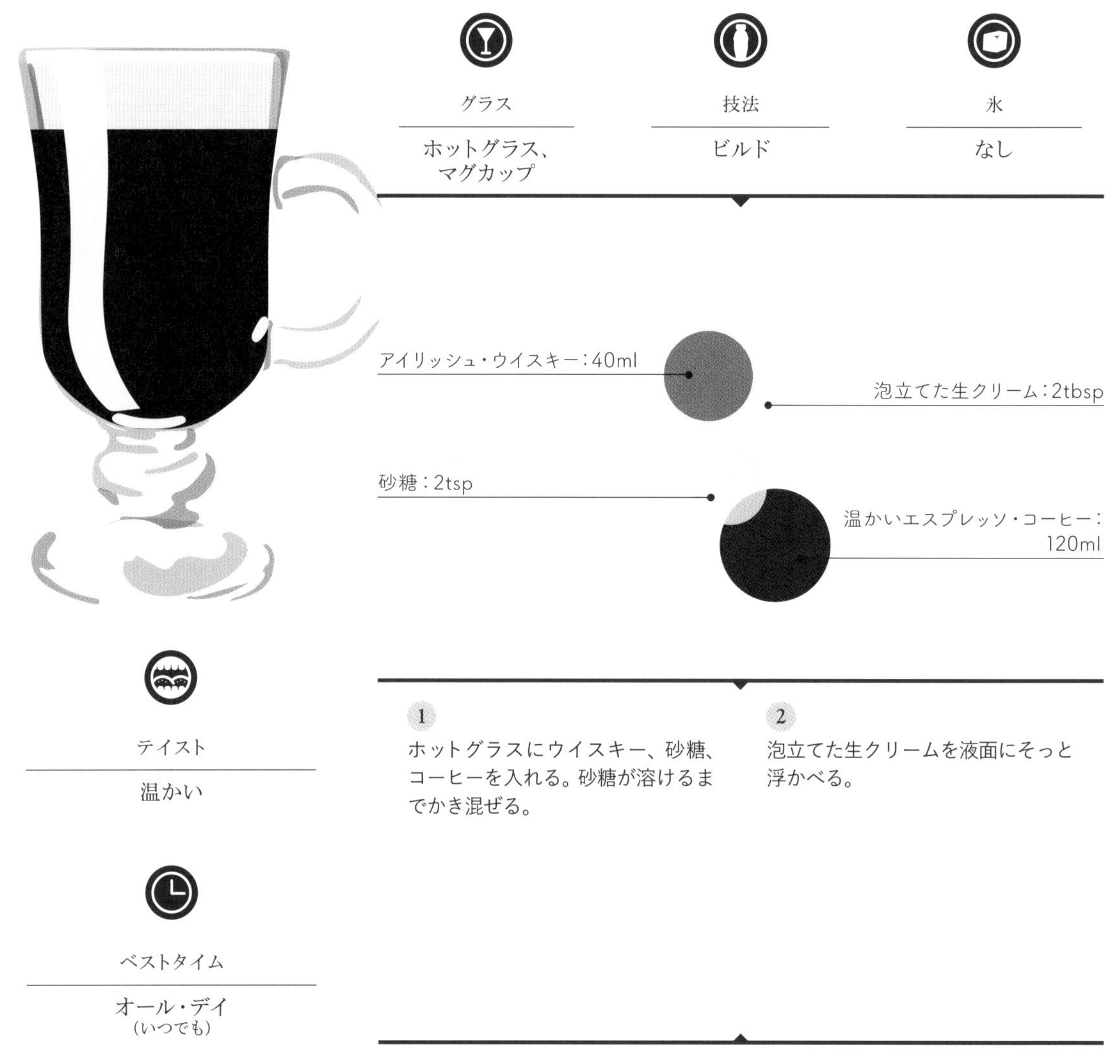

1. ホットグラスにウイスキー、砂糖、コーヒーを入れる。砂糖が溶けるまでかき混ぜる。
2. 泡立てた生クリームを液面にそっと浮かべる。

▶ 1944 ▶

MAI TAI／マイタイ

エピソード

ポリネシア風のネーミングだが、カリフォルニア生まれのカクテルである。カリフォルニア州のエメリービル市の人気店、「トレーダー・ヴィックス（Trader Vic's）」のオーナーバーテンダーだったヴィクター・J・バージェロン（Victor J. Bergeron）が店にあった古酒のラムの美味しさを活かすために考案した。ある夜、でき上がったカクテルをタヒチ出身の友人夫妻に振る舞ったところ、「Maitai roa ae（この世のものとは思えない！）」とタヒチ語で絶賛されたことから「マイタイ」と名付けられた。

グラス	技法	氷
オールド・ファッションド	シェーク	キューブ・アイス＋クラッシュド・アイス

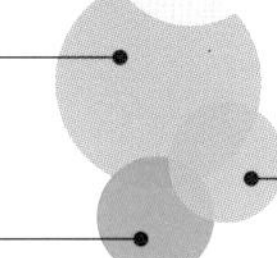

- ジャマイカ産アンバー・ラム：25ml
- アグリコール・アンバー・ラム：25ml
- ホワイト・キュラソー（トリプル・セック）：10ml
- アーモンド（オルゲート）・シロップ：15ml
- ライム・ジュース：25ml
- スライス・ライム：1/2枚
- ミントの葉：適量

テイスト

爽やか

ベストタイム

オール・デイ
（いつでも）

1. シェーカーにミントの葉とスライス・ライム以外の材料を入れる。
2. キューブ・アイスを加えて、シェーカー表面に霜が付くまでしっかりシェークする。
3. グラスにクラッシュド・アイスを詰め、でき上がったカクテルを、ストレーナーで濾しながら注ぎ入れる。
4. ミントの葉とスライス・ライムを飾る。

1870 ▶ ▶ マリリン・モンロー主演映画
「お熱いのがお好き」で有名になったカクテル

MANHATTAN／マンハッタン

エピソード

世界で最も有名なカクテルのひとつ。誕生には諸説あるが、イギリスのウィンストン・チャーチル首相の母親のジェニー・チャーチルが父親の友人のニューヨーク市長選を応援するために、マンハッタン・クラブでパーティーを開いた際に誕生したという説が有力。ベースはライ・ウイスキーやバーボンなどが使われるが、地域によってブランデーなども好まれる。

グラス

マティーニ・グラス

技法

ステア

氷

キューブ・アイス

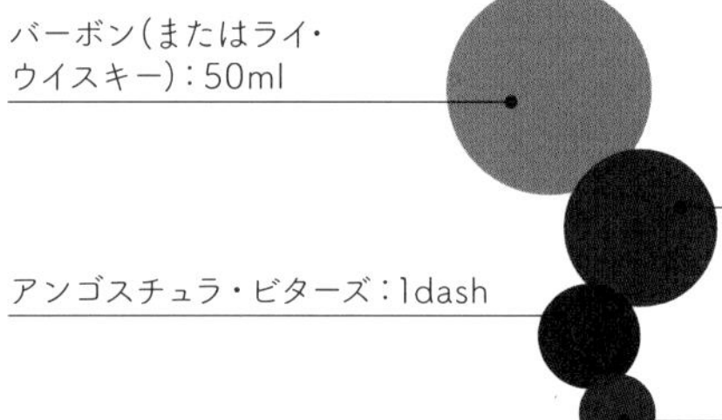

バーボン(またはライ・ウイスキー)：50ml

スイート・ベルモット：20ml

アンゴスチュラ・ビターズ：1dash

マラスキーノ・チェリー：1粒*

＊好みに応じて

1. マティーニ・グラスに氷を入れて冷やしておく。
2. ミキシング・グラスに氷を入れて、すべての材料(チェリー以外)を注ぐ。
3. バースプーンでステアする。
4. 1の氷を捨て、水気を切る。
5. ミキシング・グラスにストレーナーをはめて、氷を押さえながらカクテルをマティーニ・グラスに注ぐ。
6. 好みでマラスキーノチェリーを飾る。

テイスト

中辛口

ベストタイム

食前

COCKTAILS
スタンダード・カクテル

▶ 1941 ▶

MARGARITA／マルガリータ

エピソード

1937年にイギリスで発売された『カフェ・ロワイヤル・カクテルブック(Cafe Royal Cocktail Book)』という書物で、最初は「ピカドール(Picador)」という名で紹介されたカクテル。数ある誕生説のなかで1941年10月にメキシコ、エンセナーダの「フッソンズ・バー(Hussong's)」で、ドン・カルロス・オロスコ(Don Carlos Orozco)というバーテンダーによって考案されたというものがある。ある日の午後、ドイツ大使の令嬢、マルガリータ・ヘンケル(Margarita Henkel)が店に訪れ、カルロは新しいレシピのカクテルを提案した。このカクテルを味わった最初の客であったことから、彼女の名から「マルガリータ」と名付けられたという。

グラス

マティーニ・グラスまたはマルガリータ・グラス

技法

シェーク

氷

キューブ・アイス

テキーラ:40ml

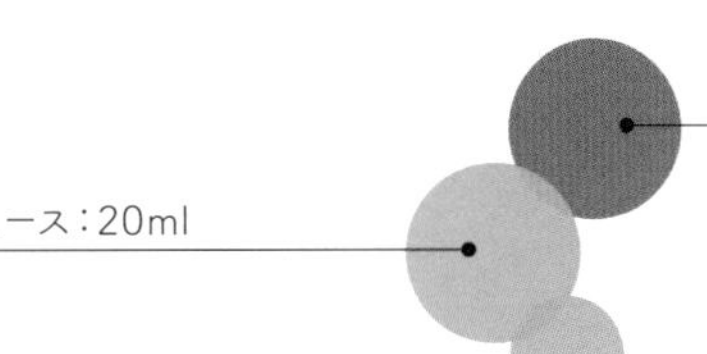

ホワイト・キュラソー(トリプル・セック):20ml

ライム・ジュース:20ml

スライス・ライム:1枚*

塩:適量

*好みに応じて

テイスト

爽やか

ベストタイム

オール・デイ(いつでも)

1. グラスの縁をライムの果汁などを使って濡らす。平らな皿に塩を広げて、逆さにしたグラスの縁に塩を回しつける(スノースタイル)。
2. グラスに氷を入れて冷やしておく。
3. シェーカーにすべての材料(スライス・ライム以外)を注ぐ。
4. 氷を加えて、表面に霜が付くまでしっかりシェークする。
5. 氷を捨て、水気を切った1のグラスに、ストレーナーで濾しながらカクテルを注ぐ。
6. 好みでスライス・ライムを飾る。

▶ 1803 ▶

MINT JULEP／ミント・ジュレップ

エピソード

アメリカ大陸を4年以上放浪し、イギリスに戻ったジョン・デイヴィス（John Davis）が、ミント・ジュレップを「アメリカ市民が朝から飲んでいた清涼な飲み物」と初めて紹介したことから、イギリスでもその存在が知られるようになった。南北戦争時代には飲まれていたという記録があり、競馬のケンタッキーダービーのオフィシャルドリンクとしても知られる。

グラス	技法	氷
ジュレップカップ	ビルド	クラッシュド・アイス

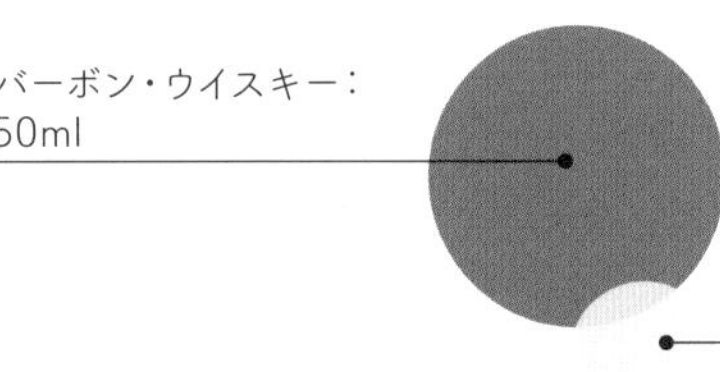

1. ミントの葉を両手で揉み、ジュレップカップの底に入れる。
2. バーボンとシンプル・シロップを加える。
3. クラッシュド・アイスをカップ一杯に詰める。
4. バースプーンで十分にステアする。
5. ミントの葉を飾る。

テイスト

爽やか

ベストタイム

オール・デイ
（いつでも）

▶ 1929 ▶  ▶ 映画「ラム・ダイアリー」の
ジョニー・デップを連想させるカクテル

MOJITO／モヒート

テイスト

爽やか

ベストタイム

オール・デイ
（いつでも）

エピソード

伝統的には食前にさっと飲むアペリティフだったモヒートは、キューバ文化の象徴として広まり、「キューバの国民的カクテル」の座に君臨している。時代の流れとともにその飲み方も変化し、今ではフランスで最もオーダーされているカクテル、世界で最も人気のあるカクテルのひとつとなっている。

グラス	技法	氷
タンブラー	ビルド	キューブ・アイスまたはクラッシュド・アイス

キューバ産ホワイト・ラム：50ml

シンプル・シロップ：25ml

ライム・ジュース：25ml

ソーダ：25ml

アンゴスチュラ・ビターズ：2dash*

ミントの葉：8枚

＊好みに応じて

1. グラスの底にミントの葉を入れ、ペストルなどで潰す。
2. グラスに氷を詰め、ホワイト・ラム、シンプル・シロップ、ライム・ジュース、ソーダを注ぐ。本場のようにアンゴスチュラ・ビターズを加えてもよい。
3. バースプーンで円を描くようにステアする。

▶ 1941 ▶

MOSCOW MULE／モスコー・ミュール

エピソード

ウォッカを宣伝するために考案された最初のカクテル。1939年にスミノフ・ウォッカ（Smirnoff Vodka）の権利を取得した米ヒューブライン社（Heublein）の営業担当、ジョン・G・マーティン（John G. Martin）が、ブランドの販売促進のためのカクテルをつくろうと考え、その数年後にこの話を持ちかけられたハリウッドのレストラン「コックンブル（Cock'n' Bull）」の経営者、ジャック・モーガン（Jack Morgan）が、当時、大量の在庫を抱えていたジンジャービアを使うというアイデアを思い付いた。こうして、ウォッカとジンジャービアによるモスコー・ミュールが誕生したのだ。

グラス

銅製マグカップ

技法

ビルド

氷

キューブ・アイス

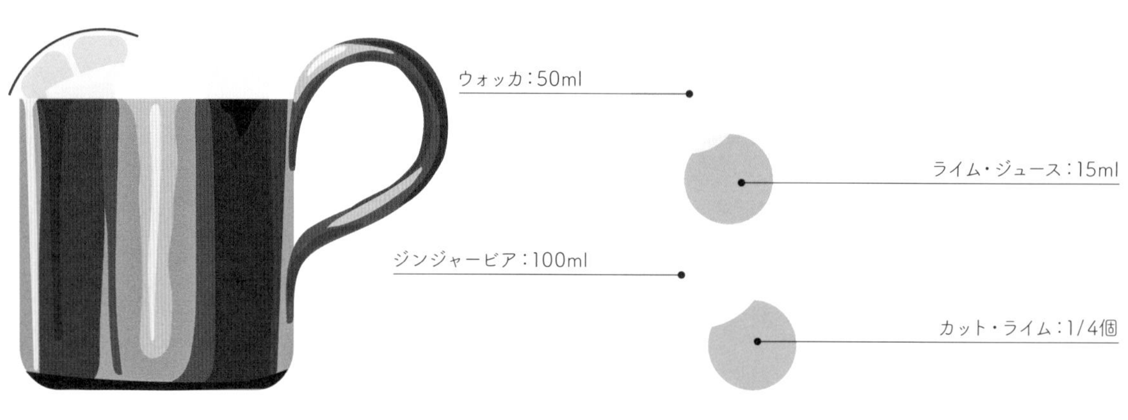

テイスト

爽やか

ベストタイム

オール・デイ
（いつでも）

1. マグカップに氷を詰める。
2. すべての材料（カット・ライム以外）を注ぐ。
3. バースプーンで軽くステアする。
4. カット・ライムを飾る。

▶ 1919 ▶ ■■

NEGRONI／ネグローニ

エピソード

イタリア、フィレンツェの貴族の社交場であった「カフェ・カソーニ（Café Casoni）」発祥のカクテル。顧客のカミッロ・ネグローニ（Camillo Negroni）伯爵は、ここで「アメリカーノ」を好んで飲んでいたが、少し別のものを試したくなり、そこでバーテンダーのフォスコ・スカルセリ（Fosco Scarselli）に、同じ材料にソーダではなくジンを加えた強いアペリティフをつくってほしいと注文した。こうして誕生した「ジンを加えたアメリカーノ」は、ほどなくして「ネグローニ」と命名された。

グラス	技法	氷
オールド・ファッションド	ビルド	キューブ・アイス

*好みに応じて

テイスト

中口

ベストタイム

食前

1. グラスに氷を入れる。
2. すべての材料を注ぐ。
3. バースプーンで軽くステアする。好みでスライス・オレンジを飾る。

▶ 1888 ▶ 🇺🇸 ▶ 「マッドメン」の
ドン・ドレイパーが愛したカクテル
（＊ドラマではバーボン・ウイスキーの代わりにライ・ウイスキーを使っていた）

OLD FASHIONED／オールド・ファッションド

エピソード

アメリカン・ウイスキーベースのカクテルで、ケンタッキー・ダービーが行われる、チャールダウンズ競馬場のバーテンダーがつくったという説と、ウィンストン・チャーチルの母がつくったという説がある。当時胃痛を和らげるための薬酒だったビターズの苦味を和らげるために、砂糖と水を加えてつくられた。

グラス	技法	氷
オールド・ファッションド	ビルド	キューブ・アイス

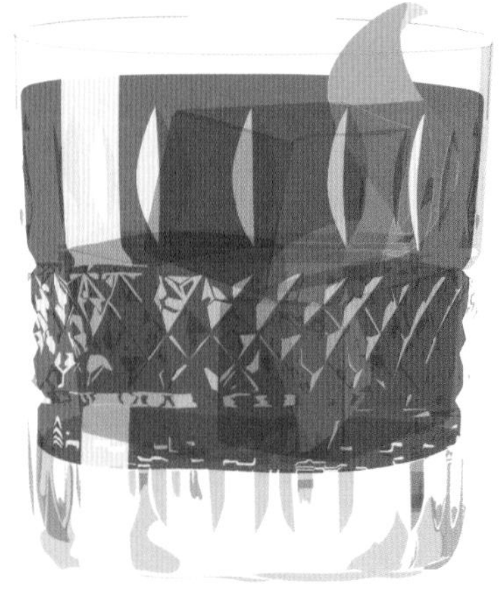

バーボン・ウイスキー：45ml
ソーダ：5ml
アンゴスチュラ・ビターズ：2dash
角砂糖：1個
オレンジピール：1片*

*好みに応じて

1. アンゴスチュラ・ビターズを染み込ませた角砂糖をグラスの底に置く。
2. 角砂糖にソーダを振りかけて溶けやすい状態にする。
3. グラス半分ほどの氷とバーボン・ウイスキー半量を加えて、バースプーンで10秒間ステアする。
4. さらに氷と残りのバーボンを加えて、10秒間ステアする。
5. 好みでオレンジピールなどを飾る。

テイスト
中辛口

ベストタイム
オール・デイ
（いつでも）

▶ 1954 ▶  ▶ 映画「ゴッドファーザー PART II」のワンシーンに登場するカクテル

PIÑA COLADA／ピニャ・コラーダ

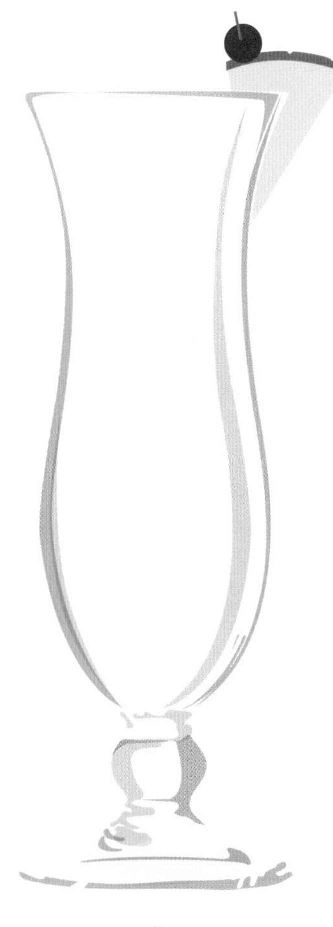

エピソード

カリブ海に浮かぶプエルトリコで生まれた、国民的なカクテル。ピニャ・コラーダはスペイン語で「裏ごししたパイナップル」を意味する。19世紀に、ロベルト・コフレッシ（Roberto Cofresi）という海賊が仲間の士気を高めるためにつくり、そのレシピは彼が没した1825年に失われたと伝えられている。1954年に、モンチート（Monchito）〈本名はラモン・マレーロ（Ramón Marrero Pérez）〉というバーテンダーがこのカクテルを蘇らせ、自らが創作したと主張したが、他の説もある。

グラス	技法	氷
ハリケーン	シェーク	キューブ・アイス＋クラッシュド・アイス

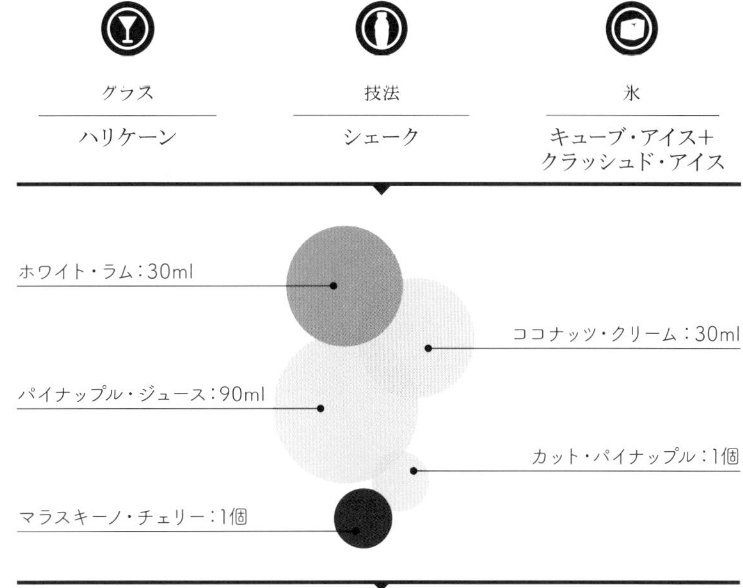

1. シェーカーにフルーツ以外のすべての材料と、キューブ・アイス6〜10個を入れる。
2. 表面に霜が付くまでしっかりシェークする。
3. グラスにクラッシュド・アイスを詰める。
4. ストレーナーで濾しながら、カクテルをグラスに注ぐ。
5. ピンに刺したパイナップルとマラスキーノチェリーを飾る。

テイスト

フルーティー

ベストタイム

オール・デイ
（いつでも）

▶ 1920 ▶

PISCO SOUR／ピスコ・サワー

エピソード

ピスコはペルーで17世紀初頭ごろから生産されるぶどうの蒸留酒で、ピスコ・サワーはペルーの代表的なカクテルである。誕生には諸説あり1920年代、リマにて「モリスバー」を営んでいたアメリカ人バーテンダーのビクトル・モリスが考案したとする説が有力。ライム（ペルー現地ではキーライム）のさわやかな酸味と、卵白のふわっとした舌触りが特徴。

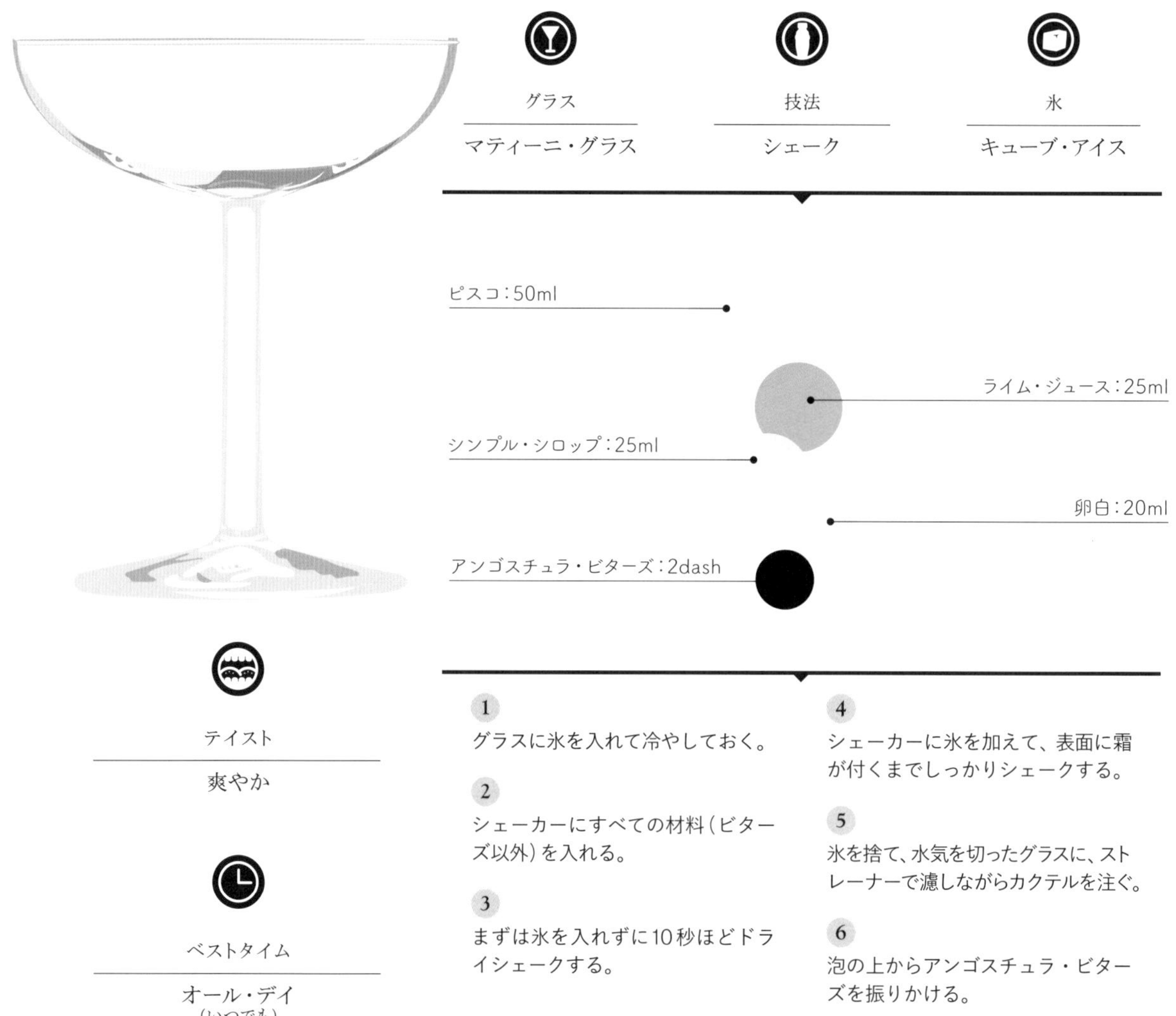

グラス
マティーニ・グラス

技法
シェーク

氷
キューブ・アイス

テイスト
爽やか

ベストタイム
オール・デイ
（いつでも）

1. グラスに氷を入れて冷やしておく。
2. シェーカーにすべての材料（ビターズ以外）を入れる。
3. まずは氷を入れずに10秒ほどドライシェークする。
4. シェーカーに氷を加えて、表面に霜が付くまでしっかりシェークする。
5. 氷を捨て、水気を切ったグラスに、ストレーナーで濾しながらカクテルを注ぐ。
6. 泡の上からアンゴスチュラ・ビターズを振りかける。

▶ 1853 ▶

SAZERAC／サゼラック

エピソード

世界で最も古いカクテルという秘話もあるが、それはこのカクテルにまつわる伝説のひとつにすぎない。有名な諸説のなかに、ニューオーリンズに亡命したアントワーヌ・アメデ・ペイショー（Antoine Amedé Peychaud）という薬剤師（同名のビターズの開発者）が考案したという説がある。ペイショーは自ら開発したビターズをコニャックに加えたカクテルを顧客に提供していた。このカクテルに、「サゼラック・コーヒー・ハウス」のジョン・シラーが、ニューオーリンズで長らく一番人気のあるコニャック、「サゼラック・ド・フォルジェ・エ・フィス（Sazerac de Forge et Fils）」を使用。「サゼラック・カクテル」と命名したという。

グラス

オールド・ファッションド

技法

ステア

氷

キューブ・アイス

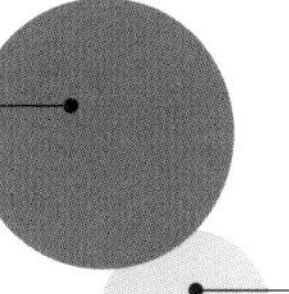

- コニャック：50ml
- アブサント：15ml
- シンプル・シロップ：10ml
- ペイショーズ・ビターズ（アンゴスチュラ・ビターズで代用可）：2dash
- レモンピール：1片

テイスト

辛口

ベストタイム

オール・デイ（いつでも）

1. オールド・ファッションド・グラスに、氷4個と香り付けのためのアブサントを入れておく。
2. 氷を入れたミキシング・グラスに、コニャック、シンプル・シロップを注ぐ。
3. バースプーンでステアする。
4. 1の氷とアブサントを捨て、水気を切る。
5. ミキシング・グラスにストレーナーをはめ、氷を押さえながらカクテルをオールド・ファッションド・グラスに注ぐ。
6. ペイショーズ・ビターズを振りかけ、レモンピールを飾る。

▶ 1931 ▶

SIDE-CAR／サイド・カー

エピソード

その誕生については諸説あるが、パリの「ハリーズ・ニューヨーク・バー」のハリー・マッケルホーン作という説が有力。サイド・カーに乗って来店する常連客のために考案されたと伝えられており、ホワイト・レディーのバリエーションとして、ジンではなくコニャックを使用したのが始まりだという。

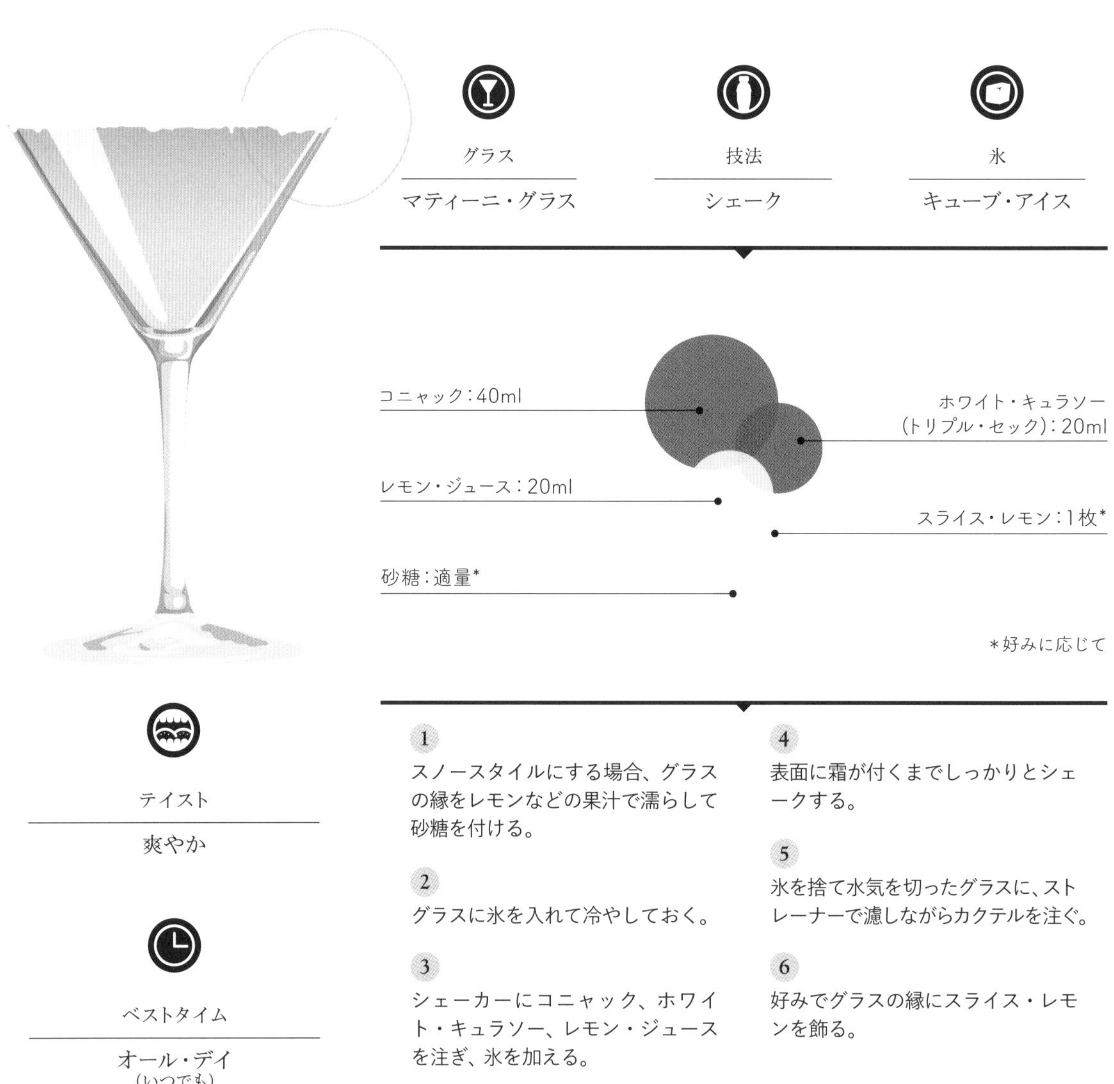

グラス	技法	氷
マティーニ・グラス	シェーク	キューブ・アイス

コニャック：40ml

ホワイト・キュラソー（トリプル・セック）：20ml

レモン・ジュース：20ml

スライス・レモン：1枚*

砂糖：適量*

＊好みに応じて

1. スノースタイルにする場合、グラスの縁をレモンなどの果汁で濡らして砂糖を付ける。
2. グラスに氷を入れて冷やしておく。
3. シェーカーにコニャック、ホワイト・キュラソー、レモン・ジュースを注ぎ、氷を加える。
4. 表面に霜が付くまでしっかりとシェークする。
5. 氷を捨て水気を切ったグラスに、ストレーナーで濾しながらカクテルを注ぐ。
6. 好みでグラスの縁にスライス・レモンを飾る。

テイスト

爽やか

ベストタイム

オール・デイ（いつでも）

▶ 1876 ▶  ▶ 映画「ミート・ザ・ペアレンツ」で ロバート・デ・ニーロがつくっていたカクテル

TOM COLLINS／トム・コリンズ

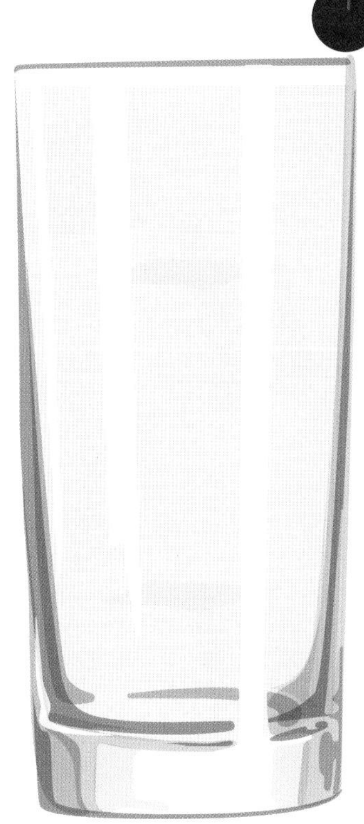

エピソード

19世紀半ば、ロンドンのバー「リマーズ・コーナー」という店のバーテンダー、ジョン・コリンズが創作したといわれているが、諸説ある。当初は自分の名前をとって「ジョン・コリンズ」としていたが、ベースをジンから、当時人気のあったオールド・トム・ジンにかえ、「トム・コリンズ」と命名したそう。現在はドライ・ジンでつくることが多い。

グラス	技法	氷
タンブラー	ビルド	キューブ・アイス

ジン：50ml

レモン・ジュース：25ml

シンプル・シロップ：25ml

ソーダ：100ml

マラスキーノチェリー：1粒*

スライス・レモン：1/2枚*

＊好みに応じて

テイスト

爽やか

ベストタイム

オール・デイ
（いつでも）

1. グラスに氷を入れる。
2. ジン、レモン・ジュース、シンプル・シロップを注ぐ。
3. バースプーンでステアする。
4. ソーダを加える。
5. 軽くステアして、好みでピンに刺したスライス・レモンとマラスキーノチェリーを飾る。

▶ 1952 ▶ 🇬🇧 ▶ 映画「カジノ・ロワイヤル」で ジェームズ・ボンドがオーダーしたカクテル

VESPER／ヴェスパー

エピソード

「007」シリーズの著者、イアン・フレミング（Ian Fleming）はカクテルをこよなく愛した人物である。「ヴェスパー・マティーニ（vesper martini）」とも呼ばれるこのカクテルは、彼の作品である「カジノ・ロワイヤル」に登場する。そのレシピは、1952年にロンドンのデュークス・ホテル（Duke's Hotel）のバーテンダー、ジベルト・プレティ（Gilberto Preti）がフレミングのために考案したといわれている。ジェームズ・ボンドは劇中で、ボンドガール、ヴェスパー・リンドを讃えるためにこのカクテルをオーダーした。

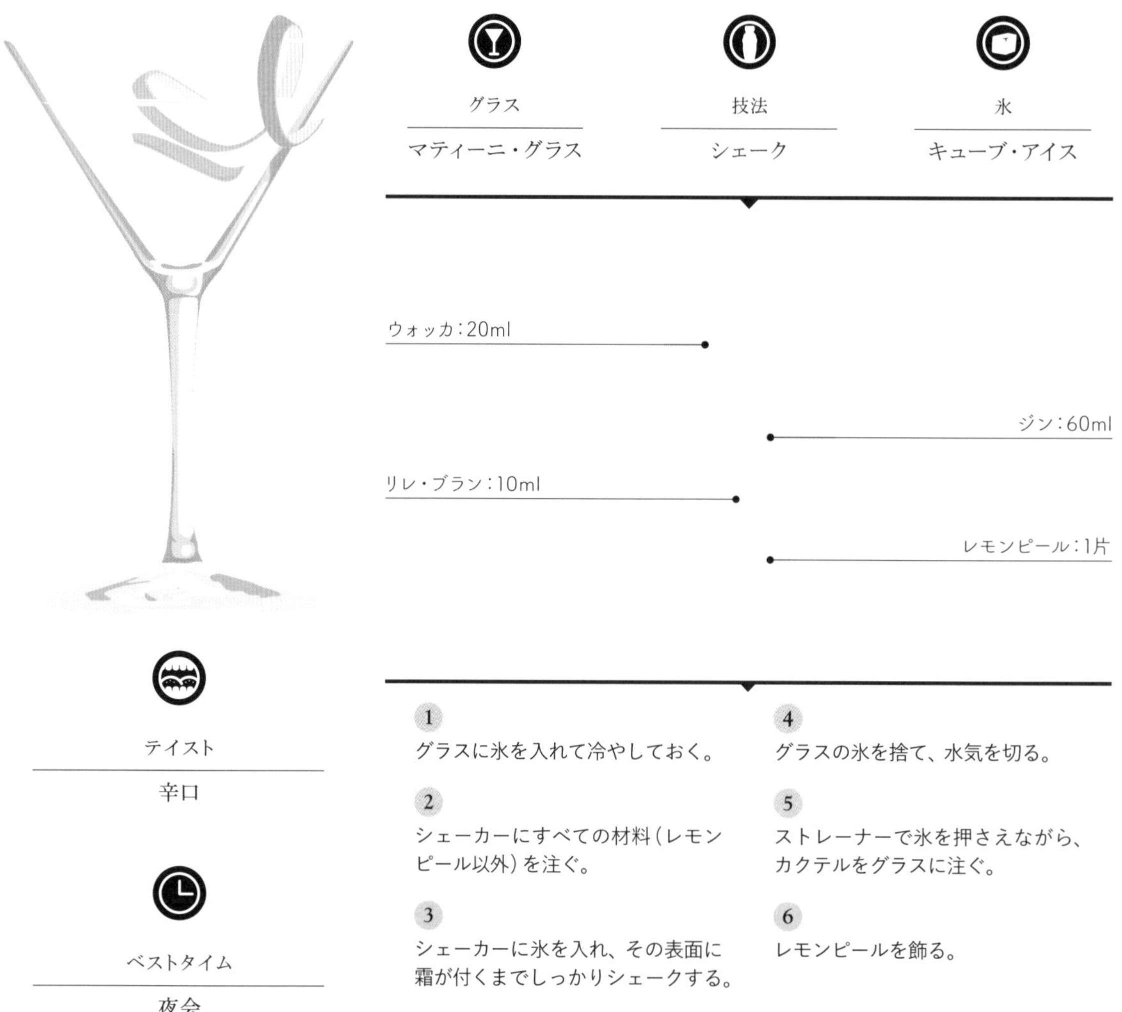

グラス	技法	氷
マティーニ・グラス	シェーク	キューブ・アイス

ウォッカ：20ml

ジン：60ml

リレ・ブラン：10ml

レモンピール：1片

テイスト
辛口

ベストタイム
夜会

1. グラスに氷を入れて冷やしておく。
2. シェーカーにすべての材料（レモンピール以外）を注ぐ。
3. シェーカーに氷を入れ、その表面に霜が付くまでしっかりシェークする。
4. グラスの氷を捨て、水気を切る。
5. ストレーナーで氷を押さえながら、カクテルをグラスに注ぐ。
6. レモンピールを飾る。

▶ 1935 ▶

VIEUX CARRÉ／ヴュー・カレ

エピソード

1935年頃、ニューオーリンズの「ホテル・モンテレオーネ(Hotel Monteleone)」のバーにいたウォルター・バージェロン(Walter Bergeron)によって考案された。その後、このバーはメリーゴーラウンドの装飾を設置したため、「カルーセル・バー(Carrousel Bar)」と呼ばれるようになり、今も訪れる人を楽しませている。カクテル名はこの都市のフランス地区名に由来しておりフランス風に発音される。

グラス	技法	氷
オールド・ファッションド	ステア	キューブ・アイス

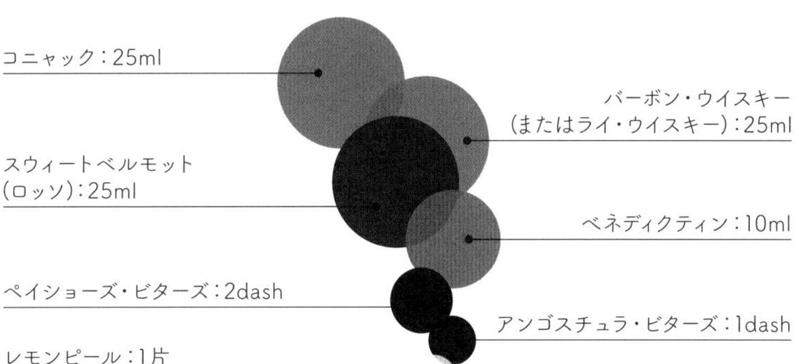

テイスト

辛口

ベストタイム

夕食後

1. ミキシング・グラスに氷を入れて、すべての材料(レモンピール以外)を注ぐ。
2. バースプーンでステアする。
3. ミキシング・グラスにストレーナーをはめて、カクテルのみを氷を入れたオールド・ファッションド・グラスに注ぐ。
4. レモンピールを飾る。

▶ 1870 ▶

WHISKY SOUR／ウイスキー・サワー

エピソード

他の多くのカクテルとは違い、有名な逸話はない。このカクテルに関する最初の記述は、1870年のウィスコンシン州の新聞に登場する。1962年にアルゼンチンのクージョ国立大学が、レシピはエリオット・スタブ（Elliot Stubb）によって考案されたとする文献を発表した。

グラス	技法	氷
オールド・ファッションド	シェーク	キューブ・アイス

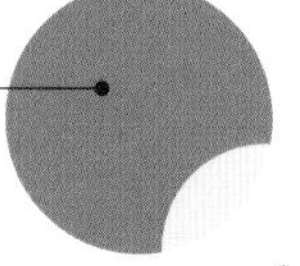

バーボン・ウイスキー（またはライ・ウイスキー）：40ml

レモン・ジュース：20ml

シンプル・シロップ：20ml

卵白：20ml

アンゴスチュラ・ビターズ：2dash*

＊好みに応じて

テイスト

爽やか

ベストタイム

オール・デイ
（いつでも）

1 グラスに氷を入れて冷やしておく。

2 シェーカーにすべての材料を入れて、まずは氷を加えずに10秒ほどドライシェークする。氷を加えて表面に霜が付くまでしっかりシェークする。

3 1の氷を捨て、水気を切る。

4 ストレーナーで氷を押さえながら、カクテルをグラスに注ぐ。

▶ 1923 ▶ ▌▌

WHITE LADY ／ホワイト・レディ

エピソード

このカクテルの誕生には諸説ある。1919年、当時ロンドンのバー「シローズ・クラブ 」にいた、バーテンダーのハリー・マッケルホーンが考案したという説では、当初ベースはクレーム・ド・マントだったが、後にパリに移り「ハリーズ・ニューヨーク・バー（Harry's New York Bar)」を開業するにあたって、ベースをジンに変えて広く親しまれるようになったという。彼のレシピでは、ジン1/3、コアントロー1/3、レモン・ジュース1/3と改良され、ハリー自身が納得する完璧なバランスの上質なカクテルとなった。

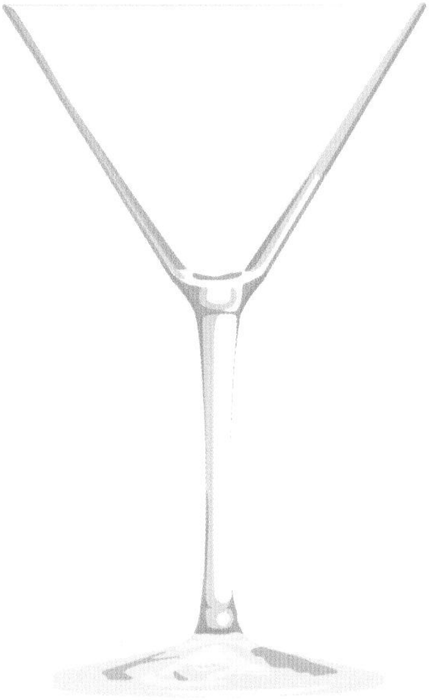

グラス	技法	氷
マティーニ・グラス	シェーク	キューブ・アイス

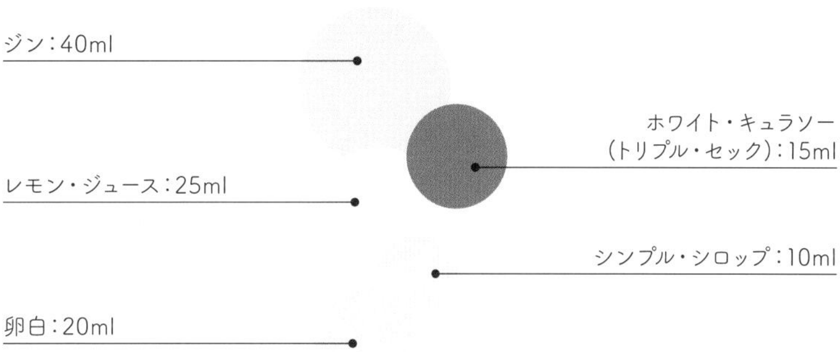

ジン：40ml

ホワイト・キュラソー（トリプル・セック）：15ml

レモン・ジュース：25ml

シンプル・シロップ：10ml

卵白：20ml

1. グラスに氷を入れて冷やしておく。
2. シェーカーにすべての材料を入れて、まずは氷を加えずに10秒ほどドライシェークする。氷を加えて、表面に霜が付くまでしっかりシェークする。
3. 1の氷を捨て、水気を切る。
4. ストレーナーで氷を押さえながら、カクテルをグラスに注ぐ。

テイスト

爽やか

ベストタイム

オール・デイ（いつでも）

▶ 1934 ▶

ZOMBIE／ゾンビ

エピソード

ティキ・スタイル・バーの創始者、アーネスト・レイモンド・ボーモント＝ギャント（Ernest Raymond Beaumont Gantt）がハリウッドに1933年に開いた店「ドン・ザ・ビーチコマー（Don's Beachcomber）」で創作したカクテル。有名な伝説によると、重要な会議に出なければならない二日酔いの客にこのカクテルを提供した数日後、同じ客が再び店に現れて「このカクテルのせいでゾンビのようになった」と嘆いたことから、この名がつくようになったという。フルーティーな香りで騙されてしまうが、強いラムがたっぷり入ったカクテルである。

グラス
ティキマグ

技法
シェーク

氷
キューブ・アイス

ポルトリカ産ホワイト・ラム：30ml
ジャマイカ産ダーク・ラム：30ml
キューバ産オールド・ラム：30ml
オーバープルーフ・ラム：30ml
マラスキーノ：20ml
ライム・ジュース：20ml
グレープフルーツ・ジュース：10ml
グレナデン・シロップ：5ml
100％サトウキビ天然糖液：5ml
アブサント：4drop
ミントの葉：1枝分
アンゴスチュラ・ビターズ：3dash

1. シェーカーにすべての材料（ミント以外）と氷を入れる。
2. シェーカーの表面に霜が付くまでしっかりシェークする。
3. ティキマグに氷を入れる。
4. ストレーナーで氷を押さえながら、カクテルをマグに注ぐ。ミントの葉を加える。仕上げにミニパラソルを飾ってもよい。

テイスト
爽やか（かつ強烈！）

ベストタイム
夕食後

第一線で活躍するバーテンダーたち

マテュー・ル・フーヴリエ
(MATHIEU LE FEUVRIER)

18歳のときにフランスでホテル／レストラン・サービス業を学び、この業界へ入るとディナールの高等専門学校にて、初めて本格的にバーテンディングに触れる。バニョール=ド=ロルヌにあるミシュラン1つ星レストラン、「マノワール・デュ・リス(Manoir du Lys)」、ドーヴィルの5つ星ホテル「バリエール・ル・ノルマンディ(Barrière le Normandie)」で、マルク・ジャン(Marc Jean)とともに経験を積んだ後、世界中を旅して腕を磨く。フランスに戻ってからは、「43カクテル・バー(le 43 Cocktail Bar)」を立ち上げ、パリのベスト・ルーフトップ・カクテルバーの1つに選ばれるまでになる。現在はパラスホテル、「ザ・ペニンシュラ・パリ(The Peninsula Paris)」の格調高いバーで、トップバーテンダーに就任している。彼のインスピレーションの中心にあるのはジン、テキーラ、新鮮な香草、世界の胡椒である。その作品はどれも異国を旅しているような気分にさせてくれるテイストで、さらにフランスのエレガンスも加味されている!

代表作
ジャスト・オン・タイム
(JUST ON TIME)

APEROL SPRITZ／アペロール・スプリッツ

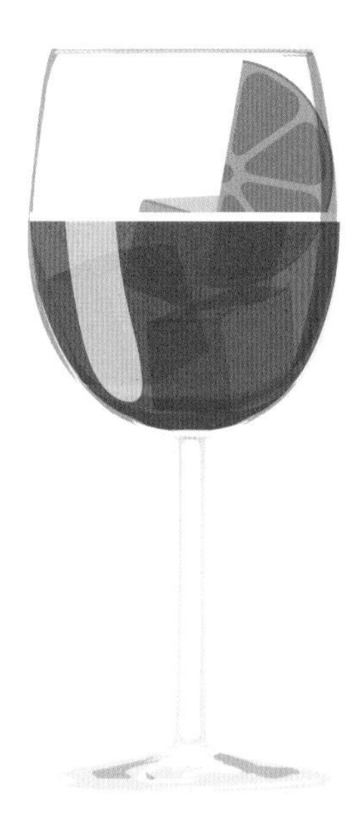

グラス	技法	氷
ワイン・グラス	ビルド	キューブ・アイス

- プロセッコ：60ml
- アペロール：40ml
- ソーダ：20ml
- スライス・オレンジ：1/2枚

1. ワイン・グラスに氷を入れる。
2. プロセッコ、アペロール、ソーダを注ぐ。
3. バースプーンでステアする。
4. スライス・オレンジを浮かべる。

BELLINI／ベリーニ

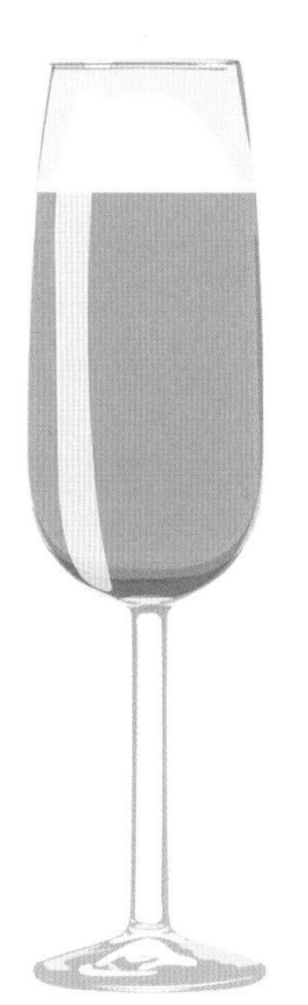

グラス	技法	氷
フルート・グラス	ビルド	なし

- ピーチ・ネクター：1/3glass
- プロセッコ：2/3glass
- グレナデン・シロップ：1dash

1. グラスにピーチ・ネクターを入れる。
2. よく冷えたプロセッコを注ぐ。
3. バースプーンでステアする。

BICICLETTA／ビシクレッタ

グラス	技法	氷
ワイン・グラス	ビルド	キューブ・アイス

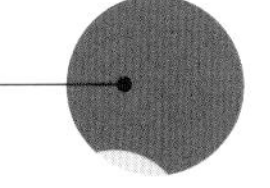

カンパリ：50ml

白ワイン：40ml

ソーダ：40ml

レモンピール：1片

1. グラスに氷を入れる。
2. レモンピール以外の材料を注ぐ。
3. バースプーンでステアする。レモンピールを飾る。

CUBA LIBRE／キューバ・リバー

グラス	技法	氷
タンブラー	ビルド	キューブ・アイス

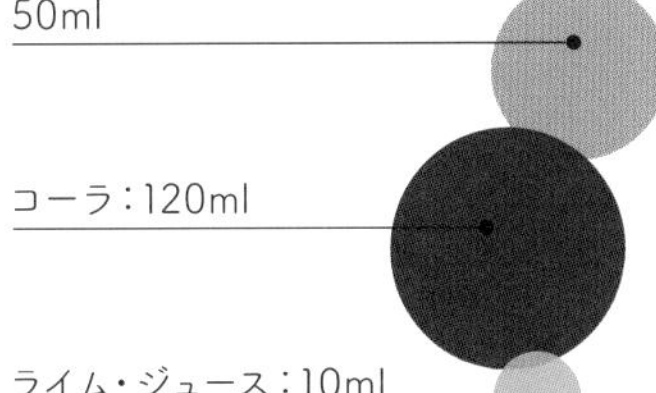

キューバ産ホワイト・ラム：50ml

コーラ：120ml

ライム・ジュース：10ml

スライス・ライム：適量*

*好みに応じて

1. 氷を入れたグラスにラムとライム・ジュースを注ぐ。
2. よく冷えたコーラを加える。
3. バースプーンで軽くステアする。
4. 好みでスライス・ライムを加える。

GREYHOUND／グレイハウンド

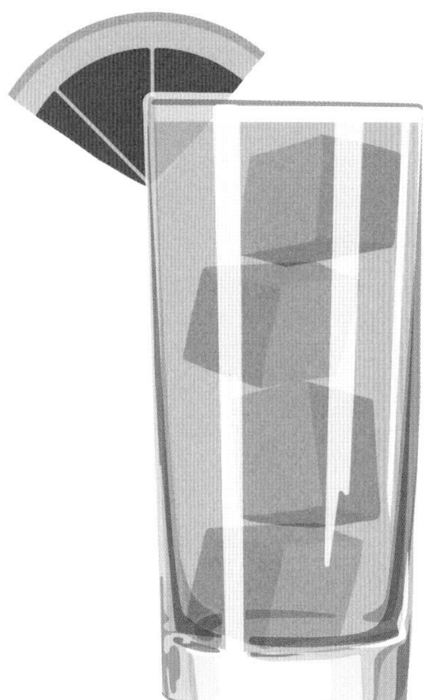

グラス

タンブラー

技法

ビルド

氷

キューブ・アイス

ジン：50ml

グレープフルーツ・ジュース：100ml

スライス・グレープフルーツ：1/4枚

1 グラスに氷を入れる。

2 ジンとグレープフルーツ・ジュースを注ぐ。

3 バースプーンで軽くステアし、スライス・グレープフルーツを飾る。

HORSE'S NECK／ホーセズ・ネック

グラス

タンブラー

技法

ビルド

氷

キューブ・アイス

コニャック：50ml

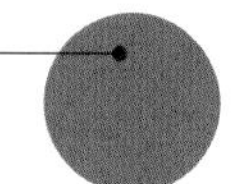

ジンジャー・エール：100ml

レモンピール：1片

1 グラスに氷を入れる。

2 コニャック、ジンジャー・エールを注ぐ。

3 バースプーンでステアする。

4 レモンピールを飾る。

KIR／キール

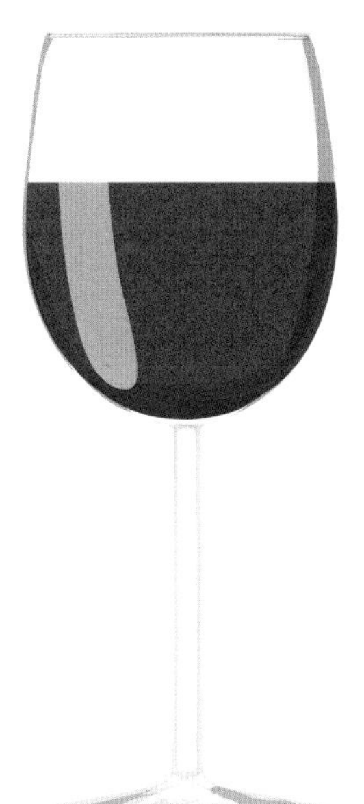

グラス
ワイン・グラス

技法
ビルド

氷
なし

クレーム・ド・カシス：15ml

ブルゴーニュ・アリゴテ（白ワイン）：100ml

1. グラスにクレーム・ド・カシスを入れる。
2. よく冷えたブルゴーニュ・アリゴテを注ぎ、軽くステアする。

MIMOSA／ミモザ

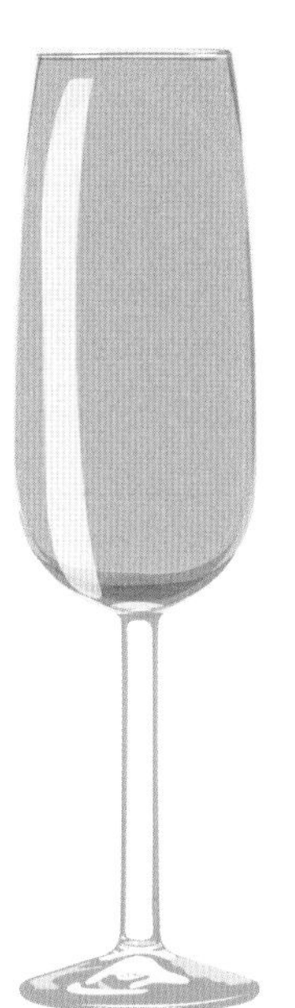

グラス
フルート・グラス

技法
ビルド

氷
なし

シャンパーニュ（ブリュット／辛口）：40ml

オレンジ・ジュース：40ml

1. グラスによく冷えたオレンジ・ジュース、シャンパーニュを注ぐ。
2. バースプーンで軽くステアする。

PALOMA／パロマ

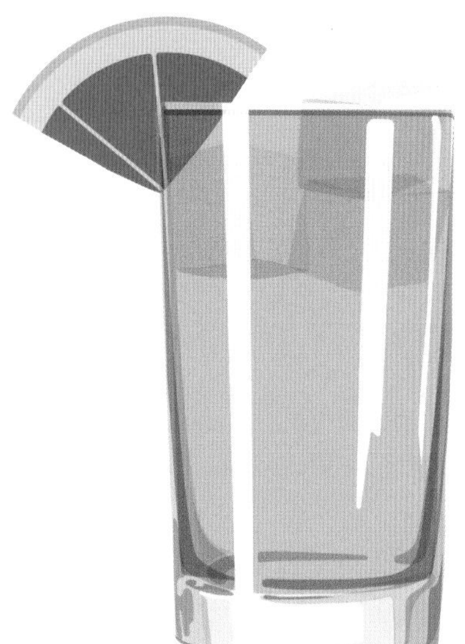

グラス

タンブラー

技法

ビルド

氷

キューブ・アイス

テキーラ・ブランコ：50ml

グレープフルーツ・ソーダ（スクワート）：100ml
（グレープフルーツ・ジュースとトニック・ウォーターで代用可）

スライス・グレープフルーツ：1/4枚

塩：適量

1. グラスの縁をグレープフルーツの果汁で濡らし、塩を付ける（スノースタイル）。
2. グラスにテキーラ・ブランコ、グレープフルーツ・ソーダを注ぐ。
3. 氷を加えて、バースプーンでステアする。
4. スライス・グレープフルーツを飾る。

ROSSINI／ロッシーニ

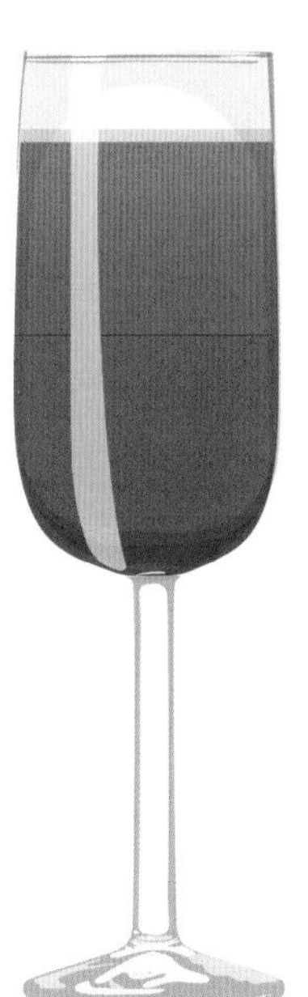

グラス

フルート・グラス

技法

ビルド

氷

なし

プロセッコ：100ml

苺のピューレ：30ml

1. グラスに苺のピューレを入れる。
2. よく冷えたプロセッコを注ぐ。
3. バースプーンで軽くステアする。

STONE FENCE／ストーン・フェンス

グラス	技法	氷
タンブラー	ビルド	キューブ・アイス

バーボン・ウイスキー：50ml

シードル（ブリュット）：100ml

1. グラスに氷を入れる。
2. バーボン、よく冷えたシードルの順に注ぐ。
3. バースプーンで軽くステアする。

WHITE NEGRONI／ホワイト・ネグローニ

グラス	技法	氷
オールド・ファッションド	ビルド	キューブ・アイス

ジン：30ml

スーズ：30ml

リレ・ブラン：30ml

スライス・レモン：1/2枚

1. グラスに氷を入れる。
2. すべての材料を注ぐ。
3. バースプーンでステアする

BRAMBLE／ブランブル

1984年：ディック・ブラッドセル
(DICK BRADSELL) 作

グラス
オールド・ファッションド

技法
シェーク

氷
キューブ・アイス＋クラッシュド・アイス

ジン：40ml

レモン・ジュース：20ml

シンプル・シロップ：15ml

クレーム・ド・ミュール（マルベリー）：20ml

マルベリー：4個

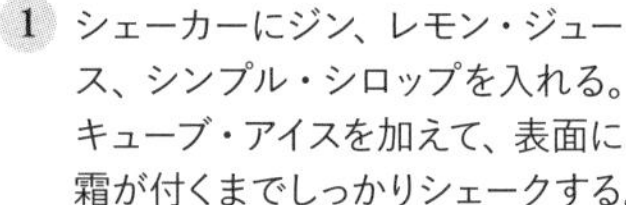

1. シェーカーにジン、レモン・ジュース、シンプル・シロップを入れる。キューブ・アイスを加えて、表面に霜が付くまでしっかりシェークする。
2. グラスにクラッシュド・アイスを詰め、ストレーナーで濾しながらカクテルを注ぐ。その上にクレーム・ド・ミュールをバースプーンの背を伝うように静かに流して浮かべる（フロート）。
3. ピンに刺したマルベリーを飾る。

BREAKFAST MARTINI ／ブレックファースト・マティーニ

2000年：サルヴァトーレ・カラブレーゼ
(SALVATORE CALABRESE) 作

グラス
マティーニ・グラス

技法
シェーク

氷
キューブ・アイス

ジン：50ml

コアントロー：15ml

レモン・ジュース：15ml

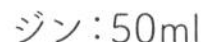

オレンジ・マーマレード：1tsp

オレンジ・ピール：1片

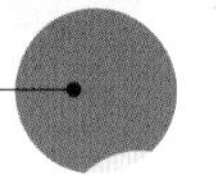

1. シェーカーにすべての材料（オレンジピール以外）を入れる。
2. 氷を加えて、シェーカーの表面に霜が付くまでしっかりシェークする。
3. ストレーナーで濾しながら、カクテルをグラスに注ぐ。
4. オレンジピールを飾る。

GIN BASIL SMASH

／ジン・バジル・スマッシュ

2008年：ヨルグ・マイヤー
(JOERG MEYER) 作

グラス	技法	氷
オールド・ファッションド	シェーク	キューブ・アイス

- ジン：50ml
- シンプル・シロップ：15ml
- レモン・ジュース：25ml
- フレッシュ・バジル：1枚

1. シェーカーにバジル以外の材料を入れる。
2. 氷を加えて、シェーカーの表面に霜が付くまでしっかりシェークする。
3. 氷を入れたグラスに、ストレーナーで濾しながらカクテルを注ぐ。
4. バジルの葉を飾る。

GIN-GIN MULE ／ジン-ジン・ミュール

2005年：オードリー・サンダーズ
(AUDREY SAUNDERS) 作

グラス	技法	氷
タンブラー	シェーク	キューブ・アイス

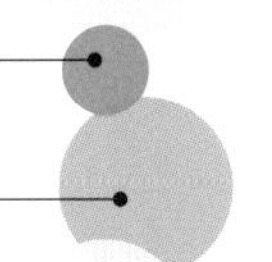

- ジン：50ml
- ミントの葉：適量
- ライム・ジュース：15ml
- シンプル・シロップ：15ml
- ジンジャービア：60ml
- 飾り用のミントの葉、またはスライス・ライム：適量

1. シェーカーの底にミントの葉を入れて、ペストルでマドルする（潰す）。
2. シェーカーに氷を入れて、ジン、ライム・ジュース、シンプル・シロップを注ぐ。シェーカーの表面に霜が付くまでしっかりシェークする。
3. 氷を入れたグラスに、ストレーナーで濾しながらカクテルを注ぎ、ジンジャービアを加える。好みでミントの葉やスライス・ライムを飾る。

GREEN BEAST／グリーン・ビースト

2010年：シャルル・ヴェクセナ
(CHARLES VEXENAT) 作

グラス

タンブラー

技法

ビルド（パンチ・ボウルを使用／6杯分）

氷

キューブ・アイス

アブサント：100ml

シンプル・シロップ：100ml

ライム・ジュース：200ml

水：400ml

スライス・キュウリ：約30枚

1 パンチ・ボウルにすべての材料を入れる。

2 氷20～30個を加える。

3 レードルでよく混ぜ合わせる。

4 各グラスにカクテル、氷、スライス・キュウリをバランス良く入れる。

OLD CUBAN／オールド・キューバン

2014年：オードリー・サンダーズ
(AUDREY SAUNDERS) 作

グラス

クープ・グラス

技法

シェーク

氷

キューブ・アイス

プエルトリコ産ラム（8年熟成）：40ml

シンプル・シロップ：20ml

ライム・ジュース：20ml

シャンパーニュ：30ml

アンゴスチュラ・ビターズ：2dash

ミントの葉：8枚

飾り用のミントの葉：1枚

1 シェーカーにシャンパーニュと飾り用のミントの葉以外の材料を入れる。

2 氷を加えて、シェーカーの表面に霜が付くまでしっかりシェークする。

3 ストレーナーで濾しながらカクテルをグラスに注ぎ、良く冷えたシャンパーニュを加える。

4 ミントの葉を浮かべる。

PENICILLIN ／ペニシリン

2005年：サム・ロス(SAM ROSS) 作

グラス

オールド・ファッションド

技法

シェーク

氷

キューブ・アイス

- スコッチ・ウイスキー：40ml
- ピーティッド・ウイスキー：10ml
- ハニー・シロップ：15ml
- レモン・ジュース：25ml
- 皮をむいた生姜の輪切り：1枚
- スライス・レモン：1枚*

＊好みに応じて

1. シェーカーの底に生姜を入れてペストルで潰す。スコッチ・ウイスキー、ハニー・シロップ、レモン・ジュースを加える。
2. シェーカーに氷を加え、表面に霜が付くまでしっかりシェークする。
3. 氷を入れたグラスに、ストレーナーで濾しながらカクテルを注ぐ。ピーティッド・ウイスキーを加える。
4. 好みでスライス・レモンを飾る。

TOMMY'S MARGARITA ／トミーズ・マルガリータ

1990年頃：フリオ・ベルメホ (JULIO BERMEJO) 作

グラス

オールド・ファッションド

技法

シェーク

氷

キューブ・アイス

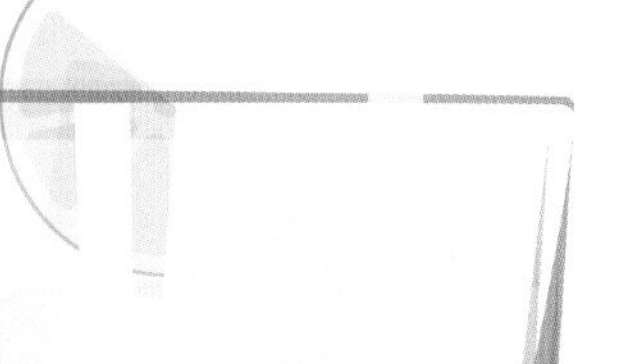

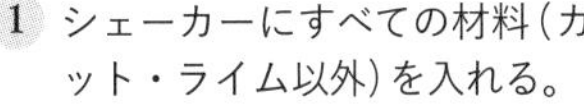

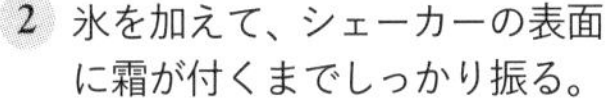

- テキーラ：60ml
- ライム・ジュース：25ml
- アガベ・シロップ：15ml
- カット・ライム：1/4個

1. シェーカーにすべての材料（カット・ライム以外）を入れる。
2. 氷を加えて、シェーカーの表面に霜が付くまでしっかり振る。
3. 氷を入れたグラスに、ストレーナーで濾しながらカクテルを注ぐ。
4. カット・ライムを飾る。

BLACK VELVET／ブラック・ヴェルヴェット

グラス

フルート・グラス

技法

ビルド

氷

なし

スタウトタイプの黒ビール：1/2

シャンパーニュ（または発泡性ワイン）：1/2

1 材料をよく冷やしておく。

2 スタウトとシャンパーニュをグラスの両サイドから同時に静かに注ぐ。

BRASS MONKEY／ブラス・モンキー

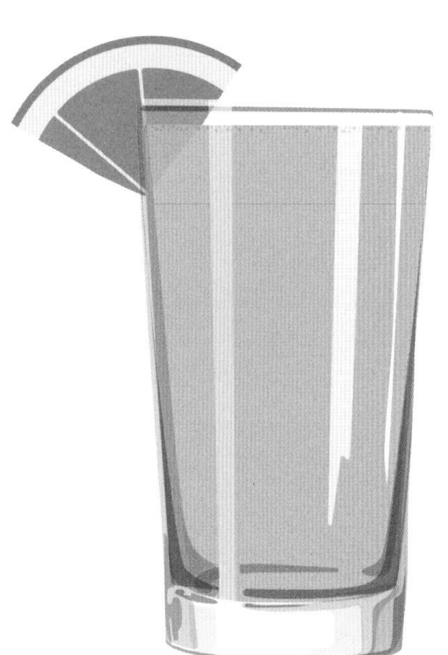

グラス

タンブラー

技法

ビルド

氷

キューブ・アイス

ビール：2/3

オレンジ・ジュース：1/3

スライス・オレンジ：1/4枚

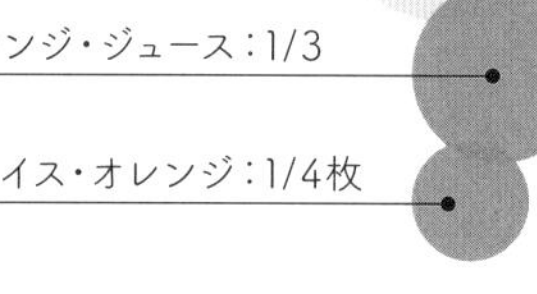

1 グラスに氷を入れて材料を注ぐ。

2 スライス・オレンジを飾る。

CORONARITA／コロナリータ

グラス
タンブラー

技法
ビルド

氷
キューブ・アイス

- テキーラ：15ml
- 搾りたてのライム果汁：1個分
- ホワイト・キュラソー（トリプル・セック）：15ml
- コロナビール：250ml
- スライス・ライム：1/2枚
- 塩：適量

1. グラスの縁をライム果汁で濡らし、塩を付ける（スノースタイル）。
2. グラスに氷、テキーラ、ホワイト・キュラソー、ライム果汁を入れて、バースプーンでしっかりステアする。
3. コロナビールの瓶の口を親指で押さえながら、瓶を逆さにしてグラスの中に入れる。
4. スライス・ライムを飾る。

DAME DU LAC／ダム・デユ・ラック

グラス
タンブラー＆
ショット・グラス

技法
ビルド

氷
キューブ・アイス

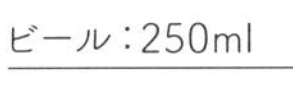

- ビール：250ml
- バーボン・ウイスキー：20ml

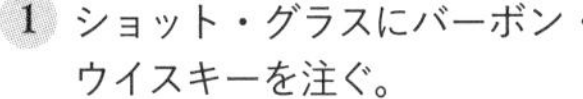

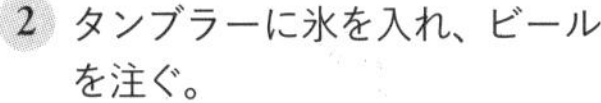

1. ショット・グラスにバーボン・ウイスキーを注ぐ。
2. タンブラーに氷を入れ、ビールを注ぐ。
3. 2にバーボン・ウイスキーをゆっくりと注ぐ。ウイスキーがビールの泡とともに静かに立ち上る。

DOIDO／ドイド

グラス

オールド・
ファッションド

技法

ビルド

氷

キューブ・アイス

スイート・ベルモット
(ロッソ)：50ml

よく冷えたビール：200ml

スライス・オレンジ：1/2枚

1 グラスの半分まで氷を入れ、スイート・ベルモットを注ぐ。

2 ビールを加える。

3 スライス・オレンジを入れる。

IRISH CAR BOMB／アイリッシュ・カー・ボンブ

グラス

パイント・グラス＆
ショット・グラス

技法

ビルド

氷

なし

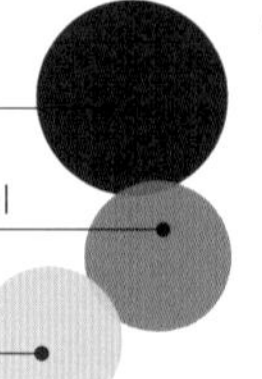

ギネスビール：330ml

アイリッシュ・ウイスキー：40ml

ベイリーズ・オリジナル・
アイリッシュ・クリーム：40ml

1 パイント・グラスにビールを注ぐ。

2 ショット・グラスにウイスキーとベイリーズ・オリジナル・アイリッシュ・クリームを注ぐ。

3 パイント・グラスに2を加え、すぐにサーブする。

SIROCCO／シロッコ

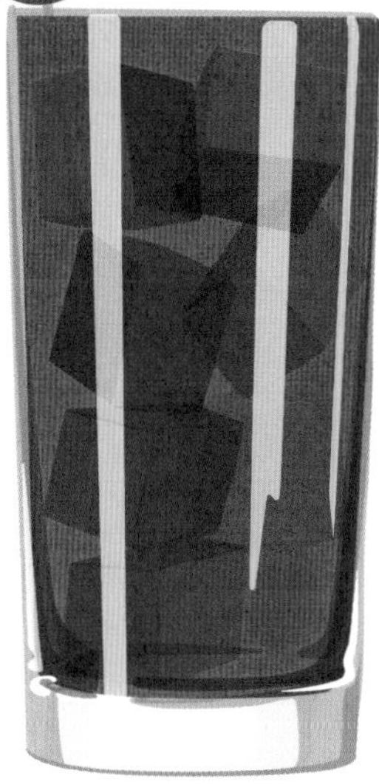

グラス	技法	氷
タンブラー	ビルド	キューブ・アイス

- 淡色系ビール：200ml
- カンパリ：40ml
- トマト・ジュース：40ml
- ジンジャー・シロップ：10ml
- チェリー・トマト：1個

1. グラスに氷を入れて、トマト・ジュース、ジンジャー・シロップ、カンパリの順に注ぐ。
2. バースプーンでステアする。
3. クリーミーな泡帽子をつくるために、ビールを2回に分けて注ぐ。
4. ピンに刺したチェリー・トマトを飾る。

SUMMER BEER／サマー・ビア

グラス	技法	氷
マティーニ・グラス	ビルド	なし

- リモナード：20ml
- 搾りたてのオレンジ果汁：20ml
- ウォッカ：20ml
- よく冷えたビール：250ml

1. グラスにリモナードを注ぎ、オレンジ果汁とウォッカを加える。
2. バースプーンで混ぜながら、ビールをゆっくりと注ぐ。

FAUX 75／フォー75

グラス

フルート・グラス

技法

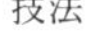

シェーク

氷

なし

- レモン・ジュース：30ml
- シンプル・シロップ：30ml
- ビター・レモンソーダ：100ml
- レモンピール：1片

1. シェーカーにレモン・ジュース、シンプル・シロップを注ぎ、氷を入れる。
2. 表面に霜が付くまでしっかりシェークする。
3. ストレーナーで濾しながら、2をグラスに注ぐ。
4. ビター・レモンソーダを加える。
5. レモンピールを飾る。

GREEN MARY／グリーン・メアリー

グラス

タンブラー

技法

シェーク&ブレンド

氷

キューブ・アイス

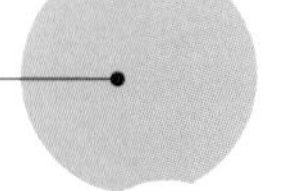

- キュウリ：1本
- レモン・ジュース：10ml
- カソナード（ブラウンシュガー）：1/2tsp
- タバスコ：4drop
- ミントの葉：4枚
- スティック・セロリ：1本*

*好みに応じて

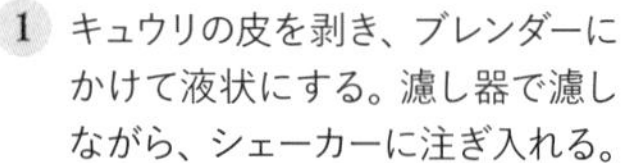

1. キュウリの皮を剥き、ブレンダーにかけて液状にする。濾し器で濾しながら、シェーカーに注ぎ入れる。
2. シェーカーに他の材料（セロリ以外）、氷を入れる。
3. シェーカーの表面に霜が付くまでしっかりシェークする。
4. ストレーナーで濾しながら、カクテルをグラスに注ぐ。好みでスティック・セロリを飾る。

JUNIPER & TONIC
／ジュニパー＆トニック

グラス	技法	氷
オールド・ファッションド	シェーク	キューブ・アイス

ジュニパーベリーのシロップ：30ml
ライム・ジュース：20ml
トニック・ウォーター：80ml
スライス・ライム：適量

1. シェーカーにライム・ジュース、ジュニパーベリーのシロップ、氷を入れる。表面に霜が付くまでしっかりシェークする。
2. 氷を入れたグラスにストレーナーで濾しながら、カクテルを注ぐ。
3. トニック・ウォーターを加える。
4. スライス・ライムを入れる。

MANGO COLADA ／マンゴー・コラーダ

グラス	技法	氷
銅製マグカップ	ブレンド	キューブ・アイス

冷凍マンゴー：200g
ライム・ジュース：10ml
ココナッツ・ミルク：80ml
ソーダ：100ml
ミントの葉：適量

1. ブレンダーにすべての材料（ミント以外）を入れる。
2. スイッチを入れて25秒ほど攪拌し、氷を入れたマグカップに注ぐ。
3. 好みでスライス・ライム、マンゴー、ミントの葉などを飾る。

MOJITO SPRITZER

／モヒート・スプリッツァー

グラス

タンブラー

技法

ビルド

氷

キューブ・アイス

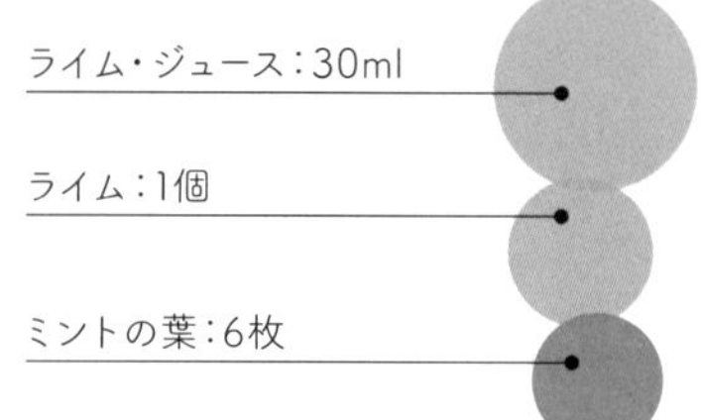

ライム・ジュース：30ml

ライム：1個

ミントの葉：6枚

ブラウンシュガー：2tsp

ソーダ：200ml

1. ライムを薄くスライスする。
2. グラスにブラウンシュガー、ライム・ジュース、ミントの葉を入れて、ペストルで潰す。
3. 氷、スライス・ライム、ソーダを加える。
4. バースプーンでステアする。

TART NUT COFFEE

／タート・ナット・コーヒー

グラス

オールド・ファッションド

技法

ブレンド

氷

キューブ・アイス

エスプレッソ・コーヒー：2shot

アーモンド・ミルク：60ml

チェリー・ジュース：30ml

カソナード・シロップ：15ml

シナモン：少々*

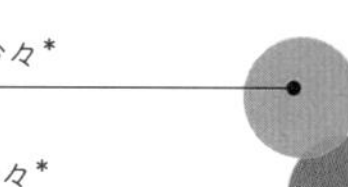

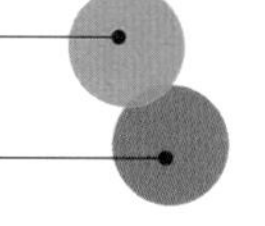

ナツメグ：少々*

*好みに応じて

1. ブレンダーにシナモンとナツメグ以外の材料を入れ、攪拌する。
2. グラスに1を注ぐ。
3. 氷を加えて、好みでシナモンやナツメグを振りかける。

TUSCAN ICED TEA
／トスカン・アイスティー

グラス	技法	氷
オールド・ファッションド	ビルド	キューブ・アイス＋クラッシュド・アイス

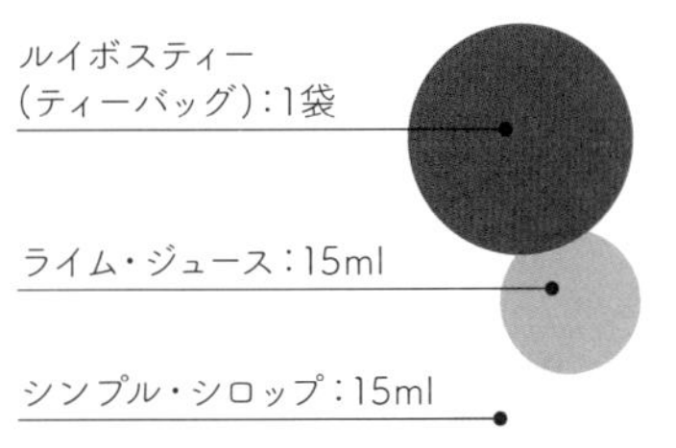

- ルイボスティー（ティーバッグ）：1袋
- ライム・ジュース：15ml
- シンプル・シロップ：15ml
- ローズマリー：2枝

1. カップにルイボスティーの袋を入れて、熱湯150mlを注ぐ。10秒ほど煎じてから氷を加えて冷ます。
2. シェーカーにローズマリー1枝、1のルイボスティー、ライム・ジュース、シンプル・シロップ、氷を入れる。表面に霜が付くまでしっかりシェークする。
3. クラッシュド・アイスを詰めたグラスに、ストレーナーで濾しながら、カクテルを注ぐ。残りのローズマリーを飾る。

VIRGIN MARGARITA
／ヴァージン・マルガリータ

グラス	技法	氷
タンブラー	ブレンド	キューブ・アイス

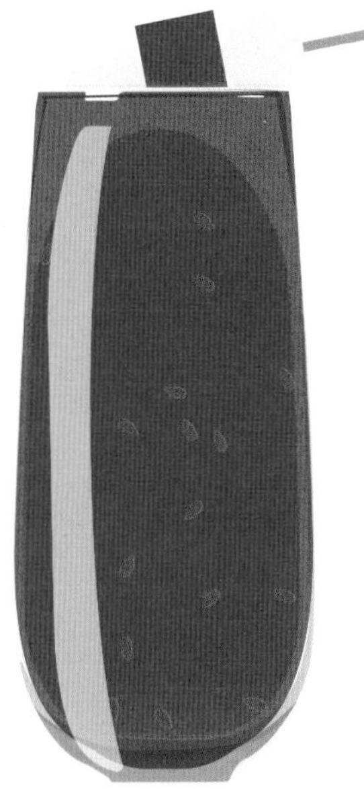

- スイカ：1カット分（角切り）
- ライム・ジュース：30ml
- アガベ・シロップ：10ml
- 湯：20ml
- ソーダ：80ml

1. ブレンダーにソーダ以外の材料を入れ、20秒ほど攪拌する。
2. グラスに氷を入れて、1を注ぐ。
3. ソーダを加える。

VIRGIN SANGRIA／ヴァージン・サングリア

グラス

オールド・ファッションド

技法

ビルド
（パンチ・ボウル：8杯分）

氷

キューブ・アイス

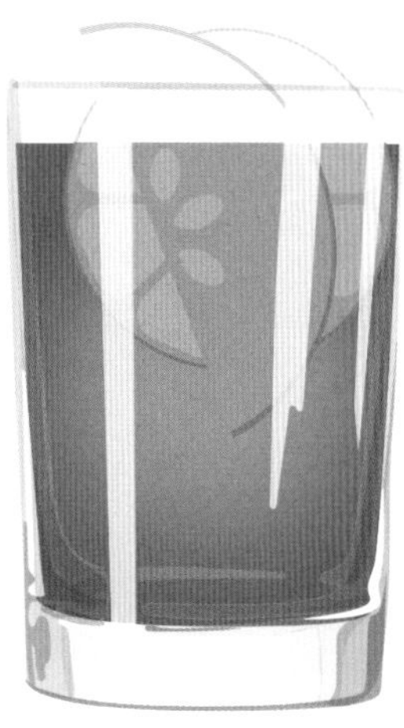

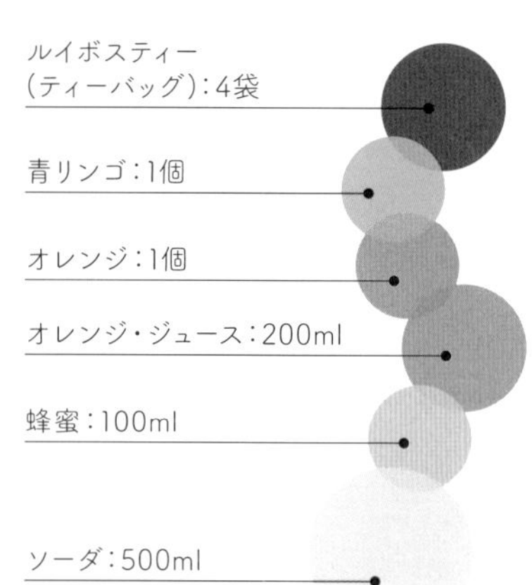

1 湯1ℓにルイボスティーを入れて10分ほど煎じて冷ます。

2 青リンゴとオレンジを薄くスライスする。パンチ・ボウルにルイボスティー、オレンジ・ジュース、蜂蜜、スライスした果物を入れる。冷蔵庫で数時間冷やす。

3 2にソーダと氷を加え、レードルで混ぜる。

VIRGIN SUNRISE／ヴァージン・サンライズ

グラス

オールド・ファッションド

技法

シェーク

氷

キューブ・アイス

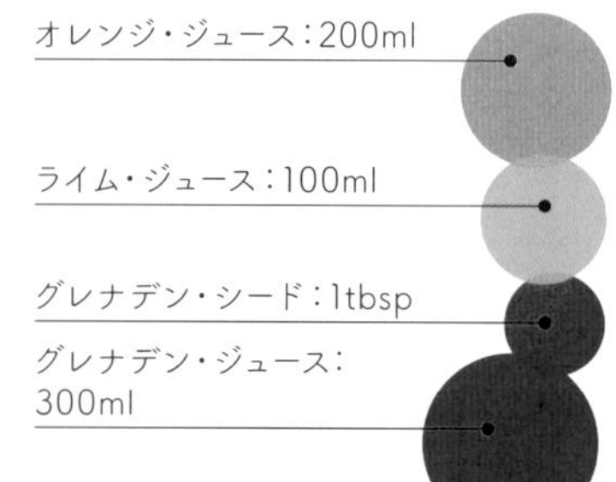

1 シェーカーにオレンジ・ジュース、ライム・ジュースを注ぐ。氷を入れて、表面に霜が付くまでしっかりシェークする。

2 グラスにグレナデン・シードを入れる。

3 1のカクテルをストレーナーで濾しながら、グラスに注ぐ。グレナデン・ジュースをバースプーンの背を伝うように静かに加える。

マリアン・ベイク
(MARIAN BEKE)

スロバキアで生まれ、ワイン会社を経営する父親の姿を見て育ったマリアンは、父親と同じ道を進むことを決意する。10年以上前に、まずは英語をマスターするためにロンドンに渡り、当地のカクテル・シーンに触れることになる。まずはナイト・クラブで見習いから始めて、徐々にバーテンダーのポストへと昇りつめていった。その後、ホテル、レストラン、カクテルバーの「モンゴメリー・プレイス(Montgomery Place)」「プール・ロンドン(Purl London)」などを渡り歩き、数年前に自身の店である「ザ・ギブソン(The Gibson)」をロンドンにオープンさせた。開店から時を経たずして、ヨーロピアン・ベストバー、ワールド50ベストバーの第6位に選ばれる快挙を成し遂げた。マリアンは世界各地でコンサルタントとしても活躍し、ロシア、日本、韓国、中国、アメリカ、カナダ、タイ、インドネシア、シンガポール、ヨーロッパ諸国を飛び回っている。

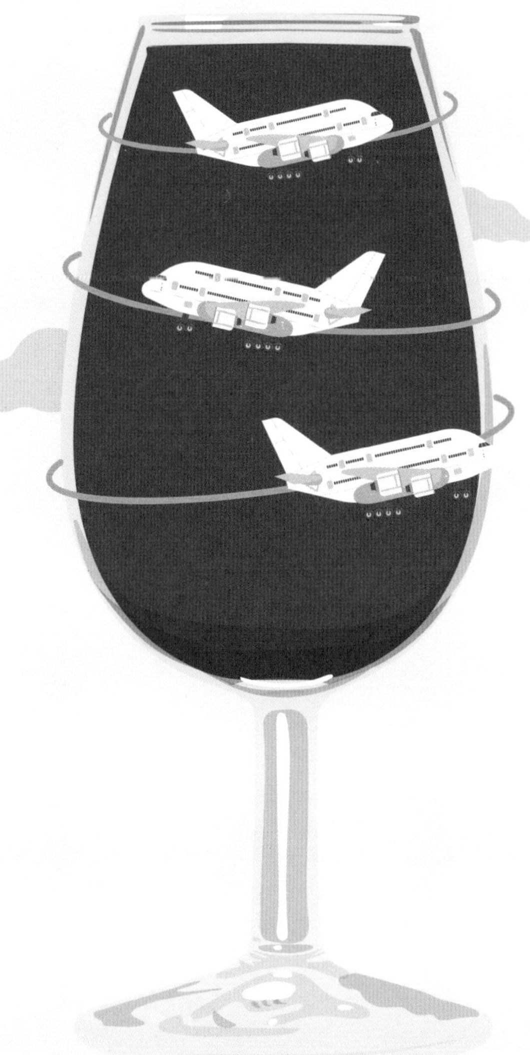

代表作
スマグラーズ・コーヴ
(SMUGGLER'S COVE)

付録

良い映画の舞台裏を見るように、カクテル界のバックステージを少しのぞいてみよう!

ミクソロジスト、バーテンダーになるために

バーで出会ったバーテンダーに、プロになるまでの経歴を聞いてみるとよい。各人が独自の道を歩んできたことが分かるだろう(そして、プロになるための方法に対する意見もはっきり分かれるだろう!)。

独学

異国へ旅立ち、「いつの間にか」バーテンダーになっていたというタイプ、上場企業の管理職から転身したタイプ、将来やりたいことが漠然としていたタイプは、独学で学んだ者が多い。その方法は実に様々であるが、共通している点は、仕事の後に専門書を読み漁って知識を蓄積していったということである。その多くは既存のレールから外れて自由な発想でアプローチし、プロになることに成功した。

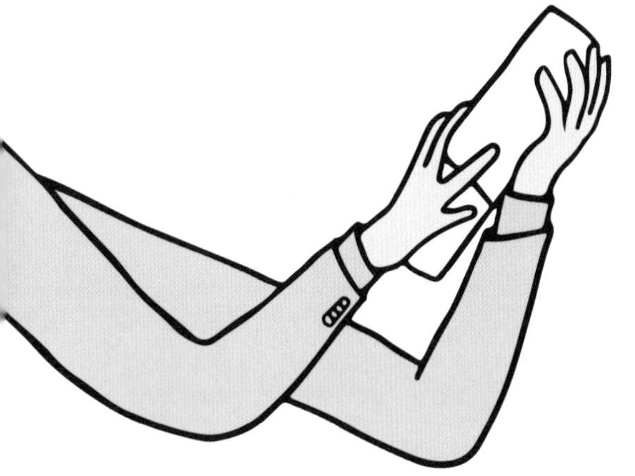

プライベートスクール

フランスでは「European Bartender School」、「L'École du bar」、「CQP」、「MCB2.0」などで、一般的に短期間のコース(10～120時間)を各種提案している。どこにするか決める前に、お気に入りのバーを回って、おすすめのスクールを聞いてみるとよい。

職業高校

フランスではバーテンダーになるための教育課程を提案している国公立の高校がある。

CAP(職業適格証): ブラッスリー/カフェ、レストランの接客業

BEP(職業教育免状): レストラン・ホテルに関わる職業

職業バカロレア: レストラン業

技術バカロレア: ホテル業

職業資格のリストは定期的に変わるので、学校に問い合わせることが望ましい。バーテンダーとして雇用されるための特別資格もあり、1年のコースで取得可能である。さらに2年の職業体験後に取得できるバーテンダー職業免状も存在する。

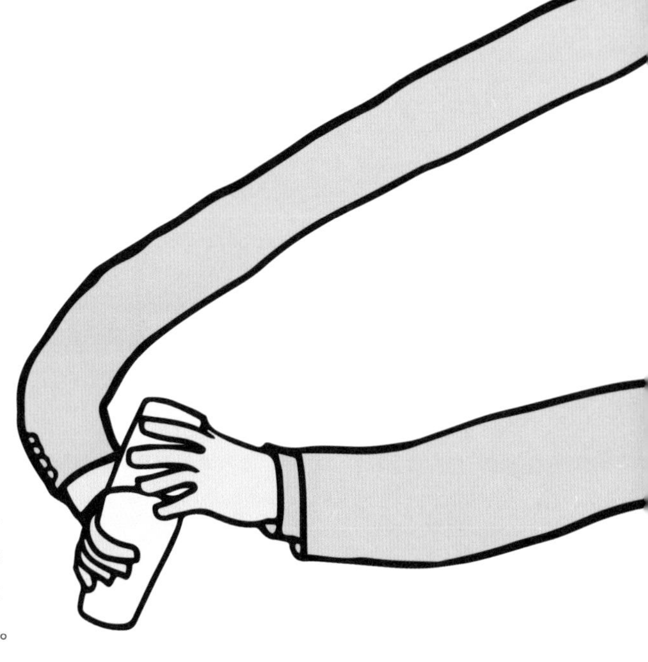

バーテンダーになる前に……

バーの世界に足を踏み入れる前に、多大な時間と自己投資が必要な職業であることを知っておくべきである。友人がパーティーをしている間、仕事をしなければならない。独学でも学校で資格を取得しても、常に探求心を働かせ、文献にあたり、トレンドに敏感であることが求められる。フレアバーテンディングにしても、すぐにボトルを操れるようになるわけではない。新人はまずフロアで接客を経験しなければ、バーカウンターに入れないというルールを設けている店も少なくない。

バーテンダーの「フランス国家最優秀職人章（MOF）」

MOFの称号を得ることは、フランス共和国の最優秀職人の1人に選ばれるということである。そのためには、1分野の職人としての経歴、実績だけでなく、数年の準備を要するコンクールに合格しなければならない。バーテンダーのMOFは2011年に設立された。審査員は外国語でのコミュニケーション力、サービスの技術、一般教養、材料に対する知識、接客に付加価値を付けることのできる能力、プロとしての立ち居振る舞い、服装などを評価する。

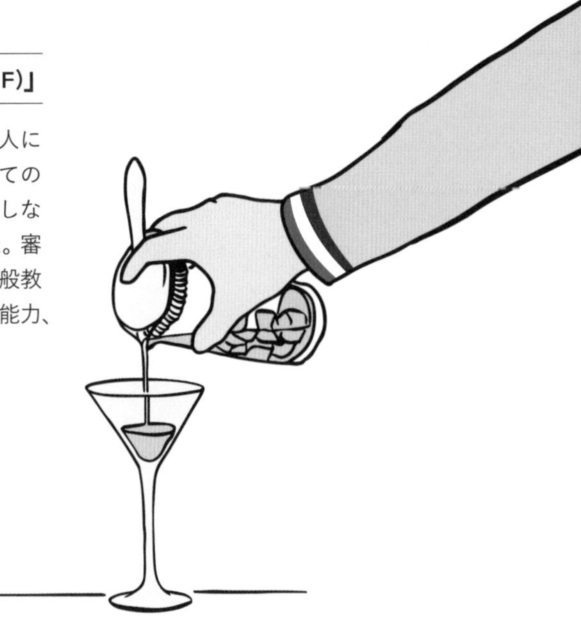

酒類メーカーによる研修プログラム

バーテンダーがスピリッツとカクテルの分野で技能と知識を磨く機会を提供するために、多くのメーカーがプロ向けの研修プログラムを企画している。自社製品の正しい使い方を広めるためであるが、マーケティングのためでもある。

バーテンダーのコンペティション

コンペティションは単純に楽しむ会ではなく、カクテルの世界で名を広めるための登竜門となっている。

様々な大会

バーテンダーのワールドカップは存在しないが、各国で複数の全国大会、国際大会が開催されており、その多くは酒類メーカーがスポンサーとなっている。バーテンダーはなぜ、これらの大会に参加するのだろうか？

知名度UP

スピリッツのメーカーはコンペティションの促進に多額の資金を投資している。バーテンダーにとっても名を上げるためのチャンスである。

挑戦

バーテンダーには自分自身を見つめ直す時が必要だ。コンペティションは自分の殻を破り、新しいことに挑戦する機会を与えてくれる。

親睦

コンペティションの大半はバーテンダーが楽しく過ごせるように企画されている。蒸留所の見学、バー巡り（もちろん仕事目的である！）、地元の特産品の試食・試飲などを体験できる。

交流

バーテンダーは自分が働いている店以外のバーやレストランに行く機会が多いわけではない。同業者を観察して、技術や材料について意見を交わすことができる。

旅

コンペティションは異国の地を知る良い手段でもある。スピリッツ・メーカーが気前よく参加者の費用を出してくれることもある。

コンペティションの状況

もうプロ級の腕だという自信があるかもしれない。しかし大会では、競争の場にふさわしい、腕利きのバーテンダーでさえ震えるような試練が、いくつも用意されている。例えば、限られた時間内で複数のカクテルをつくる、あらかじめ知らされていない材料を使って即興でつくる、大勢の観客の前で実技を行う、などの条件が課せられる。さらに、シェーカーが開かない、メジャーカップが審査員のほうへ転がり落ちる、など予期せぬハプニングも加わる。不測の事態の連続で、一流のバーテンダーでもミスを犯すほど難易度が高い。

名誉ある世界大会

数多くのコンペティションがあるが、そのなかでもトップクラスの大会がある。

ハバナクラブ カクテルコンテスト (GRAND PRIX HAVANA CLUB)

1996年に創設された大会で、キューバのハバナで2年に1度開催される。世界中から約40名のトップバーテンダーが集結し、キューバンラムをベースとするカクテルで競い合う。

バカルディ・レガシー (BACARDÍ LEGACY)

2008年に始まった大会。モヒートやダイキリの次に続く、このラム・メーカーのアイコンとなる新たなカクテルの創作が求められる。

ワールド・クラス・コンペティション (WORLD CLASS COMPETITION)

ディアジオ（Diageo）社のブランド（ジョニー・ウォーカー、シロック、ケテル・ワン、タンカレー）をメインとする、2009年に始まった世界大会で、毎年、約60カ国で選ばれた代表たちが世界一の座を得るために腕を競い合う。2016年度のマイアミ大会で優勝したのはフランス人バーテンダーのジェニファー・ル・ネシェ（Jennifer Le Nechet）だった。

主催者はスピリッツ・メーカーだけでない？

バーテンダーの大会を始めたのはスピリッツ・メーカーではあるが、シロップやフルーツ・ジュースのメーカーもこの波に乗り始めている。目標は「未来のスター・バーテンダーを発掘し、ブランドのアンバサダーとして採用すること」、そして「メディアの関心を引くこと」である。

酒類メーカーとカクテル

種類メーカーのカクテル市場への投資が増加している。社会の変化や新たなトレンドをフォローする手段となっている。

時代の変化

食前酒、食後酒として、スピリッツやリキュールをストレートで飲んでいたのは、はるか遠い時代のことだ。いくつかの例外（ウイスキーなど）はあるが、多くのメーカーが生き残りをかけて、商品開発に取り組んでいる。

嗜好の変化

少し前までは、苦味や酸味が好まれる傾向にあったが、今は甘味が求められる時代である。この嗜好は2016年にフランスで最もオーダーされたカクテル8種を見ればすぐに分かるだろう。

1. モヒート（売上量の約80%）
2. キール・ロワイヤル
3. キール
4. ピニャ・コラーダ
5. ティパンチ
6. マルガリータ
7. ジン・トニック
8. テキーラ・サンライズ

ミネラルウォーター、ワインのメーカーも参戦

カクテル市場でのチャンスを逃すことはできない。ミネラルウォーターのメーカーも最新スポットのカクテルパーティーなどに協賛して、その存在感をアピールしている。ワインメーカーも様々なイベントで爽やかで飲みやすいカクテルバージョンを提案している。フランスの乳製品振興会でさえも、知名度を上げるためにミルクやクリームなどを使ったカクテルを紹介している。今やカクテルはどこにでも存在する！

流行の影響？

近年、カクテルを嗜む人が増えてきているが、それはカクテルの黄金時代を彷彿とさせる映画やテレビドラマ（「華麗なるギャツビー」、「マッドメン」など）が増えていることも影響している。また、新規の客層が市場を占める割合も拡大し続けている。例えば、カクテルに目のない女性が増えている。

緻密な戦略

バーテンダーの育成に投資しているメーカーも少なくない。ブランドの知名度を上げ、翌年の夏に売り込むべきカクテルをメディアで紹介するために、メーカーはひそかに着々と準備している。

スロー・ドリンキング

カクテルをつくり、味わい、そのスタイル、フレーバーを理解するという一連の過程に十分な時間をかける。これはバカルディ・マルティーニ（Bacardí-Martini）社が提唱しているアプローチである。

スロー・ドリンキングの10カ条

居心地の良い空間をつくる

招待客にカクテルを紹介する

カクテルに合うグラスを選ぶ

材料を正確に計量する

温度を管理する

カクテルに合う料理を用意する

7

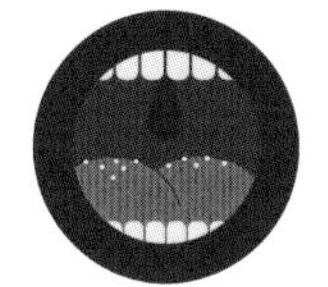

カクテルの風味をより良く感じるために、口直しをする

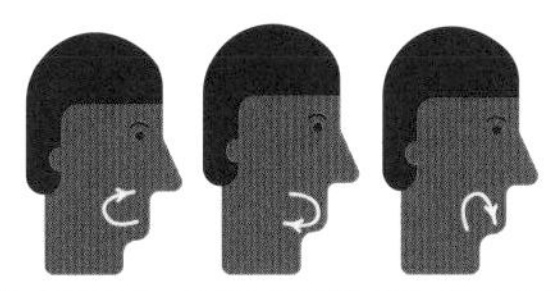

時間をかけて味わい、評価する

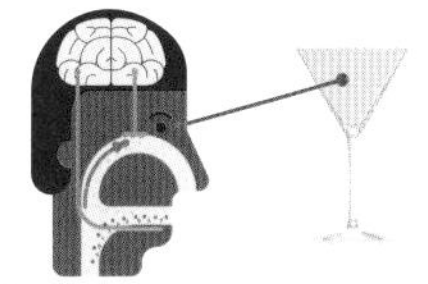

自分自身と招待客の五感を呼び覚ます

味わいの印象を述べ合う

スローという傾向

1986年に「エコ・ガストロノミー（環境に配慮する美食学）」の運動から始まった。
スローフードは社会における食の在り方、価値を見つめ直し、高めることを提唱する非営利目的の国際的な活動である。
1. 仕事に見合った収入を確保することで、生産者を尊重する。
2. 自然と環境を尊重し、生物多様性の保全に努める。
3. それぞれの土地、文化によって育まれた地元の食材、伝統の価値を高める。

スロー・ドリンキングについては次のURL参照：www.slowdrinking.com

ビッグイベント

PARIS COCKTAIL WEEK
パリ・カクテル・ウィーク

毎年、パリのベストバーを巡り、限定のカクテルを味わうことのできるイベントが開催される。
www.pariscocktailweek.fr

PARIS COCKTAIL FESTIVAL
パリ・カクテル・フェステバル

ワークショップ、テイスティングなどの催しが数日間行われる。
www.paris-cocktail-festival.com

COCKTAILS SPIRITS PARIS
カクテル・スピリッツ・パリ

素晴らしいカクテルとニューレシピの数々を体験できるフェア。
cocktailspirits.com

OLD FASHIONED WEEK
オールド・ファッションド・ウィーク

伝説のカクテル、オールド・ファッションドに捧げられる1週間！
www.old-fashioned-week.com

RHUM FEST PARIS
ラム・フェスト・パリ

ラムベースのカクテルを発見できるグッド・イベント！
www.rhumfestparis.com

MONTPELLIER COCKTAIL TOUR
モンペリエ・カクテルツアー

パリだけが舞台ではない。南仏のモンペリエにもカクテル・イベントがある！
www.montpelliercocktailtour.com

TALES OF THE COCKTAIL
テイルズ・オブ・ザ・カクテル

カクテルのワールドワイド・イベント。カクテルバーに関わるスペシャリストたちがアメリカのニューオーリンズに集結する。
talesofthecocktail.com/events/

TALES ON TOUR
テイルズ・オン・ツアー

誰もが重要なイベントに参加するためにニューオーリンズまで行けるわけではない。
そのため、各地を巡回するイベントも企画されている！
talesofthecocktail.com/

おすすめのカクテルバー（フランス）

L'ANTIQUAIRE
ランティケール

20, rue Hippolyte-Flandrin
69001 Lyon

LE BAR KLÉBER
ル・バー・クレベール

19, avenue Kléber
75116 Paris

BATON ROUGE
バトン・ルージュ

62, rue Notre-Dame-de-Lorette
75009 Paris

BISOU
ビズー

15, boulevard du Temple
75003 Paris

LE CALBAR
ル・カルバー

82, rue de Charenton
75012 Paris

CANDELARIA
カンデラリア

52, rue de Saintonge
75003 Paris

CARRY NATION
キャリー・ネイション

Adresse secrète
13006 Marseille

DANICO
ダニコ

6, rue Vivienne
75002 Paris

LES JUSTES
レ・ジュスト

1, rue Frochot
75009 Paris

LITTLE RED DOOR
リトル・レッド・ドア

60, rue Charlot
75003 Paris

MABEL
マベル

58, rue d'Aboukir
75002 Paris

OSTREA ET PERDITION
オストレア・エ・ペルディション

60, rue de l'Arbre-Sec
75001 Paris

PAPA DOBLE
パパ・ドブル

6, rue du Petit-Scel
34000 Montpellier

LE PARFUM
ル・パルファン

55 bis, rue de la Cavalerie
34090 Montpellier

POINT ROUGE
ポワン・ルージュ

1, quai de Paludate
33800 Bordeaux

LE SYNDICAT
ル・サンディカ

51, rue du Faubourg-Saint-Denis
75010 Paris

索引

あ

アーティチョーク 64
アーモンド 71
アーモンド（オルゲート）・シロップ 20, 88, 121, 161
アーモンド・ミルク 196
アイリッシュ・カー・ボンブ 192
アイリッシュ・コーヒー 19, 32, 138, 144, 160
アイルランド 160
アヴィエーション 126
アガベ・シロップ 59, 95, 189, 197
アガベ（リュウゼツラン）39, 92
赤ワイン 88
赤ワインビネガー 78, 79
アクアヴィット 92
アグネス・イズ・アングリー 126
アダム（シリル）115
アドリア（フェラン）112, 113
アップル・ジュース 74
アニス 65, 71, 79, 88, 93
アニゼット 87
アネホ 130
アフィニティ 105
アブサント 33, 39, 87, 171, 178, 188
アブソルート 38
アフター・ファイブ 53
アブラカダブライス 136
アプリコット・ジュース 68
アプリコット・ブランデー 121
アペロール 62, 180
アペロール・スプリッツ 23, 180
アマーロ 128, 129
アマーロ・ルカーノ 199
アマレット 53, 71, 105, 126
アムステルダム 87
アメリカ 19, 20, 22, 23, 31, 38, 53, 77, 101, 110, 114, 118, 119, 146, 148, 149, 150, 199
アメリカーノ 62, 146, 167
アメリカンバー 101
アルゼンチン 176
アロマタイズド・シュナップス 53
アンゴスチュラ・アロマティック・ビターズ 63
アンゴスチュラ・ビターズ 18, 63, 77, 91, 92, 104, 105, 127, 128, 162, 165, 168, 170, 175, 176, 178, 188
アンジェリカ 64

い

イキケ 170
イギリス 23, 101, 164
イタリア 23, 70, 146
イチゴ 72, 78, 79, 94, 184
イチジク 65
インド 16
インドネシア 199
インフュージョン 76, 77, 90, 94

う

ヴァージン・サングリア 198
ヴァージン・サンライズ 198
ヴァージン・マルガリータ 197
ヴァージン・モヒート 117
ウイキョウ 65, 92
ウイスキー 20, 37, 38, 39, 41, 43, 55, 63, 67, 76, 82, 83, 103, 104, 105, 114, 125, 128, 130, 144, 153, 160, 189, 206
ウイスキー・サワー 39, 144, 176
ウィスコンシン 59, 176
ウィルソン（ジョー）102
ウェイランド（ザ）74
ヴェクセナ（シャルル）188
ヴェスパー 139, 145, 174
ヴェスパー・マティーニ 137, 139
ヴェスパー・マティーニ・ドライ 174
上野（秀嗣）73
ウォッカ 8, 29, 38, 41, 43, 49, 53, 64, 66, 69, 74, 75, 76, 82, 93, 94, 96, 130, 132, 137, 145, 148, 149, 152, 158, 166, 174, 179, 193
ウニ 94
ヴュー・カレ 63, 139, 144, 145, 175
ヴュー・ポンタルリエ 39

え

エヴァークリア 64
エキシビション・フレア 110
エコノム（ピーラー）25, 50
エジンバラ 101
エスカランテ（ホアン）157
エスプレッソ・マティーニ 19, 138, 145, 158
エスプレッソコーヒー 158, 160, 196
エタノール 74
エッグノッグ 16, 29
海老 130
エムベリー（デイヴィッド・A）42
エル・プレジデンテ 144, 157
エルダーフラワー 71
エルドラド 82
エレクトリック・ジェロ 53
エンセナーダ 163

お

オー・ド・ヴィー 70, 72, 87, 93
オークランド 120, 161
オーバーヘッド・シェーク 57
大麦 38
オールスパイス 66
オールド・キューバン 127, 188
オールド・ジャマイカ 69
オールド・ファッションド 8, 14, 19, 27, 136, 139, 144, 168, 208
オールド・ファッションド・ウィーク 208
オールド・ファッションド（グラス）16, 27, 148, 150, 151, 152, 161, 167, 168, 171, 175, 176, 185, 186, 187, 189, 192, 195, 196, 197, 198
オックス 94
オランダ 87
オリーブ 104, 109, 117, 156
オリーブオイル 125
オリオール・バー 131
オリジナル・ホワイト・レディ 88
オレンジ 39, 50, 63, 65, 66, 85, 87, 92, 105, 146, 150, 153, 157, 168, 180, 186, 192, 198
オレンジ・キュラソー 53
オレンジ・ジュース 87, 105, 126, 183, 190, 193, 198
オレンジ・ビターズ 63, 66, 88, 104, 105, 128, 199
オレンジ・フラワー 104
オレンジ・マーマレード 186
オロスコ（カルロ）163

か

ガイ・フォークス 94
カイピリーニャ 145, 151
カイピロスカ 145, 152
貝類／甲殻類 130
カカオ豆、カカオ 65, 66, 71
カクテル・スプリッツ・パリ 33, 208
カクテル・デュボネ 104
カクテルと食材の組み合わせ 9, 124, 126, 130
カシア 64, 65
カシス 72
カシス・ジュース 68
カシス・シロップ 88
カシス・リキュール 8
カシャーサ（ピンガ）145, 151
カソナード・シロップ 196
カソナード（ブラウンシュガー）194
カナダ 94, 199
カナダ・ドライ 69
カポネ（アル）118
神風 53
鴨 77, 130
カモミール 65
火薬 94
カラブレーゼ（サルバトーレ）49, 186

カラムス 64
カラメル 39, 65, 69
カリフォルニア州 20, 82, 110, 120
カルーア 53
カルヴァドス 39, 87, 91
カルダモン 63, 65, 66, 79, 80
カルダモン・シロップ 80
韓国 23, 199
甘草 64
ガンパウダー・プロット 94
カンパリ 39, 53, 62, 91, 92, 127, 129, 146, 150, 167, 181, 193

き

キール 19, 29, 140, 183, 206
キール・ロワイヤル 23, 28, 206
キナの樹皮 64, 84, 85
キニーネ 69, 84
ギネス 192
キノコ 74
キノット 199
ギブソン 136
ギムレット 8, 27
ギャツビー（ジェイ）136
キャビア 113, 130, 179
キャビア・マティーニ 141
キャラウェイ 65, 92
キャリー・ネイション 209
キャロット・ジュース 74
キャロット・ジンジャー・スプラッシュ 74
キューカンバー・マティーニ 75
キューバ 22, 165, 205
キューバ・リバー 19, 27, 181
キューバ・リバー・ゼラチン 113
キューバン・ロール 58
キューブ・アイス 60, 146, 147, 148, 150, 153, 154, 155, 156, 157, 158, 159, 161, 162, 163, 165, 166, 167, 168, 169, 170, 171, 172,
ギュイヨ（アモリ）125
牛肉 127, 130
牛乳 17, 43, 104, 206
キュウリ 59, 75, 84, 129, 188, 194
キュラソー 17, 53, 70, 71, 87, 105, 121
魚貝類 128
ギリシャ 101
キルシュ 53
金柑 75
銀座 73
禁酒法（禁酒法時代）14, 19, 21, 118, 119, 134, 146, 150

く

クーラー 17
グウィン（エルスキン）150
クエン酸 85
クラインドラー（ジャック）119
クラシック・マティーニ 104
クラッシュド・アイス 15, 16, 27, 60, 121, 151, 152, 164, 186, 197
グラン・マルニエ 53, 70
クランベリー・ジュース 93, 96, 153
クリーム 42, 43, 53, 56
グリーン・ビースト 188
グリーン・メアリー 194
グリーンオニオン 75
クリスチャン・ドルーアン 39
グリューワイン 137
クルーズ（トム）19, 110
胡桃 65, 71
グレイグース 38
グレイハウンド 182
グレープフルーツ 65, 74, 182, 184
グレープフルーツ・ジュース 92, 178, 182
グレープフルーツ・ソーダ 127, 184
グレープフルーツ・ビターズ 49
クレーム 70
クレーム・ダブリコ（アプリコット）91
クレーム・ド・ヴィオレット 126
クレーム・ド・カシス 23, 53, 70, 72, 88, 183
クレーム・ド・マント 70, 177
クレーム・ド・ミュール（マルベリー）186
クレオール・ビターズ 63
グレナデン・ジュース 198
グレナデン・シロップ 88, 105, 121, 157, 178
クレマン 28
クレマンティーヌ・ジュース 128
クローブ 63, 65
クロケット（ソニー）136
クロスウェル（ハリー）18
グロッグ 18

け

ケール 74
ケーン（シュガー）136
ケソ・フォンディード 130
ケテル・ワン 38, 205
ゲンチアナ根 64, 66, 71, 87
ゲンチアナ・リキュール 87, 88

こ

コーニッシュ・パスティス 199
コーヒー 65, 66, 71, 158, 160
コーヒー・ビターズ 66
コーヒーフィルター 66, 85
コーヒー・リキュール 53, 71, 82, 148, 158
コーラ 69, 96, 113, 114, 181
コアントロー 53, 177
香味成分 65, 66
紅茶 76, 125
国際バーテンダー協会 19
ココナッツ 120
ココナッツ・クリーム 105, 169
ココナッツ・ミルク 33, 195
胡椒 65, 79, 94, 149
コスモポリタン 28, 54, 96, 97, 113, 145, 153
ゴスリング 155
ゴッドファーザー 105
コットン・キャンディー（綿菓子）113
コニャック 39, 43, 63, 87, 145, 171, 172, 175, 182
コブラー 16, 60
コプラー（ジャック）160
コフレッシ（ロベルト）169
ゴボウ 64
ごま油 77
コラーダ 15
コリアンダー 63, 65, 66, 75
コリンズ・グラス 32
コリンズ 32
コルレオーネ（フレド）136
コロナビール 191
コロナリータ 191
コロネル・コリンズ 32
ゴンドリー（ミシェル）115
コンノート・マティーニ 49
コンブチャ 95
コンブト・カクテル 95

さ

ザ・コンノート・バー 49, 101
ザ・ビター・トゥルーズ 63
ザ・ライン 94
サイド・カー 113, 136, 145, 172
サヴォイ 23, 102
サゼラック 18, 145, 171
サゼラック・コーヒー 171
砂糖 15, 16, 17, 20, 25, 47, 68, 72, 78, 79, 80, 81, 85, 87, 95, 160
サトウキビ 38
サトウキビ天然糖液 127, 178
サフラン 71
サマー・ビア 193
サラダ 130
サルサパリルラ 64
サルトル（ジャン・ポール）89
サワー 16, 20
サワートー 94
サワーミックス 54
サングリア 22
サンダーズ（オードリー）187, 188
サンディカ（ル）89, 101, 209
サンブーカ 53
サンフランシスコ 82, 114, 160

し

シードリップ 117
シードル 39, 185
シードル・ビネガー 78, 79
シアトル 101
シェーカー 24, 33, 45, 54, 56, 57, 58, 74, 75, 87, 110, 111, 121, 132, 153, 154, 158, 159, 161, 163, 169, 170, 172, 174, 176, 177, 178, 186, 187, 188, 189, 194, 195, 197, 198, 205
シェリー・コブラー 29
シェリダン（ジョセフ）160
ジェロ・ショット 53

塩 33, 75, 85, 92, 127, 163 184, 191
シトラス・ブレンド 117
シナモン 63, 65, 66, 70, 83
ジャー 115
ジャガイモ 38, 92
ジャスト・オン・タイム 179
ジャパニーズ・ブラッディ・メアリー 23
ジャマイカペッパー（オールスパイス）85
シャルトリューズ 39, 70, 71, 74, 83
ジャン（マルク）179
シャンパーニュ 28, 43, 88, 113,126, 127, 132, 183, 188, 190
シャンボール・リキュール 93
シュウェップス 69
シュウェップス・プレミアム・ミキサー 84
熟成 90
ジュニパー＆トニック 195
ジュニパーベリー（杜松の実）38, 65
ジュニパーベリーのシロップ 195
シュラブ 78, 79
ジュレップ（カクテル・スタイル）60
生姜 59, 65, 66, 69, 71, 74, 81, 189
醤油 23
蒸留 70, 117
ショート・ドリンク 14, 16, 26, 28, 43, 103, 132
食前（酒）、アペリティフ 36, 62, 71, 146, 152, 154, 156, 157, 162, 165
食後酒 62, 71
植物 64, 69, 71
ショット・グラス 24, 29, 191, 192
ジョニー・ウォーカー 38, 205
ジョンソン（ハリー）19, 21, 67
シロック 205
シロップ 43, 54, 56, 66, 78, 80, 112, 116
白ワイン 87, 88, 181
白ワインビネガー 78, 79
ジン 38, 41, 43, 53, 55, 62, 75, 76, 84, 85, 88, 91, 93, 94, 104, 117, 125, 126, 127, 128, 130, 132, 145, 156, 159, 167, 172, 173, 174, 177, 182, 185, 186, 187
ジン-ジン・ミュール 187
ジン・トニック 84, 85, 159, 206
ジン・バジル・スマッシュ 187
ジン・ビーム 38
ジン・フィズ 14, 27, 112, 145, 159
ジン・リッキー 136
シンガポール 23, 199
シンガポール・スリング 23, 136
ジンジャー・エール 16, 17, 69, 74, 87, 182
ジンジャー・シロップ 81, 94, 129, 193
ジンジャービア 59, 69, 126, 131, 155, 166, 187
シンプル・シロップ 33, 41, 78, 80, 87, 92, 104, 105, 106, 121, 127, 128, 152, 154, 158, 159, 164, 165, 170, 171, 173, 176, 177, 186, 187, 188, 194, 197

す

スーズ 87, 185
スーズ・スプリッツ 87
スープ・シャンプノワーズ 88
スイカ 197
スイカ・ジュース 23
スカルセリ（フォスコ）167
スクイーザー 25, 69
スコッチ・ウイスキー 38, 105, 189
スコットランド 38
スズキ 128
スタブ（エリオット）170, 176
ステビア 81
ストーン・フェンス 185
ストレート・アップ 24, 46
ストレーナー 24, 25
ストロベリー・リキュール 72
スバク・ソジュ 23
スピークイージー 118, 119
スフェリフィケーション 113
スプライト 69
スプリッツ 29, 138
スプリッツ・シロップ 81
スペイン 22, 101
スマグラーズ・コーヴ 199
スミノフ 166
スミレ 71
スモーキー・マティーニ 83
スモーキー・メアリー 83
スモーキング・ガン 83
3ピースシェーカー 24, 25, 44
スロー・ドリンキング 207
スロー・フード 207
スローイング 58

せ

セージ 65, 71, 125
世界のベストバー 50 67, 100, 199
関根（拓）125
セックス・オン・ザ・ビーチ 30
セビーチェ 128, 130
セブンアップ 69
セラーノ・ペッパー 76
ゼラチン 53
ゼリー・カクテル 113
セロリ 149
セロリ・ビターズ 129

そ

ソーダ 15, 17, 27, 43, 55, 62, 64, 78, 85, 87, 95, 119, 129, 146, 159, 165, 168, 173, 180, 181, 195, 196, 197, 198
ソーテルヌ・コブラー 20
ソーンヒル（ロジャー）136
ソウル・サンセット 93
ソジュ 93
ソト（ニコ・ド）33
ソフト・シェーク 57
ゾンビ 19, 31, 121, 139, 144, 178

た

ダーク＆ストーミー 138, 144, 155
ダーティー・ディック 121
タート・ナット・コーヒー 196
タイ 199
ダイキリ 19, 106, 144, 154, 205
タイム 65, 76, 83
ダイレクショナル・フリージング 61
タコス 130
ダッチ・ミュール 126
タップ・カクテル 114
ダニコ 33, 209
タバスコ 149
タヒチ 120
卵 16, 17, 33, 42, 54, 87, 90, 92, 94, 104, 159, 170, 176, 177
タマリンド 105
タマリンド・シロップ 129
ダム・デュ・ラック 191
樽 38, 90, 91
タンカレー 38, 205
タンバルシェーカー（フレンチシェーカー）24, 45
タンブラー（グラス）16, 17, 27, 32, 75, 146, 155, 159, 165, 173, 181, 182, 184, 185, 187, 188, 190, 191, 193, 194, 196, 197
タンブラー（ハイボール）27, 32,

ち

チーズバーガー 169
チェリー・ジュース 196
チェリー・ビターズ 179
チェリー・リキュール 73
チェリートマト 193
チナッリ（ルカ）131
中国 95, 199
チョコレート 71, 125, 130, 135
チョコレート系のリキュール 71
チリ 170
チリペッパー 59

て

テールズ・オブ・ザ・カクテル 59, 100, 101, 208
ティ・パンチ 206
ディアジオ 205
デイヴィス（ジョン）164
ティキ 30, 31, 120, 121
ティキマグ 31, 178

TGIフライデーズ 110
デイジー 17
テイラー 113
ディル 92
ティン 58
テキーニ 104
テキーラ 22, 39, 41, 61, 92, 94, 104, 105, 125, 128, 129,130, 139, 144, 163, 179, 184, 189, 191
テキーラ・サンライズ 14, 206
テキーラ・ショット 29
デッド・ラビット 67, 101
デップ（ジョニー）165
デューク（ラウル）136
デュード 136
デュボネ 104
デュボネ・ルージュ 88
テリントン（ウィリアム）67
デルス 125, 130
デルフィノ（スーザン）136
デントン（ガブリエル）94
デントン（グレッグ）94
デンプン 38

と

トーマス（ジェリー）18, 20, 63, 67, 82, 110, 173
21（トゥエンティワン）クラブ 119, 147
ドイツ 101
ドイド 192
唐辛子 65, 71
唐辛子のリキュール 129
銅製マグカップ 166, 195
トウモロコシ 38
トスカン・アイスティー 197
トップス（ギュスターヴ）148
トディ（カクテル・スタイル）16
トディ（グラス）32
トニック 84, 85, 88
トニック・ウォーター 69, 195
トマティーヨ 75
トマティーヨ・メアリー 75
トマト 36, 88
トマト・ジュース 69, 149, 193
トミーズ・マルガリータ 189
トム・コリンズ 14, 32, 145, 173
ドライ・マティーニ 14, 28, 58, 128, 138, 145, 156
ドライ・マンハッタン 104
ドライシェーク 33, 57
ドライトマト・ビターズ 63
ドラフト・カクテル 114
ドランブイ 105
トリノ 146
トリプル・セック 39, 71, 82, 88, 105, 153, 157, 161, 163, 172, 177, 191
トリュフオイル 199
トレーダー・ヴィックス 120
ドレイパー（ドン）8, 136, 161, 168
ドン・ザ・ビーチ・コマー 120, 178

な

ナイト・キャップ 87
ナイトジャー 131
ナイフ 25, 50
ナツメグ 15, 33, 65, 67, 196

に

にがはっか 64
ニガヨモギ 64, 66
ニシン 130
日本 23, 73, 75, 199
ニューオーリンズ 63, 171, 175, 208
ニューオーリンズ・フィズ 104
ニューマン（フランク・P）156
ニューヨーク 20, 22, 33, 59, 67, 74, 101, 113, 116, 118, 160
ニンニク 75

ね

ネクター 68
ネクタリン 79
ネグローニ 19, 27, 55, 62, 90, 91, 112, 127, 139, 140, 145, 167
ネグローニ（カミッロ）167

の

ノコギリ草 65
ノワイィ・プラ 39, 179
ノンアルコール 9, 78, 116, 117, 143

は

バー・クレベール（ル）209
バー・ステーション 108
バーガー 129
バージェロン（ヴィクター）161
バージェロン（ウォルター）175
バースプーン 25, 46, 47, 48, 146, 147, 148, 150, 151, 152, 155, 156, 157, 162, 164, 165, 166, 167, 168, 171, 173, 175, 180, 181, 182, 183, 184, 185, 186, 193, 198
バーテンダーズ・ガイド 18,20, 63
バーテンディング 100, 110
ハード・シェーク 56
ハーパー（チャーリー）136
ハーブティー 95
パープル・ギャング 118
バーボン・ウイスキー 38, 64, 73, 76, 77, 91, 94, 95, 125, 130, 144, 150, 162, 164, 168, 175, 176, 185, 191
バーンズ（チャーリー）119
ハイヴ 63
パイナップル 95, 120, 169
パイナップル・ジュース 105, 121, 131, 169
ハイビスカス 65, 71
ハイ・ファイブ 73
ハイボール 15, 27
パイント 192
ハウス・メイド 63
バカルディ 18, 8
バカルディ・マルティーニ 207
バカルディ・レガシー 205
バジル 71, 87, 128, 187
パスティス 8, 82
パセリ 75
蜂蜜 65, 70, 95, 198
バック 16
バックファスト・トニック・ワイン 199
パッションフルーツ 59
発泡性ワイン 87, 190
パトロン 39
花 65
バナナ・ジュース 68
バナナ・シロップ 88
バナナ・ダイキリ 136
ハニー・シロップ 128, 189
バニラ 65, 66, 76
ハバナ 154, 205
ハバナ・クラブ 38
ハバナクラブ カクテル コンテスト 205
ハバネロ 76
パフ 17
バラ 65, 70
ハラペーニョ 75
パリ 21, 23, 33, 89, 101, 107, 121, 130, 150, 156, 177, 179, 209
パリ・カクテル・ウィーク 208
パリ・カクテル・フェスティバル 208
ハリーズ・ニューヨーク・バー 19, 21, 89, 149, 150, 172, 177
ハリウッド 120, 166, 178
バリエール・ル・ノルマンディー 179
ハリケーン 30
ハリケーン・グラス 30, 169
パリ万博 21
バルビーヌ・スピリッツ 115
パロマ 22, 127, 184
ハワイ 120
バンカーズ 67
ハンキー・パンキー 127
ハンター 73
パンダナス 33, 75
パンダナス・エキス 33
パンチ 16, 18, 20, 114, 115, 153
パンチ・ボウル 16, 188, 198
ハンディ（トーマス・H）18
バンディー（J.B.）110

ひ

ビー・アンド・ビー（B&B）145, 147
ピーカンナッツ 65
ピーチ・シロップ 87
ピーチ・ネクター 180
ピーチ・リキュール 105, 128
ビーチ（ドン）120
B-51 82
B-52 29, 52, 53, 82
B-53 82
ピーマン 74
ヒーリングチェリー 73
ビール 8, 90, 106, 119, 190, 191, 192, 193

ピアノクテル 115
ビル・グラン・キンキナ 88
ピエール・コリンズ 32
ヒオス島 93
ビシクレッタ 181
ピスコ 39, 92, 128, 144, 170
ピスコ・サワー 22, 92, 113, 144, 170
ビター・レモンソーダ 194
ビターズ 41, 43, 62, 63, 64, 65, 66
ピッツバーグ 118
ピニャ・コラーダ 19, 30, 136, 138, 144, 169, 206
ビネガー 78
ピペット 66
ヒポクラス 70
ヒポクラテス 70
ピム（ジェームズ）18
ピムズ・カップ 18, 23
ヒロハヘビノボラズ 64
ピンクペッパー 87
ピンクペッパー・シロップ 129

ふ

フーケ（ルイ）21, 67
フーケッツ 21
プース・カフェ 17
ブールヴァルディエ 144, 150
ファイブ・ポインツ 59
ファインストレーナー 45
ファスト・フード 129
ファット・ウォッシング 77
フィーヴァー・ツリー 69, 84
フイユ・モルト 88
フィリピン 120
ブエナヴィスタ 160
プエルトリコ 169
フェルネット・ブランカ 94, 127
フェンティマンス 84
フォアグラ 94
フォイネス 160
フォワ・ザ・ヘル・オブ・イット 94
フォン・ド・キュロット 88
ブキャナン（フランク）119
フッソンズ・バー 163
ブドウ 92
ブラウン（ブライアン）110
ブラウンシュガー・シロップ 88
ブラジル 151
ブラス・モンキー 190
ブラック・ヴェルヴェット 190
ブラック・ルシアン 145, 148
ブラッディ・メアリー 19, 27, 69, 74, 75, 89, 94, 114, 136, 137, 138, 141, 145, 149
ブラッドセル（ディック）158, 186
ブラン・カシス 19, 88
フランス 23, 24, 70, 86, 101, 112, 115, 165, 179, 206
フランス産 89
ブランデー 20, 39, 53, 87, 93, 94, 147
ブランブル 186
フランボワーズ・ジュース 68
フランボワーズ・リキュール 67
ブリート 129
フリーマン（イーブン）113
ブリュッセル 148
ブル 56
ブルー・オーシャン 30
ブルー・ハワイアン 105
ブルー・ブレイザー 18, 20, 82, 110
フルーツジュース 16, 41, 42, 43, 54, 55, 60, 68, 69, 74, 90, 119
フルート・グラス 26, 28, 180, 183, 184, 190, 194
プルーン 79
ブルゴーニュ・アリゴテ（白ワイン）183
ブルックラディ 199
フレアバーテディング 20, 110, 111, 203
ブレックファースト・シリアル 113
ブレックファースト・マティーニ 19, 186
プレッション 114
フレッチャー（アーウィン）136
ブレット 38
プレティ（ジルベルト）174
フレミング（イアン）174
ブレンダー 69, 194, 195, 196, 197
プロセッコ 28, 126, 180, 184

ヘイ・ロドリゲス 129
ベイク（マリアン）199
ペイショー（アントワーヌ・アメデ）63, 171
ペイショーズ・アロマティック・カクテル・ビターズ 63
ペイショーズ・ビターズ 63, 171, 175
ベイリーズ・オリジナル・アイリッシュ・クリーム 53, 192
ベーコン 76, 77
ベーコン・チーズバーガー 129
ヘーゼルナッツ 71
ペストル 25, 26, 95, 151, 152, 187, 196
ベトナム 82, 94
ペニシリン 189
ペニンシュラ・パリ（ザ）179
ベネディクティン 70, 147, 175
ペパーミント・リキュール（グリーン）53
蛇の血 94
ペプシ 69
ヘミングウェイ（アーネスト）89, 149
ベリーニ 28, 180
ペルー 22, 92, 170
ペルノー 33, 39
ベルモット 41, 49, 62, 85, 91, 92, 104, 105, 127, 128, 129, 146, 150, 153
ペローネ（アゴスティアーノ）49
ペロケ 88
ヘンケル（マルガリータ）163
ペンシルベニア州 118
ヘンダーソンズ・レリッシュ 199
ヘンドリックス 38
ベントンズ・オールド・ファッションド 77

ほ

ホーセズ・ネック 182
ポートランド 94
ボール・アイス 60
ポアラー 40
ボウカーズ・ビターズ 20
ボストンシェーカー 24, 45
ホセ・クエルボ 39
ホット・トディ 32
ポット・バー 94
ホップ 65, 71
ボブ・マーリー・アブサント 87
ポプシクル・カクテル 113
ポム・ポム 87
ボルス家 87
ポルト・ワイン 67, 91
ボルドー 23, 209
ホワイト・サングリア 133
ホワイト・ネグローニ 185
ホワイト・ラム 169
ホワイト・ルシアン 27, 136
ホワイト・ルシアン・
ホワイト・レディ 89, 145, 172, 177
ポワレ 39
ボンド（エラスムス）84
ボンド（ジェームズ）54, 137, 138, 174

ま

マーシャル（イアン）162
マーティン（ジョン・G）166
マーテル 39
マイアミ 205
マイタイ 19, 31, 54, 121, 141, 144, 161
マイヤー（ヨルグ）187
マキシムズ 21
マグカップ 31
マシュマロ 113
マスティカ 93
マックガリー（ジャック）67
マッケルホーン（ハリー）150, 172, 177
抹茶 95
抹茶ミント・ジュレップ・カクテル 95
マッドメン 8
マティーニ 39, 54, 75, 137, 156

マティーニ（グラス）28, 74, 153, 154, 156, 157, 158, 162, 163, 170, 172, 174, 177, 179, 186, 193
マドリッド 101
マドルド・バジル・マティーニ 128
マドンナ 153
マラスキーノ 104, 126, 178
マラスキーノ・チェリー 65, 76, 104, 126, 128, 162, 169
マリーナ・デル・レイ 110
マリブ 82
マルガリータ 30, 74, 105, 113, 130, 136, 139, 144, 163, 206
マルガリータ（グラス）30, 163
マルクス（ティエリー）112
マルセイユ 23, 209
マルティネス 104
マルベリー 78, 186
マンゴー 195
マンゴー・コラーダ 195
マンダリン 75
マント・パスティーユ 88
マンハッタン 8, 14, 19, 22, 28, 55, 58, 63, 90, 91, 136, 139, 144, 162

み

ミーハン（ジム）59
ミキシング・グラス 20, 24, 25, 46, 55, 60, 147, 156, 157, 162, 171, 175
ミモザ 74, 183
ミラノ 146
みりん 23
ミルク＆ハニー 67
ミント 8, 15, 25, 26, 47, 65, 71, 74, 75, 87, 95, 125, 127, 128, 129, 161, 164, 165, 178, 187, 188, 194, 195, 196
ミント・ジュレップ 18, 31, 125, 137, 144, 164
ミント・シロップ 88

む

ムーア（クリス）102

め

メープル・シロップ 77
メキシカン・ティー 32
メキシコ 22, 30, 92, 101
メキシコ・シティ 101
メジャーカップ（ジガー）24
メスカル 37, 59, 61, 83, 92, 129, 132
メスカル・ネグローニ 92
メスカル・ミュール 59
メスコール（ジョン）110
メスタ（パール）148
メディシス（カトリーヌ・ド）70
メルボルン 101

も

モーガン（ジャック）166
モクテル 9, 81, 116, 117
モス（アルチュール）150
モスコー・ミュール 19, 31, 145, 166
モヒート 8, 19, 22, 26, 102, 112, 125, 136, 137, 138, 144, 165, 205, 206
モヒート・シロップ 81
モヒート・スプリッツァー 196
桃 105
モラキュラー・ミクソロジー 112
モレスク 88, 140
モロー（セドリック）115
モンキー・ショルダー 38
モンタナ（トニー）136
モンテレオーネ 175
モンペリエ 23, 61, 208, 209
モンペリエ・カクテルツアー 208
モンロー（マリリン）162

や

薬草系リキュール 41
野菜ジュース 61, 69, 74

ゆ

ゆず 75

よ

洋梨 79
ヨーロッパ 84

ら

ライ・ウイスキー 91, 162, 175
ライム 16, 17, 23, 65, 69, 74, 84, 95, 121, 129, 151, 152, 154, 155, 161, 163, 166, 181, 189, 191, 195, 196
ライム・ジュース 53, 59, 67, 88, 92, 93, 96, 104, 127, 128, 129, 176, 177, 187, 189, 195
ラスキン（アーサー）136
ラスティ・ネイル 105
ラディッシュ・ビターズ 74
ラベル 66
ラベンダー 65, 66, 83
ラベンダー・ビターズ 66, 179
ラム 22, 38, 39, 43, 63, 64, 67, 74, 96, 105, 106, 113, 121, 127, 129, 130, 144, 154, 157, 161, 165, 178, 181, 188, 205
ラム・コリンズ 137
ラム・フェスト・パリ 208
ラム・フェスト・マルセイユ 208
ラモン・マレーロ 169
ラリガトール・セ・ヴェール 33
卵白 56, 57
ランバノグ 131

り

リー（ドン）77
リキュール 17, 41, 43, 52, 54, 60, 66, 70, 71, 72, 113
リッキー 17
リッチ・シンプル・シロップ 80
リトル・ペルー 128
リモナード 74, 78, 88, 104, 193
リヨン 23, 209
リレ 174, 185
リンゴ 65, 76, 198
リンド（ヴェスパー）174

る

ルージュ・リメ 88
ル・ネシェ（ジェニファー）205
ル・フーヴリエ（マテュー）179
ルイボスティー 197, 198
ルクセンブルク 148
ルチアーノ（ラッキー）118
ルバーブ 94
ルフーヴル（エミール）21

れ

レードル 188, 198
レミー・マルタン 39
レモン 16, 20, 31, 47, 49, 50, 65, 69, 75, 84, 85, 87, 93, 109, 117, 125, 126, 129, 146, 153, 156, 159, 171, 172, 173, 174, 175, 181, 182, 185, 189, 194, 199
レモン・ジュース 16, 17, 74, 87, 88, 94, 95, 104, 127, 128, 131, 159, 172, 173
レモン・シロップ 88
レモン・ビターズ 94
レモングラス 65, 85, 117

ろ

ロースト・アーモンド 65
ローズマリー 65, 83, 125, 179, 197
ローリエ 117
ロイヤル・ネイビー 91
ロサンゼルス 94
ロシア 95, 199
ロス（サム）189
ロソッリ 70
ロッシーニ 184
ロブ・ロイ 63, 105
ロング・アイランド・アイスティー 136, 141
ロング・ドリンク 14, 16, 26, 29, 43, 103, 125, 132
ロンドン 23, 33, 49, 67, 101, 102, 116, 131, 158, 172, 174, 199

わ

ワーキングフレア 110
ワールド・クラス・コンペティション 205
ワイン 8, 15, 16, 20, 39, 40, 43, 70, 90, 91, 93, 106, 119, 124, 125, 132
ワイン・グラス 29, 180, 181, 183, 188
ワサビ 23, 94
ワッカモーレ 130

著者
ミカエル・ギド

フランス、ブルゴーニュ地方出身。ワインの名産地、コート・ド・ボーヌ地区、ニュイ・サン・ジョルジュ地区のすぐ側で育ち、ワインバーやカーヴに足繁く通う。その後、パリに上京し広告代理店に入社。ここで、数多くのシャンパーニュ、スピリッツ・メーカーと関わるようになり、様々なお酒を味わい、知識を深めていった。この時の経験を広く分かち合うために、2012年、ForGeorge.frを立ち上げる。この情報発信サイトはその数か月前に他界した、家族で食前酒を楽しむひと時をこよなく愛していた祖父へのオマージュでもある。このサイトは愛好家同士が出会い、情報を共有する場であり、好奇心を掻き立てる新たな発見を提供する場でもある。特にウイスキーに対する飽くなき情熱が随所にちりばめられている。
2016年にフランスのMARABOUT(マラブー)社より『Le Whisky c'est pas sorcier』〈日本語版『ウイスキーは楽しい!』(小社刊)〉を上梓。近年では有名なバーテンダーのコンペティションに審査員として招かれることも多い。www.forgeorges.fr

訳者
河 清美

広島県尾道市生まれ。東京外国語大学フランス語学科卒。翻訳家、ライター。主な訳書に『ワインは楽しい!』『コーヒーは楽しい!』『ウイスキーは楽しい!』『ビールは楽しい!』『美しいフランス菓子の教科書』『ワインの世界地図』『やさしいフランスチーズの絵本』(小社刊)、共著者に『フランスAOCワイン事典』(三省堂)などがある。

イラストレーター
ヤニス・ヴァルツィコス

アーティスト・ディレクター、イラストレーター。フランスのMARABOUT社の書籍のイラスト、デザインを多数手掛けている。主にイラストを手がけた本として『Le vin c'est pas sorcier』(2013年)〈日本語版『ワインは楽しい!』(小社刊)〉、『Le Grand Manuel du Pâtissier』(2014年)〈日本語版『美しいフランス菓子の教科書』(小社刊)〉、『Le Café, c'est pas sorcier』(2016年)〈日本語版『コーヒーは楽しい!』(小社刊)〉、『La Whisky c'est pas sorcier』(2016年)〈日本語版『ウイスキーは楽しい!』(小社刊)〉、『Le Biére c'est pas sorcier』(2016年)〈日本語版『ビールは楽しい!』(小社刊)〉などがある。lacourtoisiecreative.com

翻訳版参考文献

『カクテル完全バイブル』 渡辺一也 監修 2012年 ナツメ社
『カクテル パーフェクト・ガイド』
デイル・デグロフ 著 上野秀嗣 監修 2019年 楽工社
『カクテル事典 315種』 稲 保幸 著 2002年 新星出版社
『銀座のバーが教える 厳選カクテル図鑑』
Cocktail 15番地 斎藤都斗武 佐藤 淳 監修 2017年 マイナビ出版
『ザ・ミクソロジー:カクテル創作のメソッドとテクニック』
南雲主宇三 著 2019年 柴田書店
『カクテルの歴史』 ジョセフ・M・カーリン 著 甲斐理恵子 訳 2017年 原書房

翻訳版参考サイト

International Bartenders Association (国際バーテンダー協会)
https://iba-world.com/iba-cocktails/
https://www.worlds50bestbars.com/
https://talesofthecocktail.org

カクテルは楽しい!

2020年3月4日 初版第1刷発行

著者/ミカエル・ギド
イラスト/ヤニス・ヴァルツィコス
訳者/河 清美
校正/株式会社 聚珍社
装丁・DTP/小松洋子
制作進行/関田理恵

発行人/三芳寛要
発行元/株式会社パイ インターナショナル
〒170-0005 東京都豊島区南大塚2-32-4
TEL 03-3944-3981 FAX 03-5395-4830
sales@pie.co.jp

印刷・製本/シナノ印刷株式会社

ISBN978-4-7562-5159-6 C0077
Printed in Japan